# HISTOIRE

DE LA

# VILLE DE PARTHENAY

DE SES ANCIENS SEIGNEURS

ET DE LA GATINE DU POITOU.

POITIERS. — IMPRIMERIE DE N. BERNARD.

CHARLES

Duc de la

Maréchal de Francе

né à Parthenay ou à la  Meilleraye en 1602.

mort à Paris en 1664

# HISTOIRE

### DE LA

# VILLE DE PARTHENAY

## DE SES ANCIENS SEIGNEURS

## ET DE LA GATINE DU POITOU

DEPUIS LES TEMPS LES PLUS RECULÉS JUSQU'A LA RÉVOLUTION

PAR

## BÉLISAIRE LEDAIN

Avocat, membre de la Société des Antiquaires de l'Ouest.

### PARIS

## CHEZ AUGUSTE DURAND, LIBRAIRE

RUE DES GRÈS, 7

## POITIERS

### CHEZ TOUS LES LIBRAIRES

—

**1858**

# HISTOIRE

DE LA

# VILLE DE PARTHENAY

## DE SES ANCIENS SEIGNEURS

## ET DE LA GATINE DU POITOU.

## CHAPITRE PREMIER.

### DES ORIGINES.

—

**SOMMAIRE.**

Situation de Parthenay; ses fortifications. — La Gâtine. — Fiefs principaux de la baronie de Parthenay. — Pierres druidiques. — Voies romaines.—Origines distinctes de Parthenay et de Parthenay-le-Vieux. — Développements de cette ville.— Origines du château. — Archiprêtré de Parthenay. — Prieuré de Saint-Laurent. — Parthenay, chef-lieu d'un *Pagus*. — Les vigueries de Gâtine.

La ville de Parthenay, aujourd'hui chef-lieu d'arrondissement, autrefois siége d'une puissante seigneurie, dont les limites embrassaient la Gâtine tout entière, est située dans cette pittoresque contrée du Bocage, théâtre de la lutte généreuse qui illustra les populations de l'Ouest, à la fin du siècle dernier. Bâti sur un coteau escarpé au pied duquel coule le Thouet,

Parthenay occupait une position admirable pour la guerre avant l'invention de l'artillerie : aussi le moyen âge en avait-il fait une place forte complète, construite suivant toutes les règles de l'art militaire de l'époque. Malgré les siéges nombreux qu'il a soutenu et les destructions continuelles opérées par le temps et la main des hommes, on peut apprécier encore son antique importance en contemplant les ruines de ses remparts. La rivière trace son lit en demi-cercle autour de son enceinte, et lui sert ainsi de première défense, puis une muraille continue, dont on peut suivre partout les traces, l'environnait de toutes parts en se reliant au château.

Quatre portes étaient pratiquées dans cette enceinte et sont encore les seules issues pour sortir de la ville. La plus remarquable est la porte Saint-Jacques qui s'ouvre au nord. Cette construction encore intacte est un beau spécimen de l'architecture militaire du moyen âge. Elle est flanquée de deux tours elliptiques d'une légèreté très rare dans ce genre de monuments ; une large plate-forme, bordée de créneaux soutenus par d'élégantes consoles, couronne son sommet ; la rivière baigne ses pieds. Un pont de pierres, qui a remplacé depuis longtemps le pont-levis, vient aboutir à la porte et sert de communication entre la ville et le faubourg Saint-Jacques. La coulisse de la herse est très reconnaissable encore.

La porte du Bourg-Belay située à l'est est presque anéantie, et ne présente, comme seul reste de son ancienne existence, qu'une arcade voûtée en ogive.

La porte du Marchioux au sud–est a complètement disparu. Sa destruction date du commencement de la Restauration; mais des vieillards en ont gardé le souvenir et en parlent encore avec admiration. L'accès de la place était plus facile de ce côté, et pour la défendre les seigneurs eurent soin de construire en avant des ouvrages de guerre plus formidables et d'une plus grande étendue qui, sans doute à cause de leur élévation et de leur importance, reçurent le nom de donjon. L'esplanade qui les a remplacé a conservé le même nom.

La porte du Sépulcre au sud a également disparu. Sa destruction remonte à la même époque.

Toute la muraille d'enceinte du côté du couchant couronne le sommet du coteau. Rien de plus pittoresque que ces tours demi–cylindriques, interrompant d'espace en espace la monotonie du mur, et perchées, pour ainsi dire, sur ces escarpements inaccessibles qui se prolongent en pente raide et rocheuse jusqu'au lit que le Thouet s'est creusé dans le fond du vallon. Aussi la ville est inabordable sur ce point et a dû braver jadis tous les efforts de l'ennemi.

Il n'en est pas de même au levant. C'était là le point faible de la place, parce qu'il ne s'y trouve aucune défense naturelle. Aussi depuis le donjon jusqu'à la rivière, on avait creusé deux fossés larges et profonds parallèlement à la muraille, et, pour augmenter encore les difficultés de l'approche, une ligne de travaux avancés avait été élevée entre les deux fossés. La tête de ces ouvrages atteignait le bord de la rivière, non loin du Pont-Neuf, dans un endroit où l'on peut remarquer encore un bloc de maçonnerie. Tous ces travaux ont disparu, à l'époque de la Révolution, sous les remblais de la route de Niort à Saumur qui remplaça le premier fossé dans toute sa longueur. C'est pourquoi, sur tout ce parcours, la route était appelée du nom de *Fossés* par les habitants de Parthenay qui en faisaient leur promenade favorite. Aujourd'hui que cette route a changé de direction depuis la construction du Pont-Neuf et que le souvenir de l'ancien aspect des lieux s'est effacé, c'est le nom de Boulevard qui a prévalu. L'emplacement du second fossé est occupé par des jardins bas situés entre la nouvelle route et le boulevard et par la promenade du Drapeau construite en 1812. Il y a quelques années, on a prolongé cette promenade, en y joignant le pré de la Paume, ainsi nommé, parce qu'autrefois on avait comblé en cet endroit le second fossé pour y établir un jeu de paume. Depuis le donjon jusqu'à la porte du Sépulcre, les fossés ont fait place au champ de foire, et à une petite promenade plantée avec beaucoup de goût depuis l'année 1800 environ.

La muraille continue, dont nous venons de suivre la trace, était garnie de vingt tours encore subsistantes, de différentes grosseurs et plus ou moins bien conservées, sans compter celles qui ont disparu. Voici leur disposition : dix tours, depuis la porte Saint-Jacques jusqu'à celle du Bourg-Belay ; trois, depuis cette dernière jusqu'au donjon ; trois, depuis le donjon jusqu'à la porte du Sépulcre; six, depuis la porte du Sépulcre jusqu'au château; deux, depuis le château jusqu'à la porte Saint-Jacques. Aujourd'hui ces tours et cette muraille, qui défendaient jadis la cité féodale, soutiennent des terres de jardins. Des terrasses plantées d'arbres fruitiers ont remplacé les créneaux et le chemin de ronde qui retentirent si longtemps des cris de guerre des hommes d'armes des Larchevêque, des Richemont et des Longueville.

Outre l'enceinte extérieure, il en existait intérieurement une deuxième encore parfaitement reconnaissable, se reliant à la première ainsi qu'au château. C'était, pour ainsi dire, une seconde forteresse placée au milieu de l'autre. On l'appelait la citadelle. Sa position, sur une espèce de promontoire, ne tenant, pour ainsi dire, à la ville que par un isthme, donnait à la garnison la faculté de se renfermer et de soutenir avantageusement un second siége, si la première enceinte venait à être emportée d'assaut. Au couchant et au nord, la profonde vallée du Thouet; au levant, le vallon où se trouve la basse ville isolaient complètement la citadelle du reste de la place. Au sud, sur l'isthme qui la rattachait à la ville, l'accès de la citadelle était défendu d'une manière formidable par une porte énorme d'une grande hauteur, accompagnée de deux tours elliptiques faisant saillie, comme à la porte Saint-Jacques. L'ensemble de cette construction massive, dont l'aspect est sévère et imposant, a reçu les noms de Porte de la Citadelle et Tour de l'Horloge. C'est, en effet, sur sa plate-forme, aujourd'hui complètement défigurée par une ignoble toiture, qu'est placée l'ancienne horloge de la ville. Les créneaux et les mâchicoulis qui la couronnaient ont disparu depuis longtemps, probablement à l'époque de la prise de Parthenay par Charles VIII, ou plutôt à l'époque du démantellement des forteresses ordonné par Louis XIII. Une double herse, ainsi qu'on peut le voir par les coulisses subsistantes, fermait le passage voûté en ogive qui traverse la tour pour conduire dans la citadelle.

La porte de l'Horloge, de même que celle de Saint-Jacques, est un précieux reste des fortifications de notre ville. Il est regrettable que les maisons adossées à ses flancs en obstruent les abords et dérobent à l'œil de l'observateur la majesté de sa masse. D'une solidité à toute épreuve, elle bravera tous les siècles futurs, si le vandalisme ne vient pas la détruire, sous prétexte d'utilité publique, comme il en a abattu tant d'autres. C'est à la Tour de l'Horloge que commençait la deuxième enceinte, dite de la Citadelle, pour aller se relier, d'une part, à la muraille extérieure, et de l'autre au château, en couronnant de ses tours et de ses courtines la crête du coteau qui domine la basse ville.

Enfin, le château, proprement dit, occupait l'extrémité du promontoire et terminait ainsi le système de fortification si habilement combiné pour la défense de Parthenay. Son mur d'enceinte, quoique peu étendu, était garni de six tours beaucoup plus fortes que celles de la ville et contenant des chambres voûtées. Là était l'habitation des puissants barons de

Gâtine. Trois tours en ruines, seuls débris de cette résidence seigneuriale, subsistent encore. Avant les démolitions accomplies en **1831**, on pouvait y contempler des vestiges considérables, capables de donner une idée assez exacte de l'antique disposition du château. Il affectait à peu près la forme d'un parallélogramme. La porte d'entrée, construite dans le genre de celle de l'Horloge, était placée à un angle, dans l'endroit où se voient encore les restes de l'un des deux massifs qui l'accompagnaient. Un pont-levis, jeté sur le fossé, servait de communication entre le château et la citadelle. La tour la mieux conservée sert actuellement de poudrière. C'est entre cette tour et la porte qu'était construit, sur le bord du fossé, le corps de logis, servant d'habitation aux seigneurs. Enfin, plus loin, à l'angle correspondant à la porte, les flancs entr'ouverts et à demi-écroulée, se dresse la tour célèbre, théâtre de la mort tragique de Jacques d'Harcourt.

Toutes les constructions militaires qui enlacent notre ville portent en elles le cachet de leur origine : elles remontent au douzième siècle.

Telle était, au moyen âge, la ville de Parthenay, l'une des places de guerre les plus importantes du Poitou, et qui, par suite, a grandement marqué dans l'histoire de cette province. Juvénal des Ursins n'était donc pas au-dessous de la vérité quand il disait, au xv<sup>e</sup> siècle, qu'il y avait « trois paires de fossés et trois paires de mur en la ville, » et lorsqu'il ajoutait qu'elle était réputée « imprenable. » Fondateurs et maîtres d'une citadelle aussi forte, les Parthenay-Larchevêque et les barons qui leur succédèrent étendirent leur puissance souveraine, durant bien des siècles, sur toute la Gâtine.

Cette contrée, dont Parthenay était, comme on disait autrefois, la capitale, occupe le centre du Poitou et forme la partie intermédiaire de la province qui relie le Haut-Poitou au Bas-Poitou, circonscriptions auxquelles on la rattachait indifféremment (1). Couverte de bois et coupée par de nombreux accidents de terrain, la Gâtine, malgré le déboisement qui s'y est opéré depuis un demi-siècle, offre encore à l'œil du voyageur l'aspect le plus pittoresque, et la nature en certains lieux s'y revêt de beautés inattendues. Une chaîne de collines, formant le plateau de Gâtine, la traverse du sud-est au nord-ouest. C'est de ces hauteurs que descendent trois rivières, le Thouet, la Sèvre–Nantaise, la Vendée, et une multitude de petits cours d'eau qui sillonnent le pays dans tous les sens et contribuent beaucoup à la fertilité de ses pâturages. La Gâtine contenait environ soixante paroisses; son étendue était à peu près de quinze lieues en longueur et de dix lieues en largeur (2). Nous allons essayer de délimiter ce pays le plus exactement possible, et de tracer par consé-

(1) Un arrêt du conseil du 26 avril 1670 déclara que la ville de Parthenay ferait partie du Haut-Poitou, et que le Thouet serait la ligne de démarcation entre ces deux divisions de la province.

(2) Robert du Dorat.

quent les bornes des baronies possédées par les seigneurs de Parthenay.

Supposons une ligne fictive commençant à Cramart, près Ayron, point extrême de la Gâtine, du côté de l'orient. De Cramart, la ligne prend la direction de Thénezay, Pressigny, Lamairé, Gourgé, gagne Amailloux, Adilly, Saint-Germain, la Chapelle-Saint-Laurent, Largeasse, et traverse la Sèvre-Nantaise pour atteindre les Moutiers-sous-Chantemerle. Sur presque tout ce parcours de la ligne, la Gâtine était bornée par la puissante vicomté de Thouars. Des bords de la Sèvre-Nantaise, notre ligne fictive descend à Saint-Paul-en-Gâtine, côtoie quelque temps les rives de la Vendée, atteint l'Autise vers Ardin ; puis joignant la Sèvre-Niortaise à l'ancienne forteresse de Coudray–Salbart, elle remonte ensuite par Germon, vers Verruye, Vautebis et Vasles, et regagne enfin Cramart, son point de départ.

Les domaines des sires de Parthenay couvraient, comme on le voit, une étendue de territoire assez considérable. Ils se composaient de quatre baronies ou châtellenies : Parthenay, Secondigny et Béceleuf relevant du comté de Poitiers, et Coudray-Salbart relevant de l'abbaye de Saint-Maixent. La baronie de Parthenay était sans contredit la plus vaste et la plus importante. Parmi les nombreux fiefs qui en relevaient à hommage–lige, citons les châtellenies de Champdeniers, d'Hérisson, de Villiers-en-Gâtine et de Châteauneuf, près de Largeasse, les seigneuries de

Gourgé, la Rochefaton, la Chapelle-Bertrand, Aubigny, St-Marc-Lalande, Ardin, Germon, le Fonteniou-de-Vernou, Tennesus, la Bretonnière, Laubertière, Leigné, Pairé, le Plessis–Vietté, le Plessis-d'Allonne, Sunay-en-Châtillon, Saint–Pardoux, Sauray, Mauvergne, la Croslay, etc. N'oublions pas l'humble seigneurie de la Meilleraye, dont le nom devait subitement sortir de l'obscurité au xviie siècle, pour briller d'un si vif éclat dans la personne de l'illustre maréchal duc de la Meilleraye.

Outre les fiefs nombreux que les seigneurs de Parthenay possédaient directement, ou dont ils étaient suzerains en Gâtine, les importantes châtellenies de Vouvent et de Mervent, limitrophes de cette contrée, de Taillebourg en Saintonge, de Châtelaillon en Aunis et de Moncontour, vinrent successivement augmenter leurs richesses et leur influence.

L'histoire de Parthenay et de la Gâtine se lie intimement à celle du Poitou jusqu'à l'an 1000 environ. Aucun historien latin, aucun chroniqueur de l'époque mérovingienne, ni des temps carolingiens, ne fait mention de cette ville et ne signale quelque événement mémorable accompli dans le pays. Ce silence, gardé même par les chroniques locales de la province avant l'an 1000, provient, sans nul doute, du peu d'importance de la contrée et des faibles populations qui l'habitaient. Qu'était-ce, en effet, que la Gâtine dans ces temps éloignés? Les noms par lesquels on la désignait, *Vastina*, *territorium vastinense*, l'indiquent suffisamment. C'était un pays peu exploré, couvert de vastes forêts, de landes et de bruyères, très peu peuplé, et par suite privé, pour ainsi dire, de toute culture; sanctuaire mystérieux où s'accomplissaient les cérémonies trop souvent souillées de sang humain, présidées par les druides, et où les Gaulois ont laissé, comme traces évidentes de leur passage, les pierres branlantes de Hérisson et de la Morelière, près la Chapelle-Seguin, singuliers monuments qu'on retrouve bien ailleurs, mais pour l'explication desquels on n'a pu faire que des hypothèses (1). Ces deux monuments druidiques n'étaient point les seuls qui existassent dans le pays, et la dénomination significative de *pierre levée* par laquelle on désigne encore diverses localités, le Moulin-de-la-Pierre-Levée, par exemple, situé sur le bord de l'étang de Lorgère, tout en fournissant la preuve qu'il y avait là jadis un menhir ou un dolmen, nous démontre en même temps, d'une manière incontestable, l'existence primitive en Gâtine d'une ou de plusieurs tribus gauloises.

Les faibles populations celtiques de la Gâtine ne songèrent pas plus, sans doute, que le reste du peuple picton à opposer une résistance sérieuse au lieutenant de César Publius Crassus, lorsqu'il opéra si facilement la soumission de toute cette contrée, à l'époque de la guerre des Vénètes.

Plus tard, lorsque la conquête romaine devint dé-

---

(1) *Monuments du Poitou, Deux-Sèvres*, par Ch. Arnault et Baugier, p. 11 et 13.

finitive, malgré les glorieux efforts de Vercingétorix
et les généreuses tentatives qui suivirent ; lorsque la
ville éternelle eut imposé les bienfaits de sa civilisation aux peuples gaulois, et que des monuments de
toutes sortes s'élevèrent partout dans les provinces,
sous les auspices de l'administration impériale, deux
voies romaines traversèrent la Gâtine pour relier la
capitale du Poitou aux cités armoricaines et aux côtes
de l'ouest. La première et la plus suivie était la voie
de Limonum (Poitiers) à Portus-Nannetum (Nantes),
indiquée dans la table théodosienne, et sur laquelle
se trouvait cette mystérieuse Ségora tant cherchée
par les antiquaires, mais dont la situation paraît enfin solidement établie dans le lieu appelé la Ségourie,
près Beaupreau (1). En venant de Poitiers, à la sortie
de la forêt d'Autin, après la métairie de la Chaussée-
Faubert, commune de Thénezay, la voie faisait une
fourche : la branche droite constituait la route d'Angers, l'autre continuait à se diriger vers Nantes, en
passant entre le bois de Pressigny et de Barge, sur
le pontreau des Hommes, au château de la Chaussée-
de-Gourgé, à Gourgé où elle franchissait le Thouet,
au gué de Viellemenée qui traverse le ruisseau du
Cesbron, au village de l'Ajon (2), puis elle atteignait
Faye-l'Abbesse où des découvertes récentes ont dé-

(1) C'est ce qui est très bien prouvé par M. Léon Faye dans son
*Examen des recherches sur la mansion romaine Ségora*, p. 9 à 15 et
34 à 37 ; Poitiers, 1854.
(2) Recherches sur les deux voies romaines de Poitiers à Angers
et de Poitiers à Nantes, par de la Fontenelle de Vaudoré.

montré l'antique existence d'une mansion romaine
oubliée. Sur tout ce parcours, la voie porte la dénomination de chemin de Saint–Hilaire. La tradition
rapporte, en effet, que ce célèbre adversaire de l'a-
rianisme se rendait souvent de sa ville épiscopale à
Faye–l'Abbesse, en suivant naturellement la route
romaine, pour convertir, sans doute, les habitants
de ces campagnes encore plongés dans les supersti-
tions du paganisme. C'était une de ses courses pastorales favorites, et on montre encore aujourd'hui,
dans l'église de Faye–l'Abbesse, un marbre portatif
qui lui aurait, dit–on, servi à célébrer les saints mys-
tères, et qui est l'objet de la vénération publique.
Cette voie doit remonter au troisième siècle (1).

L'autre voie, qui n'était qu'une route secondaire,
destinée sans doute à servir de jonction entre la route
de Poitiers à Saintes et celle de Poitiers à Nantes,
traversait le cœur de la Gâtine en suivant les hauteurs.
Elle partait de Rom (Rauranum), ancienne mansion
romaine placée sur la voie de Poitiers à Saintes, passait à Vançais, Bagnaux, Exoudun, Exireuil, entrait
en Gâtine à Saint–Georges–de–Noiné, allait de là à
Marsilly, au village du Grand–Chemin, au Grand-
Beauchamp, au pied des moulins de Mazières, à la
Boucherie, près des Fontaines, commune de Saint-
Pardoux, à la Cerclerie, à la Croix-de-la-Burelière,
à l'Ingrimière, aux Ajoncs–Béliard, à la Frémodière-

(1) *Bulletins de la Société des Antiquaires de l'Ouest*, 1852,
p. 264 ; *Recherches sur Bressuire et Faye-l'Abbesse*, par M. Touchard.

Écureuil , à la Caillerie, à l'Absie , au Bourg–Neuf ,
traversait la forêt de Chantemerle , et , après avoir
quitté Saint–Pierre–du–Chemin , devait gagner les
côtes de l'Océan, ou peut-être rejoindre quelque part
la grande voie de Poitiers à Nantes ; mais , sur ce
dernier point, nous ne pourrions rien affirmer. Elle
est connue dans le pays sous le nom de chemin des
*Chaussées* (1).

Malgré la construction de ces deux routes, la
Gâtine dut être peu fréquentée sous l'administration
romaine, tant à cause de la nature sauvage du pays et
du peu de ressources qu'il offrait , qu'à raison de la
pauvreté et du petit nombre de ses habitants. Il n'est
même pas certain qu'on ait établi la voie secondaire dont nous parlions tout à l'heure , uniquement
pour l'utilité des populations de la contrée. Les mar-
chands gallo-romains qui, de l'intérieur des Gaules ,
voulaient atteindre le plus directement possible les
rives de l'Océan et le pays des Agésinates, appelé depuis Bas–Poitou , durent sentir le besoin d'une voie
particulière qui devait naturellement traverser les
bocages de la Gâtine. Voilà ce qui aura motivé peut-
être l'établissement de la voie qui avait son point de
départ à Rom. Quant à l'autre voie dont la construction doit être antérieure , elle était uniquement destinée à relier la capitale des Pictones au Portus–Nan-

(1) *Monuments du Poitou* , par Ch. Arnault, p. 36. — *Notice sur
Parthenay et la Gâtine*, par le baron Dupin ; *Mém. de la Soc. des Ant.
de France*, t. III. — *Bulletins de la Société des Antiq. de l'Ouest* ,
3e trimestre, 1811.

netum, ce qui justifiait parfaitement son utilité. Du
reste, cette ligne importante ne faisait qu'effleurer,
pour ainsi dire , les limites de la *Vastina*.

Quoi qu'il en soit, ces deux voies de communication
n'en furent pas moins utiles pour ce pays. Elles y
opérèrent quelque amélioration en le mettant en rapport avec le reste de la province transformé par la
civilisation romaine.

Si à l'époque gallo-romaine , et à plus forte raison
dans les temps qui précèdent , il n'y eût en Gâtine
aucune ville, aucun centre de population susceptible
de laisser quelque souvenir historique , les habitants
de la contrée, malgré le degré peu avancé de leur
civilisation, n'en étaient pas moins répartis par petits
groupes dans une foule de villages plus ou moins
considérables , parsemés à travers les bocages , sur
les coteaux ou sur le bord des rivières. Il serait in-
téressant de savoir si les gros bourgs, que nous voyons
aujourd'hui , ont pris naissance dans ces villages primitifs. Plusieurs , probablement, remontent à cette
époque éloignée; mais quels sont-ils? sous quels noms
les désignait-on? On le conçoit, ces questions sont
enveloppées d'une très grande obscurité.

Ici se présente naturellement le point le plus difficile à éclaircir de toute cette histoire ; nous voulons
parler de l'origine de Parthenay. L'époque de la fondation des villes mêmes les plus considérables et les
plus célèbres, a toujours été entourée de ténèbres
plus ou moins profondes. Nous n'entreprendrons donc
point, pour déterminer d'une manière précise l'origine

de Parthenay, ville si obscure comparativement à
tant d'autres, des recherches bien inutiles assurément
par suite du manque absolu de titres jusqu'à l'époque féodale. Toutefois nous essaierons de tirer des
inductions de certains faits bien insignifiants en apparence, mais à l'aide desquels il sera possible de
remonter un peu plus loin dans la nuit des temps.

Le premier monument connu qui fasse mention de
la ville de Parthenay est un diplôme du roi d'Aquitaine, Pépin II, donné l'an 848 en faveur de l'abbaye
de Saint-Maixent (1). Il résulte de la simple énoncia-
tion contenue dans ce titre que Parthenay avait
donné son nom au pays environnant et en était considéré comme la capitale. *In Pago Partiniaco*, dit, en
effet, le diplôme. Cette ville devait donc avoir dès lors
une certaine importance puisqu'elle imposait son nom,
même dans des titres authentiques, au territoire environnant appelé aussi Vastina. Il est probable qu'on
désignait la contrée par ce dernier mot avant de dire
*pagus Partiniaci*. Puis on lui aura donné indistinc-
tement ces deux noms, le premier parce qu'il carac-
térisait exactement la nature de son sol et son aspect
général, le second parce qu'il était le résultat de la
prépondérance incontestable que Parthenay avait
conquise en Gâtine.

Mais, avant d'aller plus loin, il importe d'établir
clairement la différence d'origine qui existe entre

(1) *Hist. Mste de l'Abbaye de Saint-Maixent*, par dom Chazal,
prieur de cette abbaye, dans la collection de dom Fonteneau, t. 36,
p. 218, 219. (Bibl. de Poitiers.)

Parthenay-le-Vieux et la ville de Parthenay. Parthenay-le-Vieux n'est qu'un petit bourg situé sur le
Thouet, à un kilomètre de la ville, et faisant partie de
la même commune. Chose singulière au premier examen, Parthenay-le-Vieux est la moins ancienne des
deux localités ! Nous savons, en effet, d'une manière
positive, que l'église et le bourg de Parthenay-le-Vieux
furent fondés par les seigneurs de Parthenay, Gelduin et Ebbon, à la fin du onzième siècle, ainsi que
cela résulte d'une charte émanée d'eux, l'an 1092 (1).
Remarquons les termes de la donation : « *Donamus.....*
*monasterio Casæ Dei ecclesiam sancti Petri, quæ dicitur*
*Partiniaci veteris...* » Nous reviendrons sur ce curieux
document ; mais nous pouvons en conclure dès à
présent, sans crainte de nous tromper, qu'une bourgade ancienne, car nous n'osons lui donner le nom
de ville, a existé, dans des temps très reculés, sous le
nom de Parthenay, sur l'emplacement même du bourg
actuel de Parthenay-le-Vieux. C'est ce qu'indique
évidemment l'épithète significative de vieux, *veteris*,
donnée à ce lieu dès le onzième siècle.

Ce vieux Parthenay, qui a disparu depuis si longtemps, et dont le souvenir était presque effacé dans
la mémoire des contemporains de Gelduin et d'Ebbon, pourrait bien être un de ces bourgs primitifs
dont nous parlions tout à l'heure, et dont le nom
celtique aura été traduit ou plutôt défiguré plus tard
par le mot latin *Partiniacum*. On sait avec quel soin

(1) Dom Fonteneau, t. 4, p. 17.

les Romains, après la conquête des Gaules, répandirent par politique l'usage de leur langue dans leur
nouvelle province, et combien, par cette raison, fut
transformée l'ancienne physionomie des noms de
lieux. A ceux qui nous demanderaient par quelles
causes étonnantes cette ancienne ville de Parthenay
a disparu totalement, sans laisser après elle d'autre
trace que ce nom de vieux Parthenay appliqué au
lieu qu'elle occupait autrefois, nous répondrions
d'abord que cette prétendue ville n'était très probablement qu'un bourg sans importance, incapable de
laisser longtemps après sa destruction des traces
matérielles de son ancienne existence; et puis les
épouvantables dévastations des barbares ne sont-
elles pas là pour nous donner la véritable raison de
son anéantissement? Enfin, pour ne citer qu'un
exemple, ne trouvons-nous pas un fait analogue
dans la disparition complète de Ségora, qui pourtant
était une station romaine sur une grande route, et
qui, par suite, jouissait d'une bien plus grande importance? N'en doutons point, l'ancienne bourgade,
dont le nom de Parthenay-le-Vieux a conservé la tradition, a dû trouver sa ruine, aussi bien que Ségora,
dans les grandes invasions barbares du cinquième
siècle. Jetons un coup d'œil rapide sur cette période
désolante.

Devant ce torrent de Vandales, d'Alains, de Suè-
ves, etc., qui se précipita sur les Gaules l'an 406,
et qui promena ses ravages en tous sens, toute résistance dut cesser. Les villes, les bourgs et les vil-

lages n'eurent qu'à attendre le pillage, la destruction
et la mort : « Tout est devenu la proie du soldat
barbare dans l'Aquitaine et la Novempopulanie, »
dit saint Jérôme dans une de ses lettres, peinture
saisissante des malheurs de l'époque (1). « Si l'Océan
eût inondé toutes les Gaules, il y eût fait de moindres maux, » s'écrie l'auteur du *Poëme sur la Provi-
dence* (2). L'empire romain, dans sa détresse, prenait
des barbares à sa solde : les Teifales, tribu gothe
qui conserva si longtemps les mœurs féroces de sa
nation, tenaient garnison à Poitiers au cinquième
siècle ; ils finirent même par s'établir dans la province, aux environs de Tiffauges (3). On conçoit
facilement quels maux durent faire souffrir au Poitou
ces terribles auxiliaires, dont la conduite fut souvent
plutôt digne d'ennemis que de défenseurs de l'empire. Les Visigoths, leurs frères, arrivés en Gaule
au commencement du cinquième siècle, ravagèrent
à leur tour l'Aquitaine, s'emparèrent en 453 de Poitiers, pillé naguère par les autres barbares (4), et
combattirent la domination romaine jusqu'au moment où ils eurent enfin arraché tout le midi de la
Gaule à l'empire expirant (475). La brillante victoire de Clovis à Voulon (507) inaugura le règne des
Francs dans le midi de la Gaule, en renversant la
monarchie arienne des Visigoths ; mais l'Aquitaine

(1) *Hist. de l'Église gallic.*, par Longueval, t. II, p. 73., éd. 1825.
(2)         *Idem*,              — t. II, p. 74.
(3) *De l'Ancien Poitou*, par Dufour, p. 96.
(4) *Histoire du Poitou*, par Thibaudeau, t. I, p. 34, éd. 1839.

n'en fût pas moins exposée aux courses dévastatrices qu'y faisaient périodiquement les rois mérovingiens. Le Poitou eut particulièrement à souffrir des guerres acharnées et fratricides que s'y livrèrent les successeurs de Clovis durant le sixième siècle (1).

Au milieu de ces guerres sauvages, de ces destructions désolantes, de cette anarchie universelle où s'abîma le monde romain, le nombre des villes qui périrent est incalculable ; mais il leur fut possible de sortir de leurs ruines, parce qu'elles étaient nécessaires aux conquérants germains pour leur établissement et leur propre défense. Que dire, au contraire, des petits centres de population exposés sans défense aux coups des barbares ? Quelques-uns disparurent pour toujours : mais la plupart ne se relevèrent qu'avec peine et peu à peu, soit en se groupant autour d'une église, d'une abbaye, soit en s'élevant à l'ombre et sous la protection d'un château fort.

Le doute ne nous paraît donc guère possible. Oui, le vieux Parthenay a dû périr dans le cataclysme du cinquième siècle. C'est une hypothèse, dira-t-on ; mais avouons qu'elle est bien vraisemblable. En effet, en présence des termes de la charte de **1092**, il est impossible de ne pas admettre l'existence d'une antique localité du nom de Parthenay, dont la destruction était un fait accompli depuis longtemps à cette époque. La tradition, qui se trompe bien rarement, en avait fidèlement conservé le souvenir jusqu'au onzième siècle, comme cela nous est attesté,

(1) *Hist. du Poitou*, par Thibaudeau, t. I, p. 117.

d'une manière irréfragable , par l'acte authentique
dont nous venons de parler. Or, ce fait devant être
admis comme incontestable , l'examen attentif des
événements historiques nous amène presque néces--
sairement à croire que le vieux Parthenay a disparu
au cinquième siècle , époque plus fertile que toute
autre en désastres de toutes sortes.

Maintenant il resterait à examiner si la fondation
de la ville actuelle de Parthenay a suivi de près la
destruction de l'ancienne, et dans quelles circonstances elle est venue se placer sur le coteau qu'elle
occupe encore. N'ayant aucune donnée à cet égard
pour arriver à la certitude , nous ne nous engagerons
point dans le champ des conjectures , et nous nous
bornerons à constater qu'au commencement du neuvième siècle , Parthenay avait acquis assez d'importance dans le pays pour lui donner son nom et en
être considéré comme le chef-lieu : *Pagus Partiniaci* ,
dit le diplôme de 848. Or, ce fait seul lui suppose
déjà une origine fort ancienne ; car ce n'est pas
ordinairement dès les premières années de son existence qu'une ville impose son nom à la contrée qui
l'environne.

Mais c'est principalement sous ses premiers seigneurs , c'est-à-dire dans la deuxième moitié du
dixième siècle et pendant le onzième , que Parthenay
prit des développements très rapides. Ainsi, dès le
onzième siècle , les faubourgs de Saint-Paul (1) , du

(1) *Historia Cormaricensis monasterii* , *Res. S. G.* , p. 60. (Bibl.
impériale. )

Sépulcre et de Saint-Jacques (1) existaient déjà.
Mais le faubourg du Sépulcre ne portait point encore
ce nom : il ne le prit que dans les premières années
du douzième siècle, par suite de la construction de
l'église du Saint-Sépulcre élevée au retour de la première croisade par le seigneur de Parthenay. Anciennement il était connu sous le nom de *Bourg de Sières*
ou *Siera*, qui, en espagnol, signifie montagne, coteau ; et, en effet, ce faubourg est bâti sur un coteau
comme toute la ville (2). L'étymologie de ce mot ne
serait-elle point un indice du passage des Sarrazins-
Espagnols dans le pays, à l'époque de leur défaite de
Poitiers, en 732 ? Nous ne faisons qu'indiquer cette
supposition sans nous y arrêter. L'existence de ces
trois faubourgs au onzième siècle prouve que la ville
de Parthenay avait déjà pris une grande extension,
et qu'elle couvrait dès cette époque presque tout le
terrain entouré depuis par l'enceinte fortifiée. On
peut du moins conclure qu'elle s'étendait au sud jusqu'à l'entrée du faubourg de Sières ou du Sépulcre,
vers le lieu où se trouve la porte de ville, et au nord
jusqu'au bord de la rivière qui la séparait du faubourg Saint-Jacques.

La muraille d'enceinte, que nous voyons aujour-
d'hui, n'avait pas encore été construite. Ces fortifications sont plus récentes, aussi bien que la citadelle

(1) C'est ce qui résulte d'un titre de 1297 qui est en ma possession.

(2) Un titre de 1562, qui existe aux archives de l'hôpital de Parthenay, m'a révélé ce fait.

et le château dont l'origine ne doit remonter guère plus haut que le commencement du douzième siècle, ainsi qu'on peut s'en convaincre par l'examen de ce qui en reste. Mais si les constructions dont on voit encore les ruines ne sont pas antérieures à cette époque, il n'en est pas moins certain qu'un château fort existait à Parthenay dès l'an **1000**, ainsi que nous l'apprend un chroniqueur (1). Ce premier château devait être de bien minime importance comparativement à celui qui l'a remplacé depuis. L'avantage d'une position très bien choisie, des remparts de terre, de fortes palissades, des fossés profonds, quelques ouvrages en pierres, voilà peut-être ce qu'il était primitivement. On sait, en effet, que pendant les neuvième et dixième siècles, et même pendant une partie du onzième, beaucoup de forteresses n'étaient guère entourées que de palissades, de remparts de terre et de fossés; il s'en trouvait bien, il est vrai, plusieurs construites en pierres, soit d'après l'ancien appareil gallo-romain, soit autrement, mais l'usage de la pierre n'était pas encore général (2). Les enceintes fortifiées de la sorte étaient d'ailleurs plus solides qu'on ne pense, surtout lorsqu'elles étaient placées sur des hauteurs d'un abord difficile, ce que l'on avait toujours soin de faire. Quel que soit d'ailleurs le système de construction adopté par ses premiers fondateurs, le château de Parthenay, tel qu'il

(1) P. Labbe, *Bibliotheca manus.*, t. II, p. 185.
(2) *Abécédaire d'archéologie, arch. civile et milit.*, par de Caumont, p. 286, 299 et 300.

existait en l'an **1000**, doit son existence, comme tous les châteaux de cette époque, aux guerres presque continuelles, au milieu desquelles s'écroula l'empire carolingien et aux progrès incessants de la puissance des seigneurs.

Ce n'est point ici le lieu de raconter ces luttes qui ne se rattachent pas directement à notre sujet. Mais avant d'arriver à l'explication des causes qui donnèrent naissance aux châteaux féodaux, qu'il nous soit permis de revenir un instant en arrière pour constater une trace beaucoup plus sensible du passage des Sarrazins dans nos contrées, fait que nous avions laissé soupçonner en parlant du faubourg du Sépulcre. Après avoir horriblement saccagé le midi de la France, les Mahométans, continuant leur course vers le nord, inondèrent le Poitou de leurs innombrables bataillons (**732**). Tout le pays qu'ils traversèrent fut dévasté, et l'église de Saint-Hilaire de Poitiers livrée aux flammes (1). Mais là devaient s'arrêter leurs ravages : Charles Martel et Eudes, duc d'Aquitaine, anéantirent, pour ainsi dire, l'armée sarrazine dans la sanglante bataille livrée à Moussais dit la Bataille, entre Châtellerault et Poitiers. La tradition a conservé le souvenir du passage des infidèles à Saint-Sauveur-de-Givre-en-Mai, situé sur les confins de la Gâtine. Voici le fait tel qu'elle le raconte. Une bande de Sarrazins, soit qu'elle se fût détachée du gros de l'armée avant la bataille,

(1) *Hist. du Poitou*, par Thibaudeau, t. 1, p. 136.

soit qu'elle ne fût qu'une troupe de fuyards échappés au carnage, aurait pénétré dans le Bocage jusqu'à Saint-Sauveur. Là, ils auraient campé dans une position avantageuse ; mais, assiégés par les habitants du pays, ils promirent de se rendre *s'il givrait*. C'était un défi insolent, puisque le mois de mai, pendant lequel se passait cet événement, paraissait devoir rendre la condition impossible. Pourtant, malgré la saison, un orme se couvrit de givre. Alors les assiégeants de crier au prodige, leur courage se ranime, ils pressent les Sarrazins et triomphent. Telle est la légende du pays et l'origine qu'elle attribue au nom de Saint-Sauveur-de-Givre-en-Mai. Ce qu'il y a de plus certain et ce qui prouverait mieux le passage des Sarrazins dans ces parages, c'est le nom de *Château-Sarrazin*, ou camp des Sarrazins, que porte une pièce de terre depuis un temps immémorial (1).

Nous n'aurions point insisté sur ce fait, s'il ne venait donner une certaine force à la supposition que nous faisions plus haut pour expliquer l'étymologie du nom Sières par lequel on désignait anciennement le faubourg du Sépulcre (voir page 26). Il serait téméraire de faire une assertion quelconque à cet égard ; cependant la tradition de Saint-Sauveur ne serait-elle pas de nature à laisser soupçonner que quelques débris de l'armée d'Abdérame, dispersés dans les bocages de la Gâtine, se sont fixés peut-être

---

(1) *Bulletins de la Société des Antiquaires de l'Ouest*, 1er trimestre. 1852.

dans le lieu appelé depuis bourg de Sières? Quoique cette hypothèse ne soit point invraisemblable, nous ne l'émettons pourtant qu'avec timidité et laissons au lecteur le soin de l'apprécier.

Nous disions tout à l'heure que la dissolution de l'empire carolingien donna naissance à presque tous les châteaux féodeaux. C'est, en effet, pendant la seconde moitié du IX$^e$ siècle et surtout pendant le X$^e$ qu'on vit la France se hérisser, pour ainsi dire, de forteresses. Chaque seigneur construisait la sienne, pourvoyant ainsi à sa propre défense et à celle de la population qui lui demandait aide et protection. Deux causes produisirent plus directement ce résultat : les courses dévastatrices des Normands et l'établissement de la féodalité. L'incapacité des successeurs de Charlemagne, les guerres civiles qu'ils se livrèrent, l'anarchie qui en fut la suite et les usurpations continuelles des grands tendant à se rendre indépendants de la royauté, avaient brisé l'œuvre admirable du restaurateur de l'empire d'Occident. Le pouvoir central faiblissait de jour en jour ; la souveraineté échappait aux mains des rois pour s'éparpiller et se répartir entre tous les seigneurs : au lieu d'être une elle devenait multiple. Cette révolution qui, depuis la mort de Charlemagne, s'accomplissait lentement et prenait peu à peu la force d'un fait accompli, fut définitivement consacrée et légalement reconnue le jour où la double hérédité des bénéfices et des fonctions publiques fut proclamée, par le faible Charles le Chauve, dans le célèbre capitulaire de Kiersy-sur-Oise en 877. Malgré cette usurpation des droits régaliens, la féodalité fut un bienfait pour les populations de ce siècle malheureux : elle seule était capable de leur donner quelque protection contre les violences de cette époque qui retombait dans la barbarie et contre les désastres des invasions normandes, véritable fléau qui désola la France pendant près de cent ans, et vis-à-vis duquel les princes carolingiens, tout occupés de leurs guerres intestines, ne montrèrent que pusillanimité ou ne prirent que des mesures insuffisantes.

C'est une histoire lamentable que celle des courses périodiques des hommes du Nord. Le Poitou, par sa position sur les côtes de la mer et non loin des rives de la Loire, fut particulièrement dévasté. L'île de Bouin en **820**, l'abbaye de Saint-Philbert de Noirmoutiers en **830**, la ville de Nantes, les abbayes de Saint-Philbert-de-Grand-Lieu et de Saint-Florent-de-Montglone en **843**, les monastères de Luçon, de l'Ile-Dieu et la ville de Saintes en **846**, furent successivement saccagés, mis à feu et à sang par les pirates. En **847**, ils parcoururent tout le Poitou et pénétrèrent jusqu'à Limoges qui devint leur proie. En **848**, ils pillèrent Melle et son atelier monétaire ; en **853**, Luçon fut ravagé pour la seconde fois et le monastère de Saint-Maixent éprouva le même sort. L'abbaye de St-Hilaire-le-Grand de Poitiers fut saccagée et brûlée à son tour en **863** ; la ville n'échappa qu'en payant une rançon. En **865**, les Normands, après avoir désolé le Poitou, parurent de nouveau devant sa capitale, qui cette fois encore parvint à les éloigner au poids de l'or; mais en **866** elle tomba enfin en leur pouvoir et subit le même sort que les autres. Ces épouvantables dévastations durèrent en Aquitaine jusque vers l'an **926** (1). La Gâtine ne fût probablement pas plus épargnée que le reste du Poitou : mais comme il n'y avait encore dans ce pays ni riches abbayes, ni villes florissantes capables d'offrir un appât à la cupidité des pirates normands, ceux-ci durent en faire rarement le but principal de leurs courses.

La stupeur produite par l'apparition des barbares du Nord, la faiblesse du gouvernement central et l'anarchie qui déchirait l'intérieur de la France, paralysèrent d'abord toute résistance. La guerre civile régnait en Aquitaine entre le roi Charles le Chauve et son neveu Pépin II, et les partis ne rougissaient pas de faire alliance avec les Scandinaves. Mais le mal était trop grand pour qu'on n'essayât pas d'y porter remède. Les comtes prirent l'initiative et organisèrent comme ils purent la défense des populations. C'est alors que des châteaux s'élevèrent de toutes parts, malgré le capitulaire de la diète de Pistes ( 865 ), qui ordonnait la destruction des forteresses privées construites sans l'autorisation royale. Chacun cherchait à se mettre en sûreté dans ses domaines, sans s'inquiéter d'une ordonnance inexécutable dans les circonstances où elle se produisait. D'ailleurs, les seigneurs, devenus souverains dans leurs domaines,

---

(1) *Histoire des rois et des ducs d'Aquitaine et comtes de Poitou*, par de la Fontenelle et Dufour, *passim*.

n'érigèrent pas seulement leurs châteaux dans un but d'utilité pour la défense du pays, ils voulaient en même temps se mettre en mesure de pouvoir maintenir leur indépendance envers et contre tous.

Telles sont les causes qui donnèrent naissance à cette multitude de châteaux forts dont on rencontre partout les ruines. Telle est aussi l'origine qu'on doit assigner au château de Parthenay. Nous dirons donc avec dom Fonteneau, que sa première construction remonte certainement au dixième siècle (1). Le nom de son fondateur est inconnu : mais il est très probable, pour ne pas dire certain, qu'il fût l'œuvre de ces premiers seigneurs de Parthenay, dont les chroniques ont négligé de nous transmettre les noms, et dont le premier descendant connu, Josselin, vivait en l'an 1000. La fondation du château de Parthenay dut contribuer pour une large part aux agrandissements de la ville : une masse de nouveaux habitants vinrent sans doute alors établir leur demeure et chercher asile et protection au pied de ses murailles. Plus tard, au XIIᵉ siècle, il fut reconstruit et agrandi; la ville elle-même fut entourée de fortifications. C'est alors que Parthenay devint véritablement une des plus fortes places du Poitou.

Lors de l'établissement des circonscriptions ecclésiastiques dans le diocèse de Poitiers, Parthenay fut choisi pour être le chef-lieu d'un vaste doyenné ou

(1) Dom Fonteneau, t. 15, note de la page 45. — Il faut en dire autant de presque tous les châteaux du Poitou.

archiprêtré. Le premier acte qui, à notre connaissance, fasse mention de son existence, date du milieu du XII<sup>e</sup> siècle (1). Mais il n'est pas douteux que son origine soit bien antérieure. La création des archidiaconés, archiprêtrés ou doyennés par l'autorité ecclésiastique est un fait qui remonte fort loin dans l'histoire. Sans doute, l'établissement de toutes ces circonscriptions n'a pas été simultané; on les multiplia à mesure que les besoins l'exigeaient; mais elles sont généralement toutes très anciennes et ont été créées à des intervalles assez rapprochés. Nous trouvons donc dans l'existence d'un archiprêtré à Parthenay une nouvelle preuve de son antique origine.

L'archiprêtré de Parthenay, quoique très vaste, n'embrassait pas dans ses limites la Gâtine tout entière ; il s'étendait surtout au nord-est et comprenait même plusieurs paroisses situées en dehors de cette contrée. On va pouvoir juger de son étendue par l'énumération des paroisses qui en dépendaient. C'étaient : la Chapelle-Saint-Laurent, Clessé, Saint-Aubin-le-Cloux, Oroux, Cissé, Cherves, Liaigues, Champigny-le-Sec, Neuville, Cuhon, Neuvy, le Tallu, Aubigny, Adilly, Châtillon-sur-Thouet, la Peiratte, Lhoumois, la Ferrière, la Chapelle-Bertrand, Charrais, Marconnay, Largeasse, Bouin, Saint-Germain-de-Longue-Chaume, Pougnes, Traye, Gourgé, Pomperre, Cron, Viennay, Azay-sur-Thouet, Pressigny, Mazeuil, Massognes, Vouzailles, la Gri-

---

(1) Dom Fonteneau, t. 4, p. 209, acte de 1166.

maudière, la Chapelle-Saint-Etienne, Hérisson, Laigne, la Boissière, Thénezay, les Moutiers–sous–Chantemerle, Lamairé, Assay, Maisontiers, Quinssay, Fénéry, le Breuil–Bernard ; enfin les sept paroisses de Parthenay : Saint-Laurent, Sainte-Croix, Saint-Paul, Saint–Jean, Saint-Jacques, le Saint–Sépulcre et Notre-Dame-de-la-Couldre (1).

Les paroisses du sud de la Gâtine, telles que Vautebis, Vouhé, Mazières, Beaulieu, Saint-Pardoux, Allonne, Champdeniers, Germond, faisaient partie de l'archiprêtré de Saint-Maixent (2). Quant à celles de l'ouest et du sud–ouest, comme Secondigny, Vernou, la Chapelle-Seguin, le Beugnon, Saint-Paul–en–Gâtine, Pamplie, elles dépendaient de l'archiprêtré d'Ardin. Ainsi donc trois archiprêtrés se partageaient autrefois la Gâtine. Leurs limites durent éprouver fort peu de variations ; car, on le sait, les circonscriptions ecclésiastiques en général sont restées jusqu'à la Révolution telles qu'elles avaient été établies dans le principe et n'ont subi presque aucun changement.

Parthenay n'a pas toujours été la résidence de l'archiprêtre. Cette dignité fut réunie à la cure de la Chapelle–Saint-Laurent à une époque et pour des motifs que nous ignorons : mais tel était l'état de

(1) *Pouillé général contenant les bénéfices de l'archevéché de Bordeaux*, etc. Paris, Alliot, 1648. — Dom Fonteneau, t. 3, p. 31, titre de 1598. — Grand Gauthier, p. 169.

(2) Dom Fonteneau, t. 3, p. 31, titre de 1598.

choses existant au dernier siècle (1). Ce qu'il y a de singulier, c'est que le curé de la Chapelle-Saint-Laurent, en recevant ces nouvelles fonctions, à quelque époque que ce soit, prit en même temps le titre d'archiprêtre de Parthenay, quoiqu'il ne fît pas sa résidence dans cette ville. Ceci est un fait exceptionnel en Poitou. Ainsi, pour n'en citer qu'un exemple, le doyenné, qui était placé à Saint-Pierre-du-Chemin, prit le nom de doyenné de Fontenay lorsqu'il fut transféré dans cette ville au douzième siècle (2).

Le plus ancien établissement religieux de Parthenay, est, sans contredit, le prieuré ou prévôté de Saint-Laurent qui dépendait de l'abbaye de Luçon (3). L'époque de son origine et le nom de ses fondateurs nous sont inconnus ; mais, faute de monuments écrits, nous n'avons qu'à examiner l'église et nous arriverons assez facilement à connaître son âge. Cet édifice porte dans toutes ses parties les signes caractéristiques de différentes époques ; il a été construit à diverses re-

(1) Pouillé du diocèse de 1782. — Le pouillé général d'Alliot, qui date de 1648, commence la nomenclature des paroisses de l'archiprêtré de Parthenay par la Chapelle-Saint-Laurent, ce qui semblerait indiquer cette paroisse comme étant dès cette époque le siége de l'archiprêtré. — Le Grand Gauthier fait cette énumération de la même manière.

(2) *Histoire de Fontenay*, par B. Fillon.

(3) Il est fait mention du cloître de Saint-Laurent dans un titre de l'an 1219 cité dans la *Gallia Christiana*, t. II, p. 1342, et d'un chapelain ou chanoine de Saint-Laurent, nommé Hilaire, dans un titre de la même année. (Dom Fonteneau, t. 5, p. 75.)

prises. La nef principale et les transsepts sont du roman de transition, c'est-à-dire de la fin du onzième siècle environ ; le latéral de gauche est gothique flamboyant (xve siècle); le latéral de droite vient d'être récemment construit dans le genre de la nef. Mais la partie antérieure de l'église est la plus intéressante pour la question qui nous occupe. C'est un porche très curieux formant comme un narthex en avant de la nef principale. La porte de ce porche et les deux arcades qui l'accompagnent sont à plein cintre ; la voûte également à plein cintre est beaucoup plus basse que celles de l'église. Aucune fenêtre ne l'éclaire. Les salles qui existent au-dessus sont éclairées par quatre fenêtres très étroites, dont deux sur chaque façade. Nulle ouverture n'est pratiquée au-dessus de la porte ; c'est une muraille entièrement nue jusqu'au pignon. Il y a absence presque complète de sculptures, si ce n'est deux figures grossières dans le tympan de l'arcade de droite. A tous ces caractères l'archéologue reconnaîtra dans le porche de Saint-Laurent une construction primitive tout à fait distincte de l'église, bien antérieure à elle, et qu'on aura utilisée dans la suite pour en former une espèce de narthex. Aussi nous n'hésitons pas à y voir un reste antique du prieuré de Saint-Laurent, et nous ne croyons pas trop nous avancer en faisant remonter son origine aux premières années du xie siècle, peut être même au xe. Notre assertion semble encore confirmée par le caractère des sépultures découvertes, il y a trois ans, près des murs de l'église. Il existait, en effet, tout le long du mur septentrional quatre couches de cercueils superposés ; un faible intervalle séparait chaque couche. Les cercueils étaient grossièrement maçonnés en pierres sèches, et une grande dalle de pierre recouvrait chacun d'eux. On ne trouva à côté des squelettes aucun objet digne de fixer l'attention. La haute antiquité du cimetière de Saint-Laurent, qui ne paraît pas douteuse quand on a examiné de près les nombreuses sépultures qu'il contenait, prouve donc, jusqu'à un certain point, l'ancienne origine que nous venons d'assigner à l'église. Il doit remonter à peu près à la même époque.

On ne pourrait préciser davantage l'origine de l'église St-Jean. Elle a toujours été considérée comme la plus ancienne paroisse de la ville de Parthenay (1). Les faibles débris qui ont échappé à la destruction semblent indiquer la fin du xie siècle comme étant l'époque de sa fondation. Le curé de Saint-Jean était à la nomination de l'abbé de Luçon, dès la fin du xiiie siècle (2).

Nous avons déjà vu que, dès le neuvième siècle, Parthenay était un chef-lieu de *Pagus (pagus Partiniaci)*. Nous avons dit également qu'il donna son nom à la circonscription religieuse, à l'archiprêtré. Il

(1) M. le baron Dupin, dans sa notice sur Parthenay et la Gâtine, notice fort inexacte et fort incomplète, prétend que Saint-Jean remonte au ixe siècle : nous ne partageons pas son avis. — L'église de Saint-Jean est démolie depuis environ cinquante ans.

(2) Ancien pouillé du diocèse, connu sous le nom de Grand Gauthier. (Biblioth. de Poitiers.)

resterait à savoir maintenant si , pendant la période carolingienne , le pouvoir central y plaça un viguier pour l'administration du pays. On connaît les fonctions du viguier : c'était un délégué , un auxiliaire du comte de la province qui lui-même était à la nomination du roi. Le comte réunissait entre ses mains les pouvoirs judiciaire , militaire , administratif et financier ; mais comme il ne pouvait exercer seul toutes ces fonctions pour le territoire très étendu de sa circonscription , il fut autorisé à commettre des officiers appelés viguiers , *vicarii* , c'est-à-dire délégués du comte , pour le suppléer dans les différents cantons de la province. L'établissement des vigueries eut lieu successivement , suivant les besoins des pays où on les plaçait. Elles furent nombreuses en Poitou. Thénezay était érigé en chef-lieu de viguerie dès les premières années du dixième siècle , en 909 ; il comprenait dans son arrondissement Vasles et la partie orientale de la Gâtine. Ardin et Mairvent avaient aussi leurs viguiers particuliers dès l'an 965 (1). Ardin est une localité fort ancienne ; on y battait monnaie au septième siècle (2). Elle est située à l'extrémité méridionale de la Gâtine. Quant à Parthenay, aucunes chartes des $ix^e$ et $x^e$ siècles ne nous disent qu'une viguerie y ait existé. Ce silence paraît fort surprenant ; car il est difficile d'admettre que

(1) *Recherches sur les Vigueries en Poitou* , par de la Fontenelle de Vaudoré , p. 82 , 100 , 102 , 126 , 127.

(2) Lettres à M. Dugast-Matifeux sur des monnaies françaises inédites , par B. Fillon , p. 73 , Fontenay , 1853.

Parthenay, qui était déjà chef-lieu d'un vaste *pagus*, n'ait pas été choisi par le fait même pour être le siége d'une viguerie. Partout ailleurs, du moins en Poitou, il y a toujours eu un viguier dans chaque capitale de *pagus*. D'où vient cette exception pour notre ville? peut-être est-ce à raison de l'indépendance dont les seigneurs de Parthenay semblent avoir joui dès l'origine. On sait, en effet, que l'établissement de la féodalité ruina l'institution des viguiers, et que ces délégués de l'autorité supérieure disparurent ou se transformèrent à mesure que s'affermit l'indépendance des feudataires. Quelques-uns se seront perpétués héréditairement dans leurs emplois et dans la possession des biens qui y étaient attachés, et auront ainsi dans leur sphère concouru à la formation de la féodalité (1).

Quoi qu'il en soit, le travail de civilisation qui devait faire sortir de l'obscurité Parthenay et la Gâtine s'accomplissait sans bruit sous les auspices des seigneurs. Le château s'élevait d'un côté, le prieuré bénédictin de Saint-Laurent de l'autre; les populations se groupaient autour, et la ville s'étendait sur le coteau. Bientôt des faubourgs devenaient nécessaires au onzième siècle. Les ancêtres encore obscurs des Larchevêque grandissaient et préparaient dans l'ombre les éléments de la puissance et de la gloire de leurs descendants. Avec le onzième siècle une ère

(1) *Histoire des rois et ducs d'Aquitaine*, par de la Fontenelle et Dufour, p. 32.

toute nouvelle s'ouvre pour la ville de Parthenay. Elle va prendre part aux événements politiques ; ses barons vont conquérir une des premières places parmi les grands vassaux du Poitou. En un mot, à partir de cette époque, son histoire offre un véritable intérêt.

# CHAPITRE II.

PARTHENAY ET LES PREMIERS LARCHEVÊQUE DURANT LES XI<sup>e</sup>
ET XII<sup>e</sup> SIÈCLES. GUERRES FÉODALES ; FONDATIONS.

---

**SOMMAIRE.**

Origine de la famille Larchevêque. — Josselin I<sup>er</sup>, seigneur de Parthenay. — Ancien mode de succession. — Guillaume I<sup>er</sup>. — Con-
struction et siège du château de Germon. — L'île de Vix. — Les
draps de Parthenay. — Fondation de l'église et du bourg de Saint-
Lin. — Josselin II, seigneur de Parthenay et archevêque de Bor-
deaux. — Fondation du prieuré et formation du faubourg St-Paul.
— Fondation du bourg de la Ferrière. — Fondation de Secondigny.
— Vie de Josselin II. — Origine du nom de *Larchevêque.* —
Simon I<sup>er</sup>, vidame de Parthenay, à la conquête de l'Angleterre. —
Fondation de l'église de Parthenay-le-Vieux. — Guerre civile en
Gâtine. — Le sire de Parthenay à la croisade. — Fondations de
Sainte-Croix et du Sépulcre. — Guerres féodales. — Guerre entre
le sire de Parthenay et le comte de Poitou. — L'abbaye de l'Absie.
— Prise de Parthenay par le comte de Poitou. — Nouvelle guerre
féodale. — Saint-Bernard et le duc d'Aquitaine à Parthenay. —
Donations pieuses. — Fondation de la Maison-Dieu. — Fondation
de l'abbaye du Bois-d'Allonne.

L'histoire de l'illustre famille des Parthenay–Larchevêque est en même temps celle de la ville de Parthenay. Qui raconte l'une retrace nécessairement
les péripéties de l'autre. Parthenay s'est tellement

identifié ses vieux seigneurs qu'il leur a donné son nom, auquel s'est ajouté plus tard celui de Larchevêque. Ceux-ci, d'un autre côté, ont laissé tant de traces de leur passage dans cette capitale de la Gâtine, où ils ne régnèrent pas moins de cinq cents ans, qu'il est impossible de heurter une ruine sans évoquer leur souvenir, de regarder un monument sans songer qu'ils en sont les fondateurs.

Le berceau des Parthenay est enveloppé d'obscurité. Suivant l'opinion générale, ils devraient leur origine à la célèbre maison de Lusignan, dont ils seraient une branche cadette (1). Ce qui donnerait de la vraisemblance à cette opinion, c'est la ressemblance des armoiries des deux familles qui étaient burelées d'argent et d'azur, avec cette différence toutefois que l'écu des Parthenay était traversé par une bande de gueules. Cette dernière particularité prouve évidemment que les Larchevêque étaient issus d'un cadet. Mais à quelle famille appartenait-il? Une généalogie, publiée récemment (2), a résolu la question. Les seigneurs de Parthenay descendent en ligne directe des comtes de Poitou (3), et les sires de

(1) *Histoire du Poitou*, par Thibaudeau, t. Ier, p. 201, et t. II, p. 47. — *Notice sur les Larchevêque*, par Marchegay. — *Dict. hist. des familles de l'ancien Poitou*, par Henri Filleau et de Chergé, t. II, p. 491. — Moréri, t. VIII, p. 99. — *Dict.* de Bayle au mot Parthenay.

(2) *Bulletins de la Société des Antiq. de l'Ouest*, 2e trim., 1856.

(3) Le capucin Joseph Aubert, de Parthenay, avait déjà émis timidement cette opinion dans l'ouvrage manuscrit qu'il composa en 1693 sous le titre de : *Discours généalogique des seigneurs qui ont possédé Parthenay*. (Biblioth. de Poitiers.)

Lusignan ont également la même origine. Ils ont tous pour auteur commun Geoffroy Ier, comte de la Marche, petit-fils d'Emenon, comte de Poitou, de 832 à 839. Remarquons seulement que les Lusignan sont issus d'un fils aîné, Sulpice, comte de la Marche, tandis que les Parthenay descendent d'un fils cadet. Ainsi s'expliquent la ressemblance des armoiries des deux familles puisqu'elles sont sorties du même tronc, et la barre transversale de l'écu de la famille Larchevêque puisqu'elle est une branche cadette (1).

Nous ignorons le nom de ce fils puîné de Geoffroy qui fut la tige de la maison de Parthenay, aussi bien que celui de ses premiers descendants jusqu'à Josselin. Ils ont vécu obscurément au milieu des bocages du pays de Gâtine pendant toute la durée du dixième siècle. C'est seulement lorsque la dernière heure du siècle de fer a sonné, au milieu des terreurs de l'an 1000, que le nom d'un seigneur de Parthenay, Josselin, apparaît pour la première fois dans les chroniques, et encore n'en est-il fait mention que pour constater sa mort.

### JOSSELIN Ier, seigneur de Parthenay.

La féodalité était alors à l'apogée de sa puissance. L'action du pouvoir royal, confié en ce moment aux faibles mains de Robert le Pieux, ne se faisait guère sentir en dehors des domaines capétiens. Guillaume

(1) Voir la Généalogie explicative.

le Grand, comte de Poitou, l'un des princes les plus distingués de son temps, régnait souverainement sur le duché d'Aquitaine. Josselin de Parthenay était un de ses nombreux vassaux; mais, comme nous venons de le dire, son nom n'aurait point échappé à l'oubli sans les dissensions qui surgirent, à l'époque de sa mort, entre le comte, le sire de Lusignan et le vicomte de Thouars. Voici quel fut le sujet de la querelle.

Depuis quelque temps, des difficultés existaient entre Savari, vicomte de Thouars, et Hugues IV, sire de Lusignan, à l'occasion d'une terre que le vicomte avait enlevé à Hugues (1). Comme le sire de Lusignan tenait cette terre à foi et hommage du duc Guillaume, il avait supplié son suzerain de la lui faire restituer. Celui-ci lui avait fait la promesse d'exiger cette restitution de Raoul, alors vicomte de Thouars, et frère de Savari qui venait de mourir. Mais, au lieu d'exécuter ce qu'il avait promis, le duc Guillaume donna secrètement à Raoul la terre objet du litige. Le vicomte de Thouars, voulant calmer le juste mécontentement de Hugues, lui promit sa fille en mariage. Mais cet arrangement avait fort irrité le duc d'Aquitaine, qui ne voyait pas

(1) Ce Savari est le 4e fils d'Arbert Ier, vicomte de Thouars, et d'Aldéarde. Quoiqu'il n'ait jamais été vicomte titulaire, on lui donne néanmoins ce titre parce que tous les frères dans la famille de Thouars avaient l'habitude de se qualifier ainsi. (Thibaudeau, t. II, note à la page 474.)

sans inquiétude cette alliance des puissantes familles
de Thouars et de Lusignan. Guillaume courut trouver
Hugues de Lusignan, et l'engagea fortement à refuser
la main de la fille de Raoul, lui promettant son
amitié s'il obéissait.

Sur ces entrefaites, Josselin, seigneur du château
de Parthenay, vint à mourir, laissant une veuve et
un fils mineur. On était alors en l'année 1012 environ. Guillaume le Grand, qui voulait absolument
détourner Hugues de son projet de mariage, s'empressa de lui proposer pour épouse la veuve de Josselin, et de lui offrir le fief de Parthenay à titre de
garde probablement pendant la minorité du fils
laissé par le seigneur défunt. L'offre du duc était
pressante et presque accompagnée de menaces. C'est
pourquoi Hugues de Lusignan promit prudemment à
son suzerain d'accomplir tous ses ordres. Le duc
d'Aquitaine s'entendit ensuite avec le comte d'Anjou,
Foulques Nerra, sur cette affaire, et ayant mandé
Raoul de Thouars : « Hugues de Lusignan a fait une
convention avec toi, lui dit-il, mais il ne l'exécutera
pas, parce que je lui en ai fait la défense ; Foulques et
moi avons formé le projet de lui donner la veuve et le
fief de Josselin de Parthenay, et si nous agissons ainsi,
c'est pour te confondre, parce que tu m'es infidèle.»
A ces mots, Raoul supplia Guillaume de ne point
agir de la sorte. « Eh bien, dit alors le duc, pro-
mets-moi de ne pas donner ta fille à Hugues, et, de
mon côté, j'agirai pour qu'il ne puisse avoir ni la

veuve ni le fief de Josselin. » C'était tout ce que désirait le duc, et, en homme habile, il circonvint si
bien Hugues de Lusignan qu'il parvint à retirer les
dernières propositions qu'il lui avait faites touchant
la terre de Parthenay, sans provoquer son mécontentement. Il n'en était pas de même du vicomte
Raoul. Peu satisfait des résultats de la politique
adroite de Guillaume, il se rendit au château de
Montreuil-Bonnin, où se trouvait en ce moment le
duc d'Aquitaine. Le but réel de cette visite, de la
part du vicomte de Thouars, était de se ménager une
entrevue avec Hugues de Lusignan, sans trop éveiller
les soupçons du suzerain. C'est ce qui eut lieu. Raoul
demanda à Hugues son concours dans une lutte qu'il
méditait contre le comte de Poitiers, promettant en
retour de lui donner sa fille, ainsi que cela avait été
autrefois convenu, et de lui accorder aide et protection envers et contre tous. Hugues de Lusignan, en
fidèle vassal, repoussa ces propositions, et tous deux
se séparèrent mécontents. La guerre était inévitable.
Elle éclata entre Raoul de Thouars d'une part et le
duc Guillaume uni à Hugues, son vassal, d'autre
part. Elle fut désastreuse pour le sire de Lusignan.
Néanmoins, après la mort de Raoul, il réclama de
nouveau au comte de Poitiers la terre que les vicomtes
de Thouars lui avaient enlevée, et que ceux-ci possédaient encore. A cette seconde réclamation, Guillaume répondit, comme la première fois, qu'il ne
laisserait point de repos au vicomte Geoffroy, successeur de Raoul, qu'il n'eût restitué la terre usurpée.

Mais., suivant son habitude, il s'arrangea amiable-
ment avec Geoffroy. Hugues fut très mécontent d'être
toujours dupe, et la guerre éclata encore une fois
entre lui et Geoffroy.

Nous omettons la suite de ce récit qui est étranger
au sujet que nous traitons. Qu'il nous suffise de savoir qu'une paix définitive ne tarda pas à mettre un
terme à tous ces démêlés (1).

Durant le cours de ces événements, la terre de
Parthenay était entre les mains du duc d'Aquitaine,
qui y exerçait sans contrôle ses droits de suzerain.
Josselin, le dernier seigneur mort en 1012, avait
laissé un fils en bas âge nommé Guillaume. Cette
circonstance motiva l'occupation du château de Parthenay par le comte de Poitiers. Ce prince, outre le
droit qu'il avait d'agir ainsi, en vertu de la coutume
féodale connue sous le nom de garde-noble, craignait que la terre de Parthenay ne tombât au pouvoir
des vicomtes de Thouars avec lesquels il était en
guerre, et avait par conséquent un double motif pour
exercer la tutelle du jeune Guillaume. Mais cet état
de choses ne devait pas durer longtemps. Guillaume
de Parthenay, arrivé à sa majorité, prêta son serment de fidélité entre les mains du comte de Poitiers, et redevint maître souverain des domaines de
ses aïeux (2).

---

(1) Bibliothèque manuscrite du P. Labbe, t. II, p. 185.
(2) *Notice sur les Larchevêque*, par Marchegay. — On n'est pas
certain que Guillaume soit le fils de Josselin; il serait possible qu'il ne
fût que son neveu.

Avant de poursuivre plus loin notre récit, il est nécessaire de faire connaître l'ancien mode de succession usité dans la partie du Poitou située entre la Sèvre-Nantaise et la Dive. Cette coutume, qui ne s'appliquait, du reste, qu'aux successions nobles, était la règle suivie par les Parthenay-Larchevêque pour la transmission de leur seigneurie, aussi bien que par les autres possesseurs des fiefs compris entre les deux rivières précitées, notamment les vicomtes de Thouars et les sires de Mauléon. A la différence de toutes les autres coutumes de France, celle dont nous parlons voulait que tous les immeubles d'une succession fussent attribués successivement à tous les enfants. Ainsi après la mort de l'aîné, ce n'étaient pas ses enfants qui lui succédaient immédiatement ; ils n'héritaient que des meubles : mais le fief, l'immeuble, passait au premier frère puîné, et de frère en frère, tant qu'il y en avait, suivant l'ordre de naissance. Par la mort du dernier, le fief retournait de plein droit au plus âgé des fils de l'aîné. Lorsqu'il y avait des filles, le fils aîné ne prenait que les trois quarts des immeubles avec le château principal et l'autre quart demeurait aux filles. Ce mode de succession, appelé *droit de retour* ou *de viage*, ne donnait que l'usufruit au cadet, qui arrivait à la succession du fief par la mort du frère aîné, puisqu'il ne pouvait disposer des biens sans être autorisé du fils de l'aîné, son neveu, auquel demeurait la nue-propriété. Une pareille coutume faisait sans doute disparaître ce qu'il y avait de rigoureux dans le droit d'aînesse,

4

mais elle était de nature à faire naître des troubles dans les familles. Aussi fut-elle effacée des coutumiers du Poitou en 1514 (1).

### GUILLAUME I<sup>er</sup>, seigneur de Parthenay.

La tutelle gênante, exercée par le duc d'Aquitaine à Parthenay, avait cessé dès avant l'année 1021. Guillaume, libre de toute entrave, administrait ses domaines, saisissant avec avidité, comme tous les seigneurs de cette époque, toutes les occasions d'augmenter son indépendance et d'étendre les limites de sa baronie. La considération personnelle dont il jouissait et l'influence croissante de sa famille nous sont attestées par une bulle du pape Jean XIX du 1<sup>er</sup> mai 1031. L'intérêt, que ce souverain pontife portait au monastère de Saint-Jean-d'Angély, lui avait suggéré la pensée de s'adresser aux barons qu'il croyait susceptibles, par leurs richesses, leur puissance et leur voisinage, d'accorder aide et protection à l'abbaye. C'est pourquoi son bref est adressé d'abord au duc d'Aquitaine, puis à Geoffroy, comte d'Angoulême, à Hélie, comte de Périgord, aux fils de Hugues de Lusignan et à Guillaume, seigneur de Parthenay. Le pape met, pour ainsi dire, l'abbaye de Saint-Jean-d'Angély sous leur protection, les invitant à prendre en mains la défense de ses droits et de ses biens (2). Ce fait seul suffit pour nous montrer quelle place

(1) *Hist. de la maison des Chastaigners*, par André Duchène, p. 8 et 9, éd. 1634.

(2) Dom Fonteneau, t. 62, p. 549.

distinguée tenait le seigneur de Parthenay parmi les feudataires poitevins.

La guerre, qui éclata à cette époque entre le comte d'Anjou et le duc d'Aquitaine, lui offrait une trop belle occasion de jouer un rôle pour ne pas la saisir avec empressement. Guillaume le Grand était mort en 1030, laissant Guillaume le Gros, son fils aîné, pour successeur dans le duché. Agnès de Bourgogne, sa troisième femme et belle-mère du nouveau duc, épousa en secondes noces l'ambitieux Geoffroy Martel, comte d'Anjou. Ce mariage fut funeste au Poitou; il engendra des discordes sanglantes entre les deux princes. Geoffroy Martel chercha des alliés parmi les vassaux de son ennemi : il en trouva sans peine. A son appel, le vicomte de Thouars et Guillaume de Parthenay répondirent par un soulèvement contre leur suzerain. Après bien des ravages exercés par les deux partis, Guillaume le Gros perdit la décisive bataille de Saint-Jouin-les-Marnes contre le comte d'Anjou (9 septembre 1034). Blessé et fait prisonnier dans cette néfaste journée, il ne recouvra la liberté que trois ans après, moyennant une rançon considérable. Le duc d'Aquitaine humilié allait nécessairement reprendre les armes pour punir ses vassaux infidèles : dans cette crainte, Guillaume de Parthenay se prépara à la résistance, et, de concert avec Geoffroy Martel, construisit le château de Germon destiné à couvrir la frontière méridionale de la Gâtine (1037). Cette précaution fut loin de lui être inutile, malgré la mort de Guillaume le Gros arrivée l'année suivante

(1038 ). Eudes, déjà duc de Gascogne du chef de sa
mère, ayant été appelé par une partie des barons du
Poitou à la succession du dernier duc d'Aquitaine, son
frère consanguin, reprit hardiment les armes et résolut de le venger. Tout l'effort de la guerre retomba
sur le seigneur de Parthenay. Plein d'espérance dans
la victoire, le nouveau comte de Poitou commença
par mettre le siége devant le château de Germon.
Mais Guillaume de Parthenay, qui dirigeait en personne la défense, ne se laissa point intimider. Sa vigoureuse résistance fut couronnée de succès et con-
traignit les assaillants à une honteuse retraite. Eudes
vaincu, mais non découragé, se retira pour aller se
faire tuer à l'attaque du château de Mauzé ( mars
**1039** ) (1).

Le sire de Parthenay sortait donc triomphant de la
lutte, et son puissant allié le comte d'Anjou devenait,
par suite de ces événements, arbitre souverain des
destinées de l'Aquitaine. Satisfait d'un résultat qui, en
abaissant momentanément la famille des comtes de
Poitiers, augmentait l'influence morale de sa propre
maison, Guillaume de Parthenay se rattacha de plus
en plus à la fortune de l'heureux Geoffroy Martel.
Aussi libéral envers l'Église que brave et puissant,
le comte d'Anjou avait fondé à Vendôme, conjointement avec sa femme Agnès, le monastère de la Tri-

---

(1) Chronique de Maillezais. — *Hist. des comtes de Poitou*, par
Besly, p. 140, éd. 1840. — Thibaudeau commet donc une erreur lorsqu'il prétend que le sire de Parthenay resta fidèle à Eudes (tome 1er,
page 224).

nité. La dédicace eut lieu en 1040. Ce fut une fête brillante et solennelle à laquelle le comte d'Anjou convia une multitude de prélats, d'abbés et de barons. Guillaume de Parthenay ne pouvait manquer d'y assister. Beaucoup de seigneurs du Poitou s'y trouvèrent avec lui, notamment Hélie, sire de Vouvent, le vicomte d'Aunay, Guillaume Chabot, et d'autres encore (1). Quelques années plus tard, en 1047, le sire de Parthenay assistait également à la dédicace de l'abbaye de Notre–Dame de Saintes, fondée par Geoffroy Martel et la comtesse Agnès. C'est pendant son séjour dans cette ville, à l'occasion de cette solennité, que Guillaume de Parthenay vendit à la comtesse d'Anjou l'île de Vix située dans les marais de la Sèvre, non loin du château de Fontenay et de l'abbaye de Maillezais. Agnès ne faisait cette acquisition que pour en faire don à la nouvelle abbaye. L'acte de donation en fut immédiatement dressé en présence de Guillaume et de sa nombreuse famille ; et comme le sire de Parthenay voulait donner des preuves de générosité et de zèle religieux envers le monastère de Notre–Dame, il lui abandonna tout le prix de vente de l'île de Vix, et consacra au service de Dieu sa fille Béatrix encore enfant (2).

Durant tout le cours du onzième siècle, la prospérité du pays de Gâtine s'accroît d'une manière notable : des défrichements s'opèrent par les mains

(1) Dom Fonteneau, t. 86.
(2) *Annales bénédictines*, par dom Mabillon, t. 4, l. LIX, p. 488.

des moines; l'agriculture se développe, des bourgades nouvelles s'élèvent de tous côtés; l'industrie
naissante des draps de Parthenay, source précieuse
de richesse pour cette ville, prend une extension
considérable; les fabriques se multiplient et, dès cette
époque reculée, leurs produits commencent à jouir
au loin de cette réputation méritée qu'ils ont conservée pendant si longtemps dans les contrées de
l'ouest (1). Les seigneurs de Parthenay encouragent
ce mouvement de tous leurs efforts; les églises qu'ils
fondent partout deviennent autant de centres autour
desquels ils attirent et réunissent des habitants auxquels ils accordent des franchises et des exemptions
d'impôts.

Les petits vassaux de la Gâtine suivent cet exemple dans leurs domaines. C'est ainsi que, du vivant
de Guillaume de Parthenay, nous voyons un petit
seigneur, nommé Simon, fonder l'église et le bourg
de Saint-Lin. Peu de temps après l'achèvement des
travaux, vers l'an 1044, ce même Simon et sa femme
Marguerite, poussés par un de ces sentiments de piété
si communs au moyen âge, donnent à l'abbaye de
Saint-Maixent la moitié du nouveau bourg et de la
nouvelle église. La donation comprenait en outre des
vignes situées près du château d'Hérisson, et deux
viviers, l'un à Mazières, l'autre à Verruie (2).

(1) Charte de 1076, dans laquelle un abbé de Saint-Jean-d'Angély
donne pour l'amortissement d'un fief, *quinque ulnas de panno, qui
dicitur de Parteniaco.* (*Not. sur les Larch.*, par Marchegay.)

(2) *Histoire de l'abbaye de Saint Maixent*, par dom Chazal, dans

Guillaume de Parthenay mourut vers l'an **1058**. Il avait épousé depuis fort longtemps Aremgarde, dont on ne pourrait préciser l'origine, mais qu'on a supposé avoir appartenu à la famille de Talmont (1). Cette union fut féconde et donna six enfants au sire de Parthenay. Guillaume l'aîné précéda son père dans la tombe; les autres fils, Josselin ou Gosselin, Simon, Gelduin et Ebbon, furent successivement seigneurs de Parthenay. Une fille, nommée Béatrix, était religieuse au couvent de Notre-Dame de Saintes.

### JOSSELIN II, seigneur de Parthenay et archevêque de Bordeaux (1058-1086).

Par suite de la mort de son frère aîné, Josselin devint l'héritier légitime de la seigneurie de Parthenay. Mais telle n'avait point été sa destinée première, car il s'était voué au sacerdoce, et depuis plus de dix ans il était trésorier de l'église de Saint-Hilaire de Poitiers. Homme d'un esprit supérieur et doué d'un caractère énergique, Josselin était aussi digne que capable de parvenir aux plus hautes dignités ecclésiastiques. Ayant été nommé archevêque de Bordeaux en 1059, il se vit contraint de renoncer à l'administration de son fief pour consacrer ses talents à des soins plus graves. Il n'en conserva pas moins

dom Fonteneau, t. 36, p. 244, 245. — Nous n'avons pu déterminer à quelle famille appartenait ce Simon. Peut-être était-il le fils de Guillaume de Parthenay?

(1) *Notice sur les Larchevéque*, par Marchegay.

le titre de seigneur de Parthenay, mais il en confia le gouvernement à son frère Simon, qui prit le nom de vidame ou vice-seigneur de Parthenay (1). Toutefois, malgré ses nombreuses occupations, il intervint, en sa qualité souveraine, dans certains actes importants qui marquèrent l'administration de Simon. Ainsi, peu de temps après son élévation au siége métropolitain de Bordeaux, nous le voyons revêtir de son sceau et confirmer une charte de donation octroyée par son frère à l'abbaye de Cormery. Voici dans quelles circonstances.

Un ancien seigneur de Parthenay, très probablement Guillaume, père de notre Josselin, avait fondé l'église Saint-Paul, dès le commencement du xi$^e$ siècle; puis il en avait fait don à l'abbaye de Cormery en Touraine (2). Après la construction de Saint-Paul et son érection en prieuré, des habitants vinrent grouper leurs maisons près de ses murs, attirés sans doute par les bienfaits qu'un établissement religieux répand toujours autour de lui et par la sécurité que leur inspirait le voisinage du château. En peu de temps la population augmenta; les rives du Thouet, les environs du prieuré se couvrirent d'habitations, et le faubourg Saint-Paul devint presque une autre petite ville, assise sur les deux bords

(1) *Gallia Christiana*, t. II.

(2) Extrait de dom Etiennot dans dom Fonteneau, t. 73. — L'église de Saint-Paul existe encore, mais elle est transformée en grange depuis la révolution, et ce qu'elle avait de plus remarquable, son abside, s'est écroulée depuis quelques années.

de la rivière, au pied de la colline escarpée qui
supporte la cité féodale. Le monastère de Cormery,
déjà propriétaire du prieuré, résolut d'acheter le
faubourg tout entier; ce fut Guy, son abbé, qui fit cette
importante acquisition vers l'année **1060**. C'est alors
que Simon, vidame de Parthenay, de concert avec
son frère l'archevêque, désirant augmenter et compléter, pour ainsi dire, les droits de propriété que
l'abbaye de Cormery avait déjà sur Saint-Paul, lui
donna à perpétuité les impôts et redevances de toutes
sortes que les seigneurs de Parthenay avaient coutume de lever sur les habitants du faubourg. De plus,
il octroya à tous ceux d'entre ces derniers, qui viendraient vendre sur le marché de la ville, le privilége
de ne payer pour toute redevance que le droit de
vente accoutumé. Il leur accorda également l'exemption de toute espèce de péage. En vertu d'un autre
privilége non moins important, il fut interdit aux
officiers seigneuriaux d'agir contre les habitants de
Saint-Paul sans le consentement du prieur. Par la
même donation, le prieur reçut le droit de prendre
dans les forêts seigneuriales tout le bois dont il aurait besoin pour construire des maisons, chauffer le
four et entourer de palissades le faubourg Saint-Paul.
On lui concéda en même temps le droit de pêche
dans le Thouet et dans l'étang de Secondigny. Enfin,
le prieuré reçut encore de la libéralité de Simon
une grande pièce de terre, exempte d'impôts, située
entre le Thouet et le Palais, avec la permission de
construire sur ce petit cours d'eau un moulin pour

son usage. Ainsi, comme on peut s'en apercevoir, cette charte importante constituait en faveur du prieur une petite souveraineté sur le faubourg, et donnait aux habitants des priviléges fort avantageux (1).

La générosité de Simon et de Josselin n'était pas épuisée. Aux dons précédents, ils ajoutèrent l'église de la Ferrière, fondée probablement par leur père et récemment achevée. A l'église était joint un terrain suffisamment étendu pour construire un bourg, et les futurs habitants furent affranchis de toute redevance; ils ne devaient relever que de Saint-Paul (2).

La fondation de Secondigny suivit de près celle de la Ferrière. Elle fut également l'œuvre commune de Josselin et de Simon. Déjà, depuis un certain nombre d'années, les seigneurs de Parthenay possédaient un château fort à Secondigny. Vers l'année 1070 environ, l'archevêque de Bordeaux et son frère le vidame, désirant créer dans ce lieu un centre de population, accordèrent à Raimond, abbé de Bourgueil, la permission d'y construire une église, et déclarèrent en même temps qu'après son achèvement elle appartiendrait à perpétuité au monastère. Le même acte contenait d'autres dons, notamment une chapelle située dans l'intérieur du château de Secondigny, et différents droits, tous fort avantageux pour les religieux de Bourgueil. Enfin, les donateurs promirent certaines immunités à tous ceux qui vien—

(1) *Historia Cormaricensis monasterii*, *Res. S. G.* (Bibl. imp.)
(2) *Idem.*

draient construire leurs habitations autour de la nouvelle église. Cette charte fut signée par ses auteurs dans leur ville de Parthenay, en présence d'Isembert II, évêque de Poitiers, et de nombreux témoins (1).

Ainsi, nous pouvons nous en convaincre, à mesure que nous avançons, une grande partie des bourgades de notre Gâtine ont pris naissance au XI$^e$ siècle ; presque toutes nos églises rurales datent de cette époque. Là comme ailleurs, le XI$^e$ siècle est une période de rénovation sociale, et c'est un beau titre de gloire pour les anciens seigneurs de Parthenay d'y avoir travaillé si efficacement en élevant partout des églises qui devenaient autant de points de ralliement pour les populations.

Sauf certaines circonstances, comme celles que nous venons de citer, Josselin, selon toute apparence, intervint rarement dans les affaires de sa seigneurie. Les devoirs nombreux et souvent remplis de difficultés que lui imposaient ses fonctions d'évêque métropolitain absorbaient presque tous ses moments. C'est à sa prière et sur ses instances que le célèbre pape Grégoire VII plaça sous la protection du saint-siége, par sa bulle du **22 avril 1073**, l'église de Saint-Hilaire de Poitiers, et permit aux chanoines de cette église de recourir à l'archevêque de Bordeaux lorsque l'évêque de Poitiers refuserait

(1) Cartulaire de l'abbaye de Bourgueil, p. 57. — Le château de Secondigny est aujourd'hui entièrement détruit, mais l'église subsiste toujours.

de leur rendre justice (1). L'année suivante, Josselin fit le voyage de Rome, et assista dans la ville sainte à un synode où il prit encore en mains la défense de Saint-Hilaire de Poitiers, en sa qualité de trésorier de cette église, contre les prétentions des chanoines de la cathédrale. Grégoire VII sut apprécier les qualités supérieures de l'archevêque de Bordeaux pendant le séjour qu'il fit à Rome : aussi lui confia-t-il le soin de diriger une affaire très délicate, de concert avec Amat, évêque d'Oleron, son légat. Il s'agissait d'examiner s'il y avait lieu de prononcer le divorce entre le duc d'Aquitaine, Guillaume VII, et Aldéarde de Bourgogne, sa parente. Une assemblée d'ecclésiastiques, présidée par le légat et l'archevêque de Bordeaux, se réunit à Saint-Hilaire de Poitiers pour examiner la validité du mariage. Mais, pendant qu'on délibérait, le duc d'Aquitaine et l'évêque de Poitiers, Isembert II, son partisan, furieux de ces mesures, résolurent de chasser l'assemblée par la violence. Ils firent enfoncer par des soldats les portes du monastère ; le légat et Josselin furent accablés d'outrages ; les autres prélats furent encore plus maltraités, et tous, malgré leur énergie, se virent contraints par la force de se séparer. Josselin s'empressa d'instruire le souverain pontife de tout ce qui s'était passé. Grégoire VII cita l'évêque de Poitiers à la cour de Rome ; puis, sur son refus de comparaître, il le fit interdire par son légat, Géraud

(1) Dom Fonteneau, t. 10, p. 351.

d'Ostie. Enfin, Isembert II, persistant toujours dans sa désobéissance, il l'excommunia jusqu'au prochain synode. Le pape, par son bref du 16 novembre 1075, chargea l'archevêque de Bordeaux de veiller à l'exécution de la sentence d'interdit (1).

Josselin présida la même année un synode dans le monastère de Saint-Maixent. C'est devant cette assemblée que le fameux archidiacre d'Angers, Béranger, présenta sa rétractation, et renonça aux propositions hérétiques qu'il enseignait depuis longtemps contre le dogme de la présence réelle. Malgré sa promotion à l'archevêché de Bordeaux, Josselin avait conservé ses fonctions de trésorier de Saint-Hilaire de Poitiers. C'est à ce titre qu'il provoqua une mesure réformatrice, tout à fait conforme aux vues de Grégoire VII, par laquelle il fut arrêté que nul fils de prêtre, de diacre, sous-diacre ou autre clerc, et nul bâtard, ne pourrait être nommé chanoine de Saint-Hilaire. Ce règlement avait pour but de combattre les tristes résultats du mariage des prêtres, l'un des plus grands maux de l'Église à cette époque, et à l'extirpation duquel Grégoire VII travailla avec tant d'énergie. Il fut rendu en 1078, sur les instances de Josselin, par Guillaume VII, comte de Poitiers. On sait que les comtes de Poitou portaient en même temps le titre d'abbés de Saint-Hilaire (2).

(1) *Gallia Christiana*, t. II. — Dom Fonteneau, t. 21, p. 443. — Besly, p. 152.

(2) *Gallia Christiana*, t. II. — Dom Fonteneau, t. 10, p. 363. — Thibaudeau, t. I<sup>er</sup>, p. 12. — Besly, p. 162, éd. 1840.

Au zèle qu'il déployait dans l'administration de sa métropole, Josselin joignait des qualités supérieures et des vertus trop rares parmi les prélats de ce siècle. Il était digne de la confiance dont l'honora le pape Grégoire VII, et le surnom de Grand Archevêque, dont le décore la chronique de Maillezais, ne fut point un titre usurpé. Il mourut le 19 juin 1086, et fut enseveli au monastère de Luçon qu'il avait comblé de bienfaits.

C'est pour conserver, et en même temps pour honorer la mémoire de cette illustration de leur famille, que les Parthenay adoptèrent le surnom de *Larchevêque*, à partir du douzième siècle (1).

### SIMON Ier, vidame de Parthenay.

Nous savons déjà que, pendant la vie de l'archevêque de Bordeaux, Simon, son frère, le représentait dans la seigneurie de Parthenay à titre de vidame, et nous avons parlé de deux actes importants de son administration, la fondation de la Ferrière et de Secondigny. Bien qu'il ne fût rigoureusement qu'un délégué vis-à-vis de Josselin, il n'en exerça pas moins à Parthenay un pouvoir souverain. D'ailleurs c'était à lui qu'appartenait l'héritage présomptif de la seigneurie que la mort de l'archevêque pouvait lui laisser d'un moment à l'autre entre les mains en vertu du droit de viage. S'il ne pût exercer ce droit

(1) *Gallia Christiana*, t. II, p. 806.

de viage, puisqu'il précéda Josselin dans la tombe, il ne faut pas moins le mettre au nombre des barons de Parthenay : le titre seul lui manqua.

Cependant un grand événement se préparait et allait ouvrir une large carrière aux instincts belliqueux et turbulents qui dominaient les hommes de ce siècle. Guillaume le Bâtard, duc de Normandie, avait résolu l'invasion de l'Angleterre. Pour mener à bon terme cette entreprise hardie, qui devait lui donner un royaume et le surnom de Conquérant, il avait besoin d'une armée nombreuse et aguerrie. Guillaume, en homme habile, connaissant parfaitement l'insuffisance des ressources de ses propres domaines, fit publier ses armements dans toute la France, annonçant avec grand bruit qu'il promettait « une forte solde et le pillage de l'Angleterre à tout homme robuste qui voudrait le servir de la lance, de l'épée ou de l'arbalète (1). » A cet appel, le vidame de Parthenay revêt sa cotte de maille et son heaume, saisit sa lance, s'élance sur son coursier, et, entraînant à sa suite les plus audacieux de ses chevaliers, franchit l'enceinte de sa forteresse, peut-être pour ne plus la revoir. En chemin, il rejoignit le vicomte de Thouars, Aimery III, qui partait aussi pour l'expédition, à la tête de quatre mille hommes. D'autres Poitevins se joignirent à eux, et leurs forces réunies constituèrent un petit corps d'armée qui alla se

(1) *Conquête de l'Angleterre par les Normands*, par A. Thierry, tome Ier.

ranger, sous l'étendand de Guillaume, au rendez-
vous général qui était l'embouchure de la Dive, entre
la Seine et l'Orne. Bientôt l'armée débarqua heureu-
sement en Angleterre, près de Hastings, et le 14
octobre 1066 tout était prêt pour un combat décisif
entre les Anglo-Saxons et les envahisseurs. Guillaume de Normandie avait divisé ses troupes en trois
corps : l'un d'eux, entièrement composé de Bretons,
d'Angevins et de Poitevins, était commandé par le
vicomte de Thouars. Là combattait Simon de Parthenay. On connaît le résultat de la bataille ; les
Anglo-Saxons, malgré leur courage, éprouvèrent
une déroute complète. Cette terrible journée décida
du sort de l'Angleterre. La conquête normande marcha d'un pas rapide, et le Bâtard fut proclamé roi
des Anglais deux mois après son invasion. Alors les
auxiliaires, enrôlés sous les drapeaux du Conquérant,
repassèrent pour la plupart sur le continent. Simon
de Parthenay avait hâte de revoir ses domaines, et
d'y jouir en paix des richesses immenses qu'il s'était
appropriées au milieu du pillage et de la spoliation
exercés par les vainqueurs. Il revint en Poitou avec
Aimery de Thouars et les autres barons du pays qui
avaient osé tenter les hasards de cette audacieuse
expédition ( 1067 ) (1).

Simon mourut vers l'année 1075, laissant vacante
la charge de vidame de Parthenay. L'administration

---

(1) William Conquerour, liste de Guillaume Taileur, p. 139. (Collection Dupuy, cah. 690. Biblioth. imp.) — Revue anglo-française,
t. 1er, p. 39.

de la seigneurie échut alors naturellement à Gelduin et à Ebbon, ses frères puînés. La mort de Josselin, archevêque de Bordeaux, arrivée en 1086, mit un terme à cette souveraineté exercée par délégation. Simon avait épousé Milésende, fille de Hugues de Lusignan; il eut d'elle trois fils : Hugues l'aîné, qui mourut avant ses oncles et ne fut jamais seigneur, Guillaume, trésorier de Saint-Hilaire de Poitiers, et enfin Simon II, dont nous raconterons plus loin l'histoire (1).

### GELDUIN et EBBON, seigneurs de Parthenay (1086-1093).

Par la mort de l'archevêque de Bordeaux, Gelduin se trouvait, en vertu du droit de viage, seul maître souverain dans la seigneurie de Parthenay. Mais Ebbon, son frère, homme ambitieux et violent, était incapable de le laisser jouir paisiblement de ses droits et de respecter en lui le titre de suzerain. Gelduin, connaissant la nature indocile de son caractère, chercha à prévenir les embarras et les dangers qu'il pouvait lui susciter. C'est pour cette raison sans doute qu'il s'adjoignit Ebbon dans l'administration de la baronie. Dès l'année 1086, en effet, les deux frères prennent conjointement le titre de seigneurs de Parthenay, et c'est ainsi qu'on les a toujours désignés depuis (2).

(1) *Notice sur les Larchevêque*, par Marchegay.
(2) Dom Fonteneau, t. 19, p. 73; t. 15, p. 439.

5

C'est en cette qualité qu'ils signent la charte de fondation de Parthenay-le-Vieux. Depuis peu de temps, une église venait de se construire sous le vocable de Saint-Pierre, dans le lieu même où s'élevait jadis l'ancienne ville de Parthenay (2). Rien n'avait été épargné pour rendre ce vaste édifice digne du culte chrétien et en faire un chef-d'œuvre d'architecture romane. Mais que cette magnificence ne nous étonne pas; l'église de Parthenay-le-Vieux a été fondée pour expier un crime involontaire; c'est un vœu qui lui a donné naissance. Un jour, le seigneur de Parthenay, à cheval et le faucon sur le poing, partait pour la chasse : tout à coup le cheval s'emporte, et, malgré les efforts du cavalier, foule aux pieds et tue un enfant qui se trouvait par hasard sur son passage. Désespéré de ce déplorable accident, dont il était la cause involontaire, le seigneur de Parthenay fait solennellement le vœu de construire une église sur le théâtre même du malheureux événement. Ce vœu fut religieusement accompli, et l'on peut voir encore sur la façade de Saint-Pierre de Parthenay-le-Vieux un cavalier portant un faucon sur son poing et un enfant renversé sous les pieds du cheval, curieuse sculpture que l'artiste du onzième siècle semble avoir placé là tout exprès pour perpétuer la mémoire du fondateur. Telle est l'origine de cette église, ainsi que la raconte une tradition respectable qui a pour elle beaucoup de vraisemblance.

(1) Voir ce qui a été dit plus haut sur Parthenay-le-Vieux, ch. 1ᵉʳ.

Il serait difficile de savoir si c'est Gelduin ou Ebbon, ou même Simon Ier, que la tradition entend désigner dans son récit. Mais on peut affirmer que le fondateur est assurément l'un d'eux, ou du moins l'un des membres de leur famille. Il est également certain que la construction de Saint-Pierre de Parthenay-le-Vieux devait être à peine terminée en **1092**, au moment de la donation dont nous allons parler. Le style de l'édifice en est la preuve évidente.

Il existait alors en Auvergne un monastère florissant connu sous le nom de la Chaise-Dieu. Il devait son origine à saint Robert, mort depuis plusieurs années. La réputation, laissée par le fondateur, s'était répandue au loin, et comme le monastère en avait naturellement hérité, les donations affluaient de toutes parts. Entraînés sans doute par ce mouvement de pieuses libéralités, les seigneurs de Parthenay, Gelduin et Ebbon, de concert avec leur vassal, Geoffroy de Champdeniers, donnèrent à l'abbaye de la Chaise-Dieu, représentée par Seguin, son abbé, deuxième successeur de saint Robert, la nouvelle église de Saint-Pierre de Parthenay-le-Vieux. Là, ils fondèrent un prieuré composé de neuf moines, et Pierre, l'un deux, fut nommé prieur par l'abbé Seguin. Les donateurs accordèrent en outre un terrain, situé devant l'église, d'une grandeur suffisante pour construire un bourg. Aucune redevance ne devait être perçue dans ce bourg au profit des seigneurs, et les habitants durent jouir des mêmes droits et priviléges accordés naguère aux habitants de Saint-Paul. C'est

ainsi que le bourg de Parthenay-le-Vieux prit naissance, et la charte authentique qui le créa fut signée
au mois d'août 1092 par Gelduin et Ebbon assistés de
leurs neveux, Guillaume et Simon (1).

Cependant la guerre civile venait d'éclater en
Gâtine entre les deux frères. L'ambitieux Ebbon, peu
satisfait de la portion d'autorité qu'il tenait de la
condescendance de son aîné, leva contre lui l'étendard de la révolte en 1091. C'est probablement pendant une courte trève intervenue entre eux en 1092
qu'ils signèrent la charte de Parthenay-le-Vieux.
Quoi qu'il en soit, Gelduin, dont l'âge avait affaibli
l'activité, se voyant incapable de résister à son frère,
implora, quoiqu'à regret, le secours du duc d'Aquitaine, Guillaume VIII. Le suzerain, enchanté d'inter-
venir dans les discordes de ses vassaux, se hâta de
secourir Gelduin. Tous deux ayant réuni leurs forces,
ils repoussèrent le rebelle Ebbon du pays de Parthenay, et relevèrent les murailles du château de Germon
pour lui en fermer à jamais l'entrée (1093). Cette
forteresse, que Guillaume de Parthenay, père de
Gelduin, avait autrefois si bien utilisée, ainsi qu'on
peut se le rappeler, pour la défense du pays et le
triomphe de la coalition formé contre le comte de
Poitou, fut incapable cette fois de protéger le seigneur
de Parthenay contre les incursions de son frère.
Ebbon continua la guerre avec acharnement, et

(1) Dom Fonteneau, t. 4, p. 17; t. 73. — *Gallia Christ.*, t. II,
p. 332.

Gelduin mourut sans doute en combattant vers la fin de l'année 1093 (1).

Gelduin avait épousé Pétronille, dont l'origine est inconnue (2). Il en eut un fils nommé Odon, dont nous connaissons seulement l'existence, mais qui est resté tout à fait obscur (3).

## EBBON, seigneur de Parthenay (1093-1110 environ).

Ebbon était parvenu au but de ses désirs. Il régnait enfin sans partage dans cette baronie de Parthenay, dont il avait si injustement disputé la possession à son frère. Il s'empressa aussitôt de détruire la forteresse de Germon, utile précaution qui enlevait un moyen de nuire au duc d'Aquitaine, dans le cas où ce prince, sous prétexte de venger Gelduin, eût voulu recommencer la guerre (1094) (4).

Un but plus noble et plus grand que des luttes intestines entre seigneurs, s'offrait tout à coup à l'ambition et à l'humeur turbulente de la chevalerie. Le pape Urbain II et Pierre l'Hermite venaient de prêcher au concile de Clermont (17 novembre 1095)

(1) Chronique de Maillezais. — Besly, *Hist. des comtes de Poictou*, p. 165 en note, éd. 1840. — *Not. sur les Larchevêque*, par Marchegay. — Thibaudeau, dans son histoire (t. 1er, p. 228), fait erreur quand il prétend que le duc d'Aquitaine rebâtit Germon pour contenir Gelduin. C'est, au contraire, de concert avec lui et pour contenir Ebbon, qu'il releva ce château.

(2) Dom Fonteneau, t. 15, p. 439.

(3) Dom Fonteneau, t. 4, p. 17.

(4) Chronique de Maillezais. — Besly.

la première croisade pour la conquête des lieux saints sur les Musulmans. Leur parole entraînante avait soulevé un immense enthousiasme. De toutes parts on s'armait pour la délivrance de Jérusalem, et des corps d'armée formidables s'organisaient sous la conduite des princes les plus illustres de l'époque. Le sire de Parthenay ne put résister à cet entraînement universel qui poussait l'Occident contre l'Orient. Il prit la croix en 1096 et se mit en marche avec un petit nombre de vassaux et plusieurs autres chevaliers poitevins (1). Suivant toutes les probabilités, il faisait partie du corps d'armée commandé par Raymond de Saint-Gilles, comte de Toulouse, et le légat Adhémar de Monteil. Là se trouvaient en effet tous les guerriers des provinces méridionales de la France. Ce n'est point ici le lieu de raconter les péripéties de cette lutte terrible que les croisés soutinrent en Asie. L'histoire, qui a conservé le souvenir de beaucoup d'exploits mémorables, a laissé nécessairement dans l'oubli une foule de généreux soldats. Ebbon de Parthenay est de ce nombre. Il combattit obscurément pour la cause du saint sépulcre sans attirer l'attention des chroniqueurs qui nous ont transmis les hauts faits des Godefroy, des Bohémond et des Tancrède. Après la prise de Jérusalem (15 juillet 1099), presque tous les croisés qui avaient échappé à la mort se hâtèrent de revenir en Europe. Ebbon était de retour en Poi-

(1) Les croisés de 1096, Colbert 9816 (bibl. imp.). — Dict. hist. des familles de l'ancien Poitou, par Henri Filleau, t. II, mot Parthenay.

tou au mois de décembre 1099. Le 7 de ce mois, il assistait, en effet, à la dédicace du prieuré de la Chaise-le-Vicomte, fondé par le vicomte de Thouars, et contribuait à sa dotation (1).

Beaucoup de seigneurs, on le sait, avaient rapporté d'Orient dans leur pays de précieuses reliques auxquelles ils attachaient le plus grand prix. Mais c'étaient surtout des parcelles de la vraie croix que ces soldats-pèlerins étaient le plus jaloux d'emporter avec eux en Occident, pour les exposer ensuite à la vénération de leurs compatriotes (2). Selon toute apparence, Ebbon, en revenant de Palestine, apporta à Parthenay une relique de la vraie croix, et fonda en son honneur l'église de Sainte-Croix située dans l'intérieur de sa citadelle. Cette relique que l'on possède encore, et dont l'authenticité est prouvée par d'anciens titres, ne peut avoir d'autre origine (3). Une tradition respectable veut qu'elle ait été apportée à la suite d'une croisade, et si l'on examine le style de l'église qui fut construite pour la recevoir, on

(1) Dom Fonteneau, t. 26, p. 183.

(2) *Histoire des Croisades*, par Michaud, t. 1er, l. IV, p. 449, 450, note; Paris, 1812.

(3) Inventaire des titres du trésor de l'église collégiale de Sainte-Croix de Parthenay, qui est en la possession du curé de cette paroisse. Cet inventaire, fait peu d'années avant la révolution, est précieux, parce que les titres du trésor ont disparu depuis; peut-être ont-ils été anéantis dans l'incendie des archives à Niort, sous l'empire. L'inventaire mentionne sept titres de la vraie croix en date des 1er octobre 1579, 12 août 1675, 22 mai et 14 septembre 1680, 6 octobre 1683, 22 novembre 1693, et un autre sans date.

verra que l'âge de cet édifice correspond précisément aux premières années du xiiᵉ siècle, c'est-à-dire au retour de la première croisade. D'un autre côté, l'histoire nous apprend, d'une manière positive, que Sainte-Croix doit son existence à la famille des Parthenay-Larchevêque. On peut donc admettre, sans trop de difficulté, que sa fondation est l'œuvre d'Ebbon, et que c'est bien à lui qu'est due la relique de la vraie croix, puisqu'il est le seul de sa famille qui s'enrôla pour la terre sainte (1).

L'érection de l'église du Saint-Sépulcre doit être également un résultat de l'expédition d'outre-mer. Revenus dans leur pays, Ebbon et les autres croisés

(1) Extraits des généalogies de Sainte-Marthe dans dom Fontencau, t. 86. — Discours généalogique des seigneurs qui ont possédé Parthenay, par le capucin Joseph Aubert, de Parthenay, 1693. — Dans un mémoire récent sur Sainte-Croix de Parthenay, on a prétendu que cette église avait été érigée par Guillaume, comte de Poitiers, duc d'Aquitaine, pour y déposer une portion de la vraie croix qu'il aurait rapportée de Jérusalem. Nous pensons que cette opinion est erronée. En effet, Sainte-Marthe et Aubert affirment que Sainte-Croix a été fondée par les Parthenay-Larchevêque. Comment donc admettre, en présence de ces deux autorités, que Guillaume de Poitiers en soit le fondateur? N'est-il pas beaucoup plus probable que c'est Ebbon de Parthenay? On connaît la vie scandaleuse du comte de Poitiers, dont il est ici question, son impiété, la licence de ses mœurs, et par suite son peu d'attrait pour les fondations religieuses. On sait qu'il n'entreprit sa croisade en 1101 que par un vain amour-propre et non par un motif de piété véritable. D'ailleurs, de quel droit le comte de Poitiers serait-il venu faire une fondation dans la citadelle de son vassal, dans un lieu qui ne lui appartenait pas, et où ce vassal était si jaloux d'exercer seul ses droits souverains? Bien plus, ne savons-nous pas, par la chronique de Maillezais, que Guillaume était en mauvaise intel-

de Parthenay auront voulu peut-être conserver et transmettre le souvenir de leurs lointains combats en élevant un monument capable de rappeler par son nom et son mode de construction le saint sépulcre de Jérusalem pour lequel ils avaient tiré l'épée. Le faubourg, dans lequel fut fondée cette église, en prit naturellement la dénomination. Nous avons dit ailleurs qu'il se nommait auparavant *Bourg de Sières* (1).

Cependant Guillaume VIII, comte de Poitou, était de retour de la croisade tardive qu'il avait entreprise en **1101**, à la nouvelle des succès des chrétiens en Palestine. A peine était-il revenu dans ses États que la guerre éclata entre lui et Geoffroy IV, Martel, comte d'Anjou. C'était l'ancienne rivalité des comtes de Poitou et d'Anjou qui se réveillait de nouveau (**1103**). Il est probable qu'Ebbon de Parthenay, fidèle à la politique de son père et de sa famille, fit alliance avec le prince angevin pour combattre de

ligence avec Ebbon de Parthenay, qu'ils s'étaient fait la guerre, et que cette guerre reprit avec acharnement sous le successeur d'Ebbon?

L'église de Sainte-Croix paraît construite sur le modèle de celle de Parthenay-le-Vieux. Le clocher a été placé évidemment après coup. On ne connaît pas, d'une manière précise, l'époque où Sainte-Croix fût érigée en église collégiale : nous savons seulement que le chapitre existait dès l'an 1219, car un titre de cette année fait mention d'un chanoine de Sainte-Croix, nommé Guillaume Boterius. (Dom Fonteneau, t. 5, p. 75.)

(1) L'église du Sépulcre de Parthenay, aujourd'hui détruite, a fait place depuis longtemps à des bâtiments qui ont servi d'abord au collège, et qui forment maintenant la caserne. Elle était de forme circulaire et soutenue par un seul pilier placé au milieu.

nouveau son suzerain. C'est pour cette raison, sans nul doute, que la Gâtine devint le théâtre des combats que se livrèrent les deux adversaires. Les armées de Guillaume et de Geoffroy étaient en présence sous les murs de Parthenay, et une bataille décisive était sur le point d'avoir lieu au mois de novembre 1104, lorsqu'une pluie torrentielle, survenant tout à coup pendant deux jours et deux nuits consécutifs, arrêta l'action qui allait s'engager. Des hommes conciliants, que la chronique ne nomme pas, profitant de cette circonstance, déterminèrent les deux partis à poser les armes (1).

Ebbon de Parthenay était avoué du monastère de Luçon. Il était tenu en cette qualité de prendre en main sa défense toutes les fois que les moines se voyaient menacés dans leur vie ou dans leurs biens. Or, il existait à cette époque, entre Saint-Michel-en-l'Herm et Luçon, un différend assez grave à l'occasion de l'île de la Dive, dont les deux abbayes se disputaient la possession. Le procès ayant été porté en cour de Rome, le souverain pontife donna gain de cause à Saint-Michel-en-l'Herm. L'abbaye de Luçon, on le conçoit, fut très mécontente de cette sentence, et, croyant y voir une injustice, refusa de s'y soumettre. Dès lors il ne restait plus que la voie des armes pour trancher la difficulté. On y recourut de part et d'autre. Ebbon de Parthenay, dont les moines

(1) Chronique de Maillezais dans Labbe, biblioth. manuscrite, t. II, p. 217.

de Luçon invoquèrent immédiatement le secours,
n'eut garde de refuser une lutte qui lui offrait l'occasion de donner libre carrière à sa passion dominante.
Il entra aussitôt en campagne contre Geoffroy II,
vicomte de Thouars, défenseur de Saint-Michel-en-
l'Herm. Après bien des combats et des ravages,
Pierre II, évêque de Poitiers, parvint à amener une
transaction entre les moines, et, par suite, mit un
terme à cette guerre désastreuse (1107) (1).

Ebbon survécut peu à ces événements. Il avait cessé
de vivre avant 1110, et laissait de sa femme Phanie
deux fils, dont nous connaissons seulement les noms,
Gelduin et Simon (2).

### GUILLAUME II, le trésorier (1110-1120).

Ainsi que le voulait la coutume, Guillaume II, fils
de Simon Ier, se trouva l'héritier légitime de la baronie
de Parthenay et le chef de la famille à la mort de
son oncle Ebbon. Guillaume avait embrassé depuis
longtemps l'état ecclésiastique et avait trouvé un protecteur naturel dans son oncle Josselin. Le grand
archevêque, déjà comblé de dignités dans l'ordre religieux et dans l'ordre féodal, s'était démis de la
trésorerie de Saint-Hilaire de Poitiers en faveur de
son neveu peu de temps avant sa mort (3). Guillaume
était encore investi de cette dignité lorsque vint à

(1) *Not. sur les Larch.*, par Marchegay.
(2) Dom Fonteneau, t. 45, p. 439. — Marchegay.
(3) *Hist. du Poitou*, par Thibaudeau, t. Ier, p. 44.

écheoir l'importante succession de Parthenay vers l'an
1110. Comme les fonctions qu'il remplissait étaient
d'une nature toute autre que celles d'un baron féodal, il abandonna l'exercice de l'autorité seigneuriale
à son frère cadet, Simon II, tout en conservant néanmoins le titre de seigneur de Parthenay. Alors il
arriva ce qui était advenu déjà du vivant de Josselin,
l'archevêque de Bordeaux. De même que Simon I<sup>er</sup>
avait alors gouverné Parthenay à titre de vidame au
nom de son frère Josselin, de même Simon II exerça
l'autorité dans la seigneurie au nom de Guillaume le
Trésorier.

**SIMON II, seigneur de Parthenay ( 1110-1121 ).**

La mort, en ravissant Ebbon, avait délivré le duc
d'Aquitaine d'un vassal redoutable. Toutes les tentatives des comtes de Poitiers pour faire reconnaître
leur suzeraineté à Parthenay n'avaient produit jusqu'ici aucun heureux résultat. Les seigneurs de cette
ville, non contents de jouir en paix d'une indépendance presque complète au milieu des bocages de leur
Gâtine, faisaient fréquemment alliance avec les ennemis des comtes de Poitou. Guillaume VIII crut l'instant favorable arrivé pour humilier les Parthenay et
opérer leur soumission définitive. Nous ignorons quelle
fût la cause de la guerre, mais les prétextes ne man-
quaient point; il y avait trop de griefs à faire valoir
des deux côtés. En présence des dangers qui le me-
naçaient, Simon de Parthenay se ligua avec son oncle

Hugues de Lusignan, et s'apprêta à soutenir vigoureusement la lutte. Dès l'année **1111**, les hostilités
étaient ouvertes entre ces seigneurs et leur suzerain.
Ce fut une guerre longue et acharnée qui fit époque
dans l'histoire du Poitou. L'esprit des contemporains
en fut tellement frappé qu'ils datèrent leurs chartes
de cet événement mémorable. Une trève intervint
pourtant entre les parties belligérantes, mais elle ne
devait pas être de longue durée. On reprit bientôt les
armes, et le 9 août **1118** Simon de Parthenay et
Hugues de Lusignan présentèrent la bataille à Guillaume. Elle fut désastreuse pour leur cause : le
comte de Poitou remporta sur eux une victoire complète. Simon et une multitude de ses partisans tombèrent au pouvoir du vainqueur (1).

Pendant la captivité de Simon, Guillaume Larchevêque, son fils aîné, prit en main la direction des
affaires de la baronie. Le 1er août **1119** il octroyait
au prieuré de Parthenay-le-Vieux, alors gouverné par
Eudes de Tonnay, une charte de donation plus
étendue et plus favorable que celle de **1092**. Guillaume abandonne aux moines par cet acte tous les
droits souverains que peuvent ou pourront avoir les
seigneurs sur les deux bourgs de Parthenay-le-Vieux
et d'Allonne. Il exempte les habitants de ces deux
localités de toute redevance, excepté le droit de vente
accoutumé qu'ils continueront de payer lorsqu'ils

(1) Chronique de Maillezais dans Labbe, biblioth. Mste, t. II,
p. 219. — Besly, p. 188. — Manuscrit de Joseph Aubert, de Parthenay.

viêndront vendre leurs marchandises à la ville. Quant à la juridiction, ils relèveront uniquement du prieur de Parthenay-le-Vieux qui sera seul compétent pour juger leurs délits. Tous ceux qui voudront aller fixer leur demeure dans ces deux bourgades privilégiées en auront la liberté, à l'exception des hommes qui habitent actuellement sur les terres du seigneur. D'autres avantages sont en outre accordés aux moines du prieuré, notamment le droit de pêche dans le Thouet, depuis le pont de Parthenay-le-Vieux jusqu'à Secondigny, ainsi que dans la Viette (1).

Guillaume Larchevêque ne fut pas moins libéral envers une nouvelle abbaye de l'ordre de Saint-Benoît qui s'élevait en ce moment en Gâtine sous les auspices de tous les seigneurs des environs. Nous voulons parler du monastère de l'Absie-en-Gâtine fondé en 1120 par Saint-Giraud de Salles, dans un lieu sauvage habité seulement par quelques anachorètes qu'un pieux ermite, Pierre de Bunt, avait naguère réunis. Guillaume de Parthenay contribua pour sa part à l'établissement de cette abbaye en lui faisant donation de plusieurs immeubles (1120) (2).

Cependant le duc d'Aquitaine avait relâché Simon en 1120. On ne sait à quelles conditions le seigneur de Parthenay fut rendu à la liberté; mais il est pro-

(1) *Fragmenta historiæ Aquitanicæ*, t. V, *Sti-Germani à Pratis*, copiés par dom Etiennot (bibl. imp.). — Dom Fonteneau, t. 23, p. 111.

(2) *Gallia Christiana*, t. II, p. 1380. — Thibaudeau, t. II, p. 159, note à la fin du vol.

bable qu'il subit tout ce qu'il plut à Guillaume de lui imposer. Simon humilié s'apprêtait à prendre une éclatante revanche lorsqu'une mort subite l'emporta à Parthenay dans le courant de l'année 1121 (1).

**GUILLAUME III LARCHEVÊQUE, seigneur de Parthenay ( 1121-1140 environ ).**

La mort de Simon II fut fatale pour la famille des Larchevêque. Mettant à profit cette circonstance inattendue, le comte de Poitou se porta subitement avec son armée devant les murs de Parthenay, et le 28 mars 1122 il se rendit maître de cette place. Le jeune Guillaume, pris à l'improviste, eut pourtant le bonheur de s'échapper, et trouva un refuge chez les seigneurs de Bressuire, tandis que sa mère Emperia cherchait un asile à Vouvent chez Aimery de Rancon (2). La prise de Parthenay par le comte de Poitou porta le dernier coup à la résistance opiniâtre des seigneurs de Gâtine. Trop heureux de recouvrer le fief de ses ancêtres dès l'année suivante ( 1123 ), Guillaume Larchevêque ne songea nullement depuis à s'insurger contre son suzerain (3). Il abandonna même l'ancienne politique de sa famille à l'égard de la maison d'Anjou, cette rivale perpétuelle de la maison de

(1) Chronique de Maillezais dans Labbe, bibl. Mste, t. II, p. 219. — Besly, p. 188. — Manusc. de Joseph Aubert, de Parthenay.

(2) Chronique de Maillezais dans Labbe, bibl. Mste, t. II, p. 220. — Mst de Joseph Aubert, de Parthenay. — *Notice sur les Larchevêque*, par Marchegay.

(3) *Notice sur les Larchevêque*, par Marchegay.

Poitiers, et, loin de maintenir les bonnes relations qui existaient jadis entre ses ancêtres et les comtes d'Anjou, il leur devint tout à coup hostile.

Geoffroy le Bel venait de succéder à son père Foulques le Jeune, comte d'Anjou, et ses barons, les seigneurs de Laval, de Sablé, d'Amboise, de Mirebeau et autres avaient formé une vaste ligue pour s'affranchir de l'autorité du nouveau suzerain (1129). Guillaume de Parthenay et Aimery IV, vicomte de Thouars, se laissant entraîner par les rebelles, leur promirent le concours de leurs armes. Mais Geoffroy déjoue tous leurs projets par son activité. Après avoir soumis Guy de Laval et tiré une vengeance éclatante du vicomte de Thouars, il vient camper avec son armée devant la ville de Parthenay (1129). Guillaume Larchevêque, craignant non sans raison de subir le même sort que les autres confédérés, s'empressa d'envoyer des ambassadeurs auprès du comte d'Anjou pour traiter de la paix. Grâce à son empressement, ses négociations furent couronnées de succès. Geoffroy, n'ayant plus rien à faire à Parthenay, leva son camp et s'éloigna pour aller compléter ailleurs la ruine de la coalition formée contre lui (1).

C'est pendant la vie de Guillaume III Larchevêque qu'une entrevue célèbre eut lieu à Parthenay entre saint Bernard, abbé de Clairvaux, et Guillaume IX, comte de Poitou, duc d'Aquitaine. Cet événement

---

(1) *Ex Joannis monachi majoris monasterii apud rerum Gallicarum script.*, t. XII, p. 523. — Chronique du monastère de St-Aubin, d'Angers dans Labbe, biblioth. Mste, t. 1er, p. 277.

occupe trop de place dans la vie du grand docteur du
XII<sup>e</sup> siècle; il a laissé des souvenirs trop profonds dans
notre ville pour que nous ne retracions pas en détail
les circonstances dans lesquelles il arriva. A la mort
du pape Honoré II (1130), un schisme avait éclaté
dans l'Église, et la cause du véritable pape Innocent II
était défendue en France par saint Bernard. Entraîné
dans le parti de l'antipape Anaclet par l'ambitieux
Gérard, évêque d'Angoulême, le duc Guillaume,
prince violent, chassa de son siége l'évêque de Poitiers, et persécuta tous ceux qui restaient fidèles à
Innocent II. Une première entrevue entre le duc et
l'abbé de Clairvaux n'amena aucun bon résultat.
Obligé de quitter l'Aquitaine où sa vie était en danger,
St Bernard écrivit en 1133 à Guillaume, le suppliant
instamment de donner la paix à l'Église. Mais le duc
persévérait toujours dans le schisme. Enfin, saint
Bernard, assisté de Geoffroy, évêque de Chartres,
légat du saint-siége, résolut de tenter un dernier
effort. Ils revinrent en Poitou par Nantes, et firent
demander une entrevue au duc d'Aquitaine par l'en-
tremise de personnages considérables qui l'appro-
chaient. Ce ne fut pas sans peine qu'on réussit à
vaincre ses répugnances; mais enfin il se laissa
ébranler. Comme le seigneur de Parthenay jouait le
rôle de médiateur dans cette affaire délicate, et qu'il
était, selon toute apparence, un de ceux qui avaient
déterminé Guillaume à accorder l'entrevue, le château
de Parthenay fut désigné pour les conférences. On s'y
rendit donc de part et d'autre (1135).

6

Saint Bernard et les ecclésiastiques qui l'accompagnaient cherchèrent à ramener le duc à de meilleurs sentiments en lui démontrant que l'Église est une et que tous ceux qui l'abandonnent doivent périr nécessairement. Puis ils lui exposèrent le tableau des châtiments dont les schismatiques ont toujours été frappés par la justice divine. Guillaume, à demi-ébranlé, répondit qu'il reconnaîtrait sans difficulté le pape Innocent II; mais il ne voulut jamais consentir à rétablir sur leurs siéges les évêques qu'il en avait chassés. Saint Bernard, voyant qu'il était impossible de vaincre ses résistances sur ce point, résolut de recourir à des moyens plus efficaces. Un jour donc l'abbé de Clairvaux célébrait la messe à Notre-Dame-de-la-Couldre, église paroissiale fondée par les seigneurs de Parthenay dans l'intérieur de leur citadelle. Une grande foule remplissait l'église et à la porte se tenaient le duc d'Aquitaine et ses adhérents. Après le saint sacrifice, saint Bernard prend la sainte hostie sur la patène, sort de l'église, et le visage en feu, les yeux enflammés par un zèle pieux, il interpelle directement Guillaume. « Nous t'avons prié de donner la paix à l'Église, s'écrie-t-il, et tu as méprisé nos prières. Voici le fils de la Vierge, le chef de l'Église que tu persécutes; il s'avance vers toi pour te supplier à son tour. Devant toi est ton juge au nom duquel tout genou fléchit dans le ciel, sur la terre et dans les enfers; ton juge dans les mains duquel tombera ton âme. Voudras-tu bien le mépriser? Oseras-tu le repousser comme ses serviteurs? » Tous les assistants

pleuraient attendant avec anxiété la fin de cette
scène. Atterré par les paroles et l'attitude du saint,
le duc Guillaume tombe à la renverse. Relevé par ses
chevaliers, il retombe de nouveau la face contre terre
et semble frappé d'épilepsie. Alors l'homme de Dieu,
s'approchant de lui, lui commande de se lever.
« L'évêque de Poitiers que tu as expulsé est ici présent, dit-il, va, reconcilie-toi avec lui et donne lui
le baiser de paix. Soumets-toi au pape Innocent et
obéis lui comme toute l'Église.» A ces paroles, le duc,
subitement changé en un autre homme, court vers
l'évêque de Poitiers et le rétablit sur son siége aux
acclamations de tous. Le saint abbé, prenant ensuite
avec le comte un langage plus doux, lui donne de
salutaires avis, et il a la consolation, en retournant
à son monastère de Clairvaux, de voir le schisme
entièrement éteint dans toute l'Aquitaine (1). On sait

(1) *Bollandus*, *acta sanctorum, de sancto Bernardo*, t. IV, du
mois d'août. — Même recueil, vie de saint Guillaume, t. II, de février.
— *Vie de saint Bernard*, par Alain, chap. 21, *apud op. sancti Ber-
nardi*, éd. de dom Mabillon, vol. II, p. 1278. — *Gallia Christiana*,
t. II, p. 1207. — Mst du capucin J. Aubert, de Parthenay, 1693. —
Besly, p. 206. — Thibaudeau, t. Ier, p. 234. — *Notice sur Parthenay*, par le baron Dupin, t. III des Mémoires de l'Académie celtique.
— *Notice sur les Larchevêque*, par Marchegay.
M. Arnault, dans son ouvrage sur les monuments des Deux-Sèvres,
a prétendu que la conversion de Guillaume IX avait eu lieu à Saint-
Pierre de Parthenay-le-Vieux et non pas à Notre-Dame-de-la-Couldre.
Mais le seul texte qu'il invoque à l'appui de son opinion manque
complètement d'exactitude. C'est un extrait de la vie de saint Bernard
traduite dans la collection Guizot. D'après M. Arnault, ce texte dési-
gnerait positivement l'église de Saint-Pierre de Parthenay-le-Vieux

que la conversion de Guillaume IX fut sincère, et qu'il mourut en 1137 dans un pèlerinage à Saint-Jacques de Compostelle.

Guillaume III Larchevêque mourut avant 1140, laissant de sa femme Théophanie un fils du même nom qui lui succéda (1).

comme étant celle où l'abbé de Clairvaux célébra la messe. C'est une grave erreur. Nous avons vérifié la citation, et nous pouvons affirmer que ni le texte original, ni par conséquent la traduction de M. Guizot, ne placent le théâtre de cet événement à Parthenay-le-Vieux. « *Intra-verant ecclesiam*, » dit simplement le biographe sans désigner autrement l'église. Il y a donc une inexactitude des plus graves et des plus surprenantes dans la citation de M. Arnault, puisqu'il donne positivement le nom de l'église, ce qui n'existe pas dans le texte original. Aussi c'est en vain qu'on chercherait à établir que l'événement de 1135 a eu lieu à Parthenay-le-Vieux. Cette opinion manque de base. Celle au contraire qui place la conversion du comte Guillaume à Notre-Dame-de-la-Couldre est évidemment la seule soutenable, la seule véritable. En effet, la tradition qui affirme ce fait est si ancienne, si constante, si unanime, si vraisemblable, et elle est attestée par tant d'écrits, qu'il est impossible de ne pas l'admettre sans la moindre difficulté. Dès 1673, nous la voyons consignée avec soin dans les chroniques de l'ordre des Ursulines. Le manuscrit de Joseph Aubert, capucin de Parthenay, qui date de 1693, affirme aussi le même fait. Les graves auteurs de la *Gallia Christiana* ne sont pas moins explicites dans leurs termes : « *Hæc autem ecclesia* (Notre-Dame-de-la-Couldre) *antiquissima est, et in eâ S. Bernardus abbas Claravallis convertit Guillelmum comitem, quod notatu dignum videtur,* » (t. II, p 1207). Thibaudeau, dans son *Histoire du Poitou*, et M. Dupin, dans une *Notice sur Parthenay*, n'ont pas hésité à émettre la même opinion. Aussi est-ce avec la plus entière confiance que nous la présentons à nos lecteurs.

(1) *Notice sur les Larchevêque*, par Marchegay.

## GUILLAUME IV LARCHEVÊQUE, seigneur de Parthenay ( 1140-1182 ).

Le nouveau souverain de la Gâtine était aussi pieux que pacifique, et son nom ne nous est connu que par des actes de bienfaisance. La confiance qu'inspiraient sa probité et sa justice était telle que les abbayes de l'Absie et de Fontevrault le choisirent pour arbitre dans un différend au sujet de la terre d'Escozay, différend qu'il termina, du reste, en conciliant les intérêts des deux parties (1). D'un caractère peu belliqueux, Guillaume semble avoir recherché avant tout la paix. Les temps étaient pourtant bien difficiles ; des complications politiques très sérieuses surgissaient en Poitou. Le divorce impolitique de Louis VII et le mariage d'Éléonore d'Aquitaine, l'épouse répudiée, avec le jeune Henri II Plantagenet avaient fait passer les immenses domaines des anciens comtes de Poitou sous la domination anglaise ( 1152 ). Le nouveau gouvernement était loin d'exciter les sympathies des Aquitains, et lorsqu'une insurrection patriotique, dirigée par les principaux seigneurs, éclata en Poitou, à l'instigation du roi de France ( 1168 ), le sire de Parthenay, préoccupé de soins tout différents, se tint prudemment en dehors de la lutte. Pendant que la ligue poitevine tombait écrasée sous les coups du roi d'Angleterre ( 1169 ),

(1) Dom Fonteneau, t. 86.

Guillaume Larchevêque, obéissant aux sentiments de piété qui le caractérisèrent toujours, s'adonnait aux œuvres de bienfaisance et de religion. L'abbaye de l'Absie, déjà enrichie de ses dons en 1159, était encore cette année l'objet de ses libéralités. Il se disposait à partir en pèlerinage pour Saint-Jacques de Compostelle; mais avant d'entreprendre ce lointain voyage qu'on ne faisait pas sans péril, il était bien aise de manifester encore une fois son affection pour ce monastère, et, outre les nouveaux dons qu'il lui faisait, il confirmait toutes les anciennes donations consenties jadis en sa faveur (1169) (1). Son retour de Saint-Jacques de Compostelle fut signalé par une donation en faveur du prieuré de Château-Bourdin (1170), dont la fondation est vraisemblablement son œuvre (2). Deux ans après, de concert avec son fils aîné Guillaume, il faisait de nouvelles libéralités à sa chère abbaye de l'Absie (1172) (3).

Guillaume Larchevêque ne savait pas s'arrêter dans la route du bien. En 1174, il fonde, dans sa ville de Parthenay, le prieuré de la Madeleine de l'ordre

(1) *Gallia Christiana*, t. II — Dom Fonteneau, t. 86.

(2) Manuscrit de J. Aubert, de Parthenay. — Si la fondation du prieuré de Château-Bourdin n'est pas l'œuvre de Guillaume IV, il est certain du moins qu'elle est due à un Larchevêque, ainsi que l'affirme Aubert.

(3) Dom Fonteneau, t. 86. — C'est donc à tort que M. Marchegay, d'ailleurs si érudit, considère Guillaume IV comme ayant péri dans son pèlerinage de Saint-Jacques, et lui donne son fils aîné Guillaume pour successeur. La charte de 1172, mentionnée par dom Fonteneau, prouve le contraire.

de Saint-Augustin , auquel fut annexé bientôt une petite aumônerie ou hôpital situé primitivement devant l'église du Sépulcre , utile établissement essentiellement destiné aux œuvres de charité , où les pauvres trouvèrent toujours des soins et des consolations dans leurs maladies et du pain dans leurs besoins. C'est pour cette raison que le prieuré de la Madeleine a presque toujours été désigné depuis par le nom plus connu de Maison-Dieu (1). La Maison-Dieu vit peu à peu sa dotation première s'augmenter par des donations importantes de domaines provenant de la générosité de la famille Larchevêque et des riches propriétaires du pays ; mais, à mesure que ses ressources prenaient de l'accroissement , les moines , aux soins desquels elle était confiée , donnaient, dans la même proportion , une plus large extension à l'assistance des classes pauvres.

C'est encore au même seigneur que le monastère du Bois-d'Allonne de l'ordre de Saint-Étienne de Grammont, doit son existence. L'immense forêt, dans laquelle il fut fondé , appartenait à Guillaume IV : celui-ci en donna une partie au nouvel établissement religieux avec d'autres terres et des rentes. Cette première donation fut considérablement augmentée dans la suite par le fils et le petit-fils de Guillaume (2).

(1) Manuscrit de Joseph Aubert, de Parthenay, 1693. — Archives de l'hôpital de Parthenay.

(2) Dom Fonteneau, t. Ier, p. 391.

Pendant que le seigneur de Parthenay faisait bénir son nom dans toute la Gâtine par ses nombreux bienfaits, la guerre éclatait encore en Poitou. Le roi de France venait de provoquer par ses excitations la révolte des fils de Henri II, et les barons de l'Aquitaine accouraient avec joie sous les drapeaux de Richard de Poitiers, deuxième fils du roi anglais, plutôt par haine du père que par amour des fils ( 1174 ). Bientôt, en effet, la ligue nationale se tourna contre Richard après sa réconciliation avec son père ( 1176 ). Si les efforts des confédérés ne réussirent pas, ils ne perdirent pas courage et relevèrent bientôt la tête sous les auspices du fils aîné de Henri II et du roi de France ( 1179–1182 ) (1). Telle était la situation du Poitou lorsque Guillaume de Parthenay vint à mourir. Mais quelle cause embrassa-t-il pendant sa vie ? Fut-il le fidèle vassal du roi anglais ou l'ennemi de son gouvernement ? Lequel des fils de Henri II eut la préférence dans ses affections ? Les chroniqueurs gardent le silence sur ces questions. Mais on est autorisé à penser que le sire de Parthenay, tel que nous le représentent les chartes de l'époque, homme pieux, doux, bienfaisant, ami de la paix, évita avec le plus grand soin de prendre parti dans ces luttes. Il accepta, selon toute apparence, sans murmure comme sans enthousiasme, la suzeraineté anglaise représentée par Richard, comte

(1) Voir les détails de ces luttes dans Augustin Thierry, *Hist. de la conquête de l'Angleterre par les Normands*, t. III, p. 207-231.

de Poitou, duc d'Aquitaine, qui, du reste, n'était point un prince étranger au pays, et demeura indifférent en présence des discordes de la famille royale en se contentant de ne pas faire d'opposition au pouvoir nouveau. Voilà pourquoi sans doute les chroniques sont muettes sur le rôle politique qu'il a joué.

Guillaume IV Larchevêque n'existait plus en **1182**. Sa femme, Rosane, lui avait donné trois fils : Guillaume, Hugues et Josselin. L'aîné étant mort avant son père, ce fut à Hugues qu'échut l'héritage de la baronie (1).

(1) Quoique nous ne sachions pas d'une manière certaine s'il est vrai que Guillaume mourut avant son père Guillaume IV, néanmoins nous sommes portés à croire, contrairement à M. Marchegay, que ce fait est véritable, et que par suite Guillaume IV a été seigneur de Parthenay jusqu'en 1182 environ. Nous avons déjà dit qu'il revint de son voyage de Saint-Jacques de Compostelle et qu'il vivait encore en 1174 ; reste à savoir s'il mourut avant 1182 et si son fils Guillaume lui succéda. Cela est possible, mais rien ne nous le prouve. Dans tous les cas, Guillaume le fils, qu'il ait ou non régné à Parthenay, a passé inaperçu ; il est donc inutile de s'y arrêter plus longtemps.

# CHAPITRE III.

ATTITUDE DES SIRES DE PARTHENAY

PENDANT LA PREMIÈRE PÉRIODE DES GUERRES ENTRE LES ROIS

DE FRANCE ET D'ANGLETERRE.

---

### SOMMAIRE.

Lettre du roi Jean Sans-Terre au sire de Parthenay. — Fidélité du sire de Parthenay au roi d'Angleterre. — Prise de Parthenay par Philippe-Auguste. — Jean Sans-Terre à Parthenay. — Différend entre Guillaume V Larchevêque et Henri III, roi d'Angleterre. — Soumission du sire de Parthenay au roi de France. — Sa nouvelle alliance avec l'Angleterre. — Il signe une trève avec Louis IX. — Nouvelle défection. — Garnison anglaise à Parthenay. — Soumission définitive de Guillaume V au roi Louis IX. — Charte de donation à l'abbaye du Bois-d'Allonne.

### HUGUES Ier LARCHEVÊQUE, seigneur de Parthenay (1182-1218).

Hugues Larchevêque, pendant une grande partie de sa vie, imita la conduite prudente de son père. Les révoltes continuelles des enfants du roi d'Angleterre et la rivalité de Richard Cœur-de-Lion et de Philippe-Auguste le trouvèrent assez indifférent. Toutefois, pendant un instant, il semble avoir manqué de fidélité à Richard, son suzerain, car celui-ci, qui laissait rarement impunis les écarts de ses vassaux, lui enleva le château de Secondigny et le donna à Raoul de Taunay (1). A cette exception près, Hugues Larchevêque s'abstint de prendre une part active aux événements politiques jusqu'à l'avènement de Jean Sans-Terre. Fidèle aux traditions paternelles, il se montra libéral envers les établissements religieux. L'abbaye de l'Absie, en 1185, et l'abbaye des Châtelliers, en 1196, reçurent des marques de sa générosité (2). En 1192, Hugues Larchevêque renonça, en faveur du prieuré de Parthenay-le-Vieux, au droit que lui et ses prédécesseurs avaient coutume de percevoir à chaque mutation de prieur (3). Quelques années après, en 1197 et 1198, ses donations furent pour l'abbaye de Saint-Maixent, dont les seigneurs de Parthenay étaient vassaux, pour plusieurs petits fiefs de Gâtine qui en relevaient (4). Hugues ne pouvait oublier le monastère du Bois-d'Allonne, fondation de son père : il agrandit ses dépendances et augmenta ses revenus (5).

Cependant les événements prenaient une tournure très alarmante. Richard Cœur-de-Lion venait de mourir, et Jean Sans-Terre, son frère, prince aussi cruel que lâche et efféminé, avait usurpé la couronne

(1) *Notice sur les Larchevêque*, par Marchegay.

(2) *Gallia Christiana*, t. II. — Dom Fonteneau, t. 5, p. 47.

(3) Dom Fonteneau, t. 16, p. 93.

(4) Dom Fonteneau, t. 16, p. 97 et 101. — Nous aurons plus loin occasion de désigner ces fiefs.

(5) Dom Fonteneau, t. 1er, p. 391.

d'Angleterre sur son neveu, le jeune et malheureux Arthur, duc de Bretagne (1199). Le roi Philippe-Auguste avait immédiatement entrevu tout le profit qu'il pouvait tirer de cette circonstance, et prenant en main la défense du faible Arthur, il attendait le moment favorable pour faire valoir ses droits, ou plutôt pour susciter par ce moyen des embarras au roi anglais. L'occasion ne tarda pas à se présenter. Jean Sans-Terre s'étant rendu coupable d'un sanglant outrage envers Hugues Brun, comte de la Marche, celui-ci organisa une vaste ligue contre le roi d'Angleterre et donna le signal de la révolte. Le vicomte de Châtellerault, Geoffroy de Lusignan, et la plupart des barons poitevins, s'empressèrent de s'unir à lui (1202). A cette nouvelle, le roi de France se déclare pour eux, rompt subitement la paix, fait proclamer le jeune Arthur comte d'Anjou et de Poitou, et l'envoie dans cette dernière province pour en prendre possession par la force des armes (1). En présence de cette rivalité des rois de France et d'Angleterre qui prenait chaque jour des proportions plus grandes, il n'était plus possible au sire de Parthenay de rester paisible spectateur de la lutte. Il ne s'agissait de rien moins que de savoir si le Poitou et les autres provinces occidentales de notre patrie resteraient anglaises ou françaises, grave question qui ne

---

(1) *Chronicon Turonense magnum*, dans le Recueil des chroniques de Touraine, par André Salmon, p. 146. — *Hist. de la conq. de l'Angl. par les Normands*, par Aug. Thierry, t. IV, p. 99-101.

devait être tranchée définitivement qu'après une
guerre plusieurs fois séculaire. De toutes parts, on
prenait les armes, et les hostilités étaient déjà ou-
vertes en Poitou entre les barons révoltés au nom du
roi de France et les partisans peu nombreux de Jean
Sans-Terre (1). Hugues Larchevêque, dont les sympathies secrètes étaient acquises au roi anglais, se
prononça en sa faveur. Cette déclaration énergique
du seigneur de Parthenay n'était pas sans danger
pour lui ; elle lui attira l'inimitié du parti contraire,
et il eut beaucoup à souffrir des ravages exercés par
les ennemis du roi Jean. C'est, sans nul doute, dans
le cours des luttes qu'il eut à soutenir contre eux,
qu'il entreprit une expédition contre le château de
Puy-de-Serres, sur les terres de Geoffroy de Lusignan, seigneur de Vouvent et de Mervent, l'un des
partisans du jeune Arthur (2).

Charmé du dévouement que montrait le sire de
Parthenay au milieu de la défection presque générale
des Poitevins, Jean Sans-Terre lui écrivit, le 17 mai
1202, la lettre suivante : « Sachez que nous vous ai-
mons et vous aimerons comme un homme dans lequel

---

(1) « Tota Aquitania gravi fervescit discordia, gravi depopulatione
vastatur. Nam Johannes rex Angliæ, fidem quam promiserat oblivis-
cens, Hugoni Bruno comiti Marchiæ, Isabellem,..... violenter abstu-
lit..... » (*Chron. Tur. magnum*, p. 146.)

(2) Ce fait est mentionné dans une enquête fort curieuse remontant
à l'année 1255 environ. Cette pièce, qui se trouve aux archives de
la préfecture des Deux-Sèvres, à Niort, m'a été communiquée par
M. Ravau, archiviste.

nous avons la plus entière confiance, et dont les ancêtres ont toujours bien servi nos ancêtres. Nous sommes affligés des maux que vous souffrez à cause de nous ; mais nous mettrons tous nos soins à vous en dédommager. Nous vous donnerons aide et secours pour fortifier et défendre votre château de Parthenay, et vous soutiendrons dans toutes les occasions où vous en sentirez le besoin, parce que vous êtes notre bien-aimé, notre fidèle et l'homme dans lequel nous avons la plus entière confiance. » Jean accompagna ces paroles gracieuses d'un acte de désintéressement. Le lendemain, 18 mai, il rendait à Hugues Larchevêque le château de Secondigny que Richard Cœur-de-Lion lui avait enlevé naguère (1).

Sur ces entrefaites, Arthur de Bretagne, lancé par le roi de France contre son rival anglais, arrive en Poitou, se met à la tête des barons révoltés, et vient assiéger Mirebeau où se trouvait en ce moment la vieille Eléonore d'Aquitaine. La ville est prise sans difficulté, mais le château résiste, et pendant qu'Arthur en fait le blocus, le roi Jean, accompagné d'une troupe nombreuse de cotereaux et de bon nombre de ses partisans, tombe à l'improviste sur ses adversaires, s'empare de Mirebeau par surprise, et fait prisonniers Arthur avec tous les chefs de son parti (1er août 1202) (2). Hugues de Parthenay était trop attaché au roi d'Angleterre pour ne pas lui prê-

(1) *Notice sur les Larchevêque*, par Marchegay.
(2) *Chronicon Turonense magnum*, recueil de Salmon, p. 147.

ter son concours dans la guerre qu'on lui avait sus-
citée. Aussi son premier soin fut de conduire ses
vassaux de Gâtine au siége de Mirebeau, de telle sorte
qu'il put se flatter d'avoir contribué pour quelque
chose au triomphe de son suzerain (1).

Mais Jean Sans-Terre se perdit par sa conduite per-
fide et cruelle. Au lieu de traiter avec générosité les
illustres chevaliers poitevins que la victoire de Mirebeau avait fait tomber en son pouvoir, il les fit jeter
dans les cachots de Corff en Angleterre, et les y
laissa mourir de faim (2). Plusieurs de ses partisans,
fatigués d'être l'objet de ses défiances, l'abandonnèrent pour passer sous les drapeaux du roi de
France. De ce nombre était le vicomte de Thouars,
Aimery V (3), et il fallut toute l'habileté du seigneur
de Parthenay pour rétablir entre eux la bonne harmonie et leur faire signer une trève (1202) (4). Le
meurtre de l'infortuné Arthur acheva de perdre le
roi d'Angleterre dans l'opinion publique et souleva
contre lui l'indignation universelle. On connaît ce qui
en résulta : un arrêt de la cour des pairs de France
confisqua au profit de la couronne toutes les possessions continentales de Jean. En deux ans, Philippe-
Auguste reconquit sur son rival la Normandie, le
Maine, l'Anjou et la Touraine (1203-1205). Le Poitou

(1) Enquête citée plus haut. (Arch. de la préfect. de Niort.)
(2) *Hist. du Poitou*, par Thibaudeau, t. Ier, p. 248.
(3) *Chronicon Turonense magnum*, p. 147.
(4) Dom Fonteneau, t. 27 *ter*. — *Notice sur les Larch.*, par Marchegay.

fut à son tour envahi par le maréchal Henri-Clément de Metz, qui en opéra la soumission presque sans résistance.

Hugues Larchevêque n'avait pas attendu ce moment pour reconnaître la suzeraineté du roi de France. Honteux de servir un prince que la voix publique désignait comme ayant trempé la main dans le sang de son propre neveu, le seigneur de Parthenay n'avait pas tardé à déserter les drapeaux de l'Angleterre (1204) (1). Toutefois, il ne faut pas en douter, l'inquiétude, que les événements dont il était témoin durent nécessairement lui faire ressentir, exerça une grande influence sur sa détermination. Si l'on considère, en effet, avec quelle constante fidélité Hugues Larchevêque servit durant toute sa vie la cause du roi Jean Sans-Terre, on sera quelque peu autorisé à regarder sa défection de l'année 1204 comme un résultat nécessaire des circonstances. Sans doute, le crime odieux dont s'était souillé le monarque anglais et la réprobation générale dont il fut l'objet contribuèrent à ébranler la fidélité du sire de Parthenay, mais il ne faut pas oublier les justes craintes qu'il dut concevoir en présence des rapides conquêtes de Philippe-Auguste, l'isolement où Jean Sans-Terre laissait ses vassaux du continent, et par suite la triste perspective d'une défaite inévitable s'il eût osé défendre son château de Parthenay contre les armes victorieuses du roi de France. On peut donc dire que

(1) *Not. sur les Larch.*, par Marchegay.

si Hugues Larchevêque abandonna la cause du roi d'Angleterre, il agit autant par nécessité que par politique, mais non par sympathie pour Philippe-Auguste. La conduite qu'il tint dans la suite n'en offrit que trop la preuve.

Le roi Jean, sortant enfin de son indolence habituelle, débarqua subitement à la Rochelle avec une puissante armée et entra en Poitou pour s'opposer, s'il était possible, aux progrès de son redoutable ennemi le roi de France (1206) (1). Son arrivée eut pour premier résultat de ranimer le zèle de ses partisans. Encouragés par sa présence dans le pays, beaucoup de barons poitevins revinrent à lui. Hugues Larchevêque, l'un des premiers, lui prêta serment de fidélité et lui donna des explications satisfaisantes sur sa conduite passée. Il est même fort probable que le seigneur de Parthenay reçut à cette occasion le roi d'Angleterre dans son château. La guerre semblait donc devoir recommencer avec plus de vivacité qu'auparavant ; mais avant qu'aucun avantage décisif n'eût été remporté par l'un des partis belligérants, le pape Innocent III, qui travaillait en vain depuis longtemps à réconcilier les deux rivaux, réussit enfin à leur faire poser les armes. Une trève de deux ans fut signée à Thouars le **26** octobre **1206**. Hugues Larchevêque se rendit caution pour le roi Jean de l'exécution du traité, de concert avec Aimery V, vicomte de Thouars, Savary de Mauléon, et d'au-

(1) *Hist. du Poitou*, par Thibaudeau, t. 1er, p. 299 et 300.

7

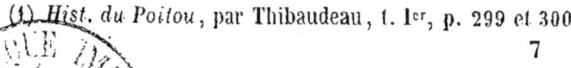

tres barons poitevins, tandis que, du côté du roi de France, Hugues Brun, comte de la Marche, et le comte de Bretagne, remplissaient le même rôle (1).

Dès l'année suivante, la trève était rompue par Philippe-Auguste. Ce prince avait conclu à regret une paix qui l'arrêtait dans sa marche victorieuse, et qui laissait inachevée la conquête du Poitou. Il avait surtout à cœur de châtier le seigneur de Parthenay et les autres barons qui étaient rentrés au service du roi d'Angleterre. Ce fut dans ce dessein bien arrêté qu'il entreprit une expédition en Poitou. Malgré la grandeur et l'imminence du danger, malgré l'absence de Jean Sans-Terre, son protecteur, Hugues Larchevêque resta fidèle à ses serments. Il brava la colère du roi de France et l'attendit de pied ferme dans sa citadelle de Parthenay. Hugues s'abusait sur ses propres forces; il comptait trop peut-être sur le concours des autres barons. Peut-être aussi mettait-il trop sa confiance dans les secours que lui avait sans doute laissé Jean Sans-Terre, suivant la promesse de ce prince consignée dans sa lettre du 17 mai 1202. Quoi qu'il en soit, Philippe-Auguste ne tarda pas à paraître à la tête de son armée (1207). Après avoir porté le ravage et la désolation dans la vicomté de Thouars, il arriva devant Parthenay accompagné de son maréchal Henri-Clément de Metz et de Guillaume des Roches. Le courage des défenseurs de Parthenay,

(1) Rigord, de gestis Philippi-Augusti, apud rerum Gallicarum script., t. 17, p. 61.

les avantages de sa situation, la force de ses remparts furent des obstacles impuissants dont se joua
l'invincible monarque. En peu de jours, la ville des
Larchevêque tomba en son pouvoir ; Hugues fut fait
prisonnier et expia dans les fers son courage téméraire et sa fidélité au roi Jean. Après la prise de
Parthenay, le roi de France, promenant ses troupes à
travers les bocages de la Gâtine, s'empara sans coup
férir de tous les petits châteaux forts qui s'y trouvaient
parsemés, détruisit les uns et mit garnison dans les
autres. Puis il confia la garde du pays à Guillaume
des Roches et au maréchal Clément de Metz. Ces dispositions étant prises, il retourna à Paris (1207) (1).

Les deux lieutenants, que le roi avait chargé de
surveiller le pays, l'occupaient encore en 1208. Leur
présence n'y fut point inutile, car ils remportèrent
un avantage signalé sur le vicomte de Thouars et Savary de Mauléon, au moment où ceux-ci revenaient
d'une course dévastatrice dirigée sur les terres du roi
de France pour y faire du butin. Quarante chevaliers poitevins, parmi lesquels figuraient Hugues de
Thouars, frère du vicomte, et Aimery, son fils, furent

(1) Rigord, de gestis Philippi-Augusti. — Guillaume le Breton,
Philippide. — Ex chronico Alberici trium fontium monachi. — Guillelmus Armoricus — Les gestes de Philippe-Auguste, extraits des
chroniques de Saint-Denis, *apud rerum Gallic. script.*, t. 17, p. 64,
247 et 393 ; t. 18, p. 771. — L'abbé Velly, dans son Histoire de
France, t. 3, p. 429, fait erreur lorsqu'il place la prise de Parthenay
en 1206 avant la trêve de Thouars. Il est certain au contraire que cet
événement n'eut lieu qu'en 1207, après la trêve susdite.

faits prisonniers dans cet engagement et envoyés
sous bonne escorte à Paris par les soins du maréchal.
La soumission du Poitou pouvait être désormais re-
gardée comme accomplie (1).

Nous ignorons combien de temps dura l'occupation
de la seigneurie de Parthenay par les troupes royales
et jusqu'à quelle époque se prolongea la captivité de
Hugues Larchevêque. Mais il est probable qu'il ne
tarda pas à être remis en liberté moyennant une
rançon, et après avoir fait la promesse de rester fidèle à Philippe-Auguste. S'il est vrai, comme cela
est présumable, que le sire de Parthenay prêta de
nouveau serment au roi de France, on peut avancer
qu'il ne fut pas sincère, et que le seul désir de sortir
de captivité le força à subir cette dure nécessité.
Intérieurement Hugues demeura partisan dévoué de
l'Angleterre ; et, de retour dans ses domaines, il attendit le moment favorable pour se venger de sa
défaite.

Jean Sans-Terre voulut tenter un suprême effort
pour abattre son rival. Sous ses auspices, une coalition formidable s'organisa contre la France. Pendant
que l'empereur Othon attaquerait le royaume par le
nord, lui, devait l'envahir par l'ouest. Plein d'espérance dans le succès, il débarqua à la Rochelle à
la tête de son armée, et entra en Poitou où ses anciens partisans n'attendaient que son arrivée pour se

(1) Rigord, de gestis Philippi-Augusti, apud rerum Gallic. script.,
t. 17, p. 61, 62.

déclarer en sa faveur (1214). Parmi eux se faisait remarquer Hugues Larchevêque, l'un des plus fermes soutiens du roi anglais dans ces contrées. Le roi Jean s'empressa de venir trouver ce serviteur fidèle dans sa ville de Parthenay, où il arriva le 14 mai (1). Après un court séjour dans cette place, il se mit sérieusement en campagne. Son but était de soumettre avant tout les barons poitevins qui lui étaient opposés. Geoffroy de Lusignan, l'un d'entre eux, possédait deux châteaux forts, Vouvent et Mervent, situés sur les confins de la Gâtine. Le roi d'Angleterre, ne voulant pas laisser d'ennemis sur ses derrières, commença par le siége de Mervent qu'il emporta d'assaut le 18 mai. Le lendemain il investit le château de Vouvent défendu par Geoffroy en personne, accompagné de ses deux fils. Pendant trois jours, la place fut battue en brèche par les pierriers, et sa prise était imminente lorsque le comte de la Marche, accourant auprès de Jean Sans-Terre, intercéda en faveur de Geoffroy, et ménagea entre eux un traité par lequel Vouvent fut néanmoins contraint de se rendre à discrétion. Presqu'au même instant on vint annoncer au vainqueur que Louis, fils du roi de France, avait mis le siége devant Moncontour. A cette nouvelle, Jean quitta Vouvent, bien décidé à marcher à la rencontre de son ennemi. Il traversa donc de nouveau la Gâtine et arriva à Parthenay le 25 mai. Pendant qu'il prenait

(1) Revue anglo-française, 2e série, t. II, itinéraire de Jean Sans-Terre.

dans cette ville un repos de quelques jours, il vit
venir à lui les comtes d'Eu et de la Marche, et
Geoffroy de Lusignan. Trahissant la cause du roi de
France qu'ils regardaient désormais comme perdue,
ces puissants barons venaient reconnaître officiellement la suzeraineté du roi anglais. Ils lui firent solennellement hommage et lui prêtèrent serment de
fidélité. Jean Sans-Terre profita de cette circonstance
pour terminer la négociation du mariage de sa fille
Jeanne avec le fils du comte de la Marche. Le roi et
le comte s'entendirent définitivement à cet égard, et
cette alliance des deux familles fut le sceau de leur
réconciliation. Avant de quitter Parthenay, Jean écrivit en Angleterre pour informer ses officiers de ses
premiers succès ; il leur exprime avec enthousiasme
toute la joie qu'il éprouve et leur fait part des belles
espérances qu'il conçoit pour l'avenir (1). Voyant
alors qu'il pouvait compter sur le concours des principaux barons poitevins, il se prépara à reconquérir
les provinces qu'il avait perdues et à combiner ses
opérations avec celles de la grande armée des alliés.
Ce fut le 29 mai qu'il sortit de Parthenay pour se
remettre en campagne (2). Hugues Larchevêque sui-
vit-il Jean Sans-Terre dans son expédition ? aucun
document historique ne l'atteste ; mais l'attachement
inviolable qu'il portait à la personne de ce monarque
et l'obligation de suivre le suzerain à la guerre,

(1) Rymer, t. 1er, p. 189. — Revue anglo-française, t. 1er, p. 213
et suiv., et t. 2 de la 2e série.

(2) Revue anglo-franç., t. 2, 2e sér. Itinéraire de Jean Sans-Terre.

obligation imposée sévèrement à tous les vassaux par les lois féodales, nous autorisent à penser que Hugues prit une part active à la guerre dans l'armée du roi anglais, ou du moins qu'il porta ses contingents armés sur un autre point dans le but de concourir au succès commun.

Le roi d'Angleterre, en quittant Parthenay, se dirigea par Chiché vers l'Anjou. Son but était de faire franchir la Loire à ses troupes. Après quelques succès, il fut battu complètement à la Roche-aux-Moines par le prince Louis qui avait mission de surveiller ses mouvements. Refoulé en Poitou, il errait découragé, lorsqu'arriva tout à coup la nouvelle de la bataille de Bouvines (27 juillet 1214). Ce fut un coup de foudre qui acheva de l'anéantir. Réduit à l'impuissance, honteux et plus désespéré que jamais, le malheureux roi courut chercher un refuge à Parthenay auprès de son cher Hugues Larchevêque. Le 29 août il rentrait en fugitif dans cette ville trois mois après l'avoir quittée presqu'en triomphateur (1).

Pendant ce temps-là, le vainqueur de Bouvines, se mettant à la poursuite de son ennemi, accourait en Poitou pour lui porter le dernier coup. Tous les seigneurs de cette province, qui s'étaient déclarés contre lui, redoutaient sa colère : ils implorèrent humblement la paix et s'efforcèrent d'obtenir leur pardon. Mais Philippe-Auguste avait trop de doutes sur la sincérité de leurs protestations ; il connaissait trop bien par

(1) Revue anglo-française, 2ᵉ série, t. 2.

expérience leur inconstance pour se laisser fléchir par des prières. Il avait donc pris la détermination de faire sentir encore une fois à ces rebelles la puissance de ses armes. A peine était-il arrivé à Loudun avec ses troupes qu'il vit venir à lui les députés du vicomte de Thouars, Aimery V, qui s'empressait de demander la paix. Sur les instances du duc de Bretagne, son parent, le roi de France consentit généreusement à accepter la soumission du vicomte. Il ne lui restait plus pour compléter son triomphe qu'à investir le roi d'Angleterre dans Parthenay. En présence de l'orage qui allait fondre sur lui, Jean Sans-Terre ne savait quel moyen prendre pour le conjurer. Homme d'un caractère faible et pusillanime, d'un esprit peu fécond en ressources dans les moments difficiles, il se voyait en proie aux plus tristes perplexités. D'un côté, il ne savait où fuir; de l'autre, attendre prudemment l'attaque de Philippe-Auguste dans la forteresse de Parthenay, ou bien s'avancer courageusement à sa rencontre pour lui présenter la bataille, étaient deux ressources extrêmes qui répugnaient également à ce prince dénué de toute énergie. Hugues Larchevêque, de son côté, éprouvait de cruelles appréhensions. Que ne devait-il pas craindre en effet, lui qui oubliait la terrible leçon de l'année 1207 jusqu'au point de donner asile au plus grand ennemi du roi de France (1)?

Pour sortir de cette position critique, Jean Sans-

(1) *Guillelmus Armoricus, de gestis Philippi-Augusti, apud rerum Gallic. script.*. t. 17, p. 103.

Terre se détermina à user du moyen le moins dangereux. Le 31 août il envoya un de ses clercs nommé Gauthier Mauclerc pour traiter de la paix et demander une entrevue au roi de France (1). Philippe-Auguste, dans cette circonstance, se conduisit avec magnanimité et modération. Au lieu d'humilier complètement son rival en se rendant maître de sa personne, comme cela lui aurait été très facile, il se laissa fléchir par les instances du souverain pontife, et moyennant une forte somme qu'il reçut du roi anglais, il consentit à entrer en négociations. Alors, le 13 septembre, de Parthenay où il se tenait toujours enfermé, Jean Sans-Terre envoya vers le monarque français plusieurs députés investis de tout pouvoir pour débattre les conditions de la paix. La députation était composée de Rainulfe, comte de Chester, l'abbé de Westminster, Hubert du Bourg, sénéchal de Poitou, Renaud de Pons, Aimery de Rochefort, et quelques autres, accompagnés d'un légat du pape (2). En attendant la conclusion définitive de la paix, Jean Sans-Terre travaillait à récompenser par des libéralités les partisans qui lui restaient fidèles. Deux chartes de donation, en date des 12 et 13 septembre, 1214 furent octroyées par lui à Parthenay, l'une à Guillaume de Clisson, l'autre à Pierre Achart (3). Enfin,

(1) Rymer, t. Ier, p. 190.

(2) *Guillelmus Armor., de gest. Philip.-Aug. apud rerum Gall. script.*, t. 17, p. 103. — Rymer, t. Ier, p. 491.

(3) *Rotuli chartarum in turri Londinensi asservati*, vol. 1er, p. 200 et 201.

dans les derniers jours de septembre, une trève de cinq
ans fut conclue à Chinon entre les deux monarques ;
les partisans de Jean Sans-Terre furent compris dans
l'acte de pacification (1). Si Hugues Larchevêque
n'intervint pas personnellement dans les négociations,
son fils Guillaume y prit du moins une part importante. Il fut un des signataires du traité pour le roi
d'Angleterre (2).

La trève de Chinon était un événement de la plus
haute importance pour le seigneur de Parthenay. Elle
le sauvait d'un second désastre qui aurait été beaucoup plus terrible que le premier, et elle préservait
la Gâtine des malheurs inséparables d'une occupation
militaire. Le roi d'Angleterre, désormais délivré de
toute crainte, grâce à la noble générosité de son vainqueur, quitta Parthenay le 22 septembre 1214 pour
retourner dans ses États (3). Durant tout son séjour
dans la ville de Hugues Larchevêque, une cour nombreuse et brillante l'environna. Outre les barons
anglais qui l'avaient suivi sur le continent, beaucoup
de seigneurs du Poitou et d'autres points de l'Aquitaine, tels que les comtes d'Eu et de la Marche, étaient

---

(1) *Guillelmus Armor.*, *loco cit.* — Thibaudeau, t. Ier, p. 300,
commet une erreur en disant que Philippe-Auguste vint assiéger Jean
Sans-Terre dans Parthenay en 1214. Il est certain que le roi de France
s'arrêta à Loudun et ne poussa pas plus loin son expédition en Poitou.

(2) *Dict. hist. des fam. de l'anc. Poit.*, par Henri Filleau, t. 2,
p. 494 et suiv.

(3) *Revue anglo-française*, 2e série, t. 2, itinéraire de Jean Sans-
Terre.

accourus pour se mettre à son service. Toute cette foule inaccoutumée d'illustres personnages, dont Hugues de Parthenay se faisait un honneur d'être l'hôte, donna pendant quelques temps à son château une animation extraordinaire et le transforma momentanément en résidence véritablement royale.

Jean Sans-Terre revint à Parthenay au mois de juin de l'année suivante (1215). Mais cette fois son séjour ne fut pas long. La lutte malheureuse qu'il soutenait contre la féodalité anglaise, à l'occasion de la grande charte, l'avait amené en Poitou. Il venait y recruter des partisans et lever des mercenaires pour soutenir la guerre civile contre ses vassaux. Le mardi après la fête de la Sainte-Trinité, il se trouvait à Parthenay au milieu d'une assemblée nombreuse de barons auxquels il faisait les plus belles promesses pour les déterminer à le suivre en Angleterre. C'étaient Guillaume de Lezay, Simon de Cimau, Aimery de Curzay, Guillaume de Puy-Chenin, Hugues de Nayde, le comte de la Marche et beaucoup d'autres encore, que le monarque anglais flattait ainsi et qu'il comblait de libéralités intéressées, donnant cent livres à l'un, deux cents livres à l'autre, dans le but de s'en faire des soldats entièrement dévoués (1). Quant au sire de Parthenay, il avait déjà donné assez de gages de fidélité au roi Jean pour consentir à aller encore dans un pays lointain soutenir les droits de sa

(1) *Rotuli chartarum in turri Londinensi asservati*, vol. 1er, p. 208.

couronne. La guerre intestine, qui désolait l'Angleterre, n'avait, du reste, aucun intérêt pour lui, et il eût été bien fou de prendre parti pour une cause qui paraissait désespérée, et dont le triomphe ne lui eût rapporté aucun avantage.

Depuis quinze ans, Hugues Larchevêque était absorbé par les préoccupations politiques. La paix qui venait de se signer, en donnant au pays le repos dont il avait si grand besoin, lui permit de se livrer plus spécialement à l'administration de sa baronie. Il continua à protéger, comme par le passé, les établissements monastiques dans ses domaines. C'est ainsi que, voulant enlever aux moines de Parthenay-le-Vieux toute crainte de trouble dans la possession ou l'exercice de leurs droits, il confirma par une charte de l'an 1216 toutes les donations et priviléges octroyés jadis au prieuré par ses ancêtres (1). Deux ans après, en 1218, il faisait une concession très importante au prieuré de Château-Bourdin, dépendance de Saint-Julien de Tours. Seul peut-être entre tous ceux fondés par les seigneurs de Parthenay, le prieuré de Château-Bourdin n'était pas possesseur du bourg au milieu duquel il était placé. Hugues Larchevêque se dépouilla en sa faveur de la propriété de cette bourgade et de ses dépendances. Il exempta même

---

(1) *Fragmenta histor. Aquit.*, t. V *(Sti. Germani a pratis)*, copié par dom Etiennot. S. G. lat., p. 5 verso ( bibl. imp.). — L'acte est passé en présence de Hélie, prieur de Parthenay-le-Vieux, et de trois chevaliers, Guillaume de la Deyrarière, Etienne de la Sigogne, Simon de la Garde.

et affranchit complètement les habitants de Château-Bourdin du service militaire, des tailles et des redevances de toutes sortes. Toutefois en abandonnant la souveraineté de cette bourgade et le droit de juridiction qui en découlait, le seigneur de Parthenay se réservait le droit de juger les meurtriers et les traîtres. Dans ces deux cas la justice seigneuriale était seule compétente pour l'application de la peine ; relativement à la confiscation des biens du coupable, ses immeubles devaient être acquis au prieuré s'ils en relevaient à titre de fiefs ; quant aux effets mobiliers, la confiscation devait avoir lieu au profit du seigneur. Hugues Larchevêque, en octroyant une charte si favorable aux moines et aux habitants de Château-Bourdin, voulut que tous les membres de sa famille y consentissent d'une manière formelle. C'est pour cela que nous y voyons figurer conjointement avec lui comme donateurs, Damète, sa femme, et Guillaume, son fils, héritier présomptif de la seigneurie, avec Amable, son épouse (1).

Hugues I$^{er}$ Larchevêque mourut dans les derniers mois de l'année 1218 (2). Damète, sa femme, qui lui

_____

(1) Cartulaire de Saint-Julien de Tours, M. S. lat. 5443. *Histor. regalis abbat. Sancti-Juliani Turonensis compendium*, p. 61 (bibl. imp.).

(2) M. Marchegay fixe la mort de Hugues I$^{er}$ en 1216, invoquant à son appui une charte du 11 novembre 1216 signée par Guillaume, son fils. Il est probable que M. Marchegay ignorait l'existence de la charte de Château-Bourdin de 1218, car s'il l'eût connue elle lui aurait prouvé que Guillaume n'avait pas encore succédé à son père en 1218.

survécut, appartenait, selon toute apparence, à la maison de Rochefort, et c'est par suite de ce mariage que la seigneurie de Châtelaillon en Aunis est devenue la propriété de la famille de Parthenay. Ils laissèrent plusieurs enfants, dont deux seulement nous sont connus : Guillaume, l'aîné, successeur de son père, et Létice, qui épousa Aimery, seigneur de la Rochefoucault.

### GUILLAUME V LARCHEVÊQUE, seigneur de Parthenay (1219-1243).

Hugues Ier Larchevêque avait éprouvé de grandes pertes durant la longue rivalité de Jean Sans-Terre et de Philippe-Auguste. Pour faire face aux frais de la guerre, non-seulement il avait épuisé ses ressources, mais encore il s'était vu dans l'obligation de faire des emprunts aux abbayes de ses domaines, notamment à l'abbaye de l'Absie à laquelle Damète, sa femme, avait engagé la plus grande partie de ses joyaux comme garantie du remboursement. Plus tard, au mois de mars 1222, après la mort de Damète, Guillaume V, son fils, se vit contraint, pour obtenir la restitution de ces joyaux, de consentir à l'abbé de l'Absie une obligation de cent livres, valeur des joyaux, pour la garantie de laquelle plusieurs personnes riches se por-

D'ailleurs, s'il est vrai que la charte de 1216 soit signée par lui, ce n'est pas une raison pour admettre qu'il ait remplacé son père dès cette époque.

tèrent caution (1). Naguère, lorsqu'il dirigeait les
opérations militaires en Poitou, le roi Jean avait été
témoin de la triste situation financière du seigneur
de Parthenay, aussi bien que de celle de plusieurs
autres barons de la même province. Il avait senti
qu'il ne ferait que suivre les règles de la justice et
de l'équité en indemnisant, autant qu'il lui serait
possible, des chevaliers qui se ruinaient à son service. Il leur avait donc promis une certaine somme
d'argent, mais d'une manière assez vague, puisqu'il
s'était réservé la faculté de la leur payer quand cela
lui conviendrait (2). Guillaume V Larchevêque, devenu seigneur de Parthenay, n'oublia pas la promesse qu'avait fait à son père le roi d'Angleterre. A
ses yeux, cette promesse était un engagement sacré
contracté par la couronne d'Angleterre envers la famille Larchevêque, et il en attendait la réalisation
comme une chose légitimement due. Mais Henri III,
fils et successeur de Jean Sans-Terre, se mit peu en
peine de remplir les intentions de son père et d'ac-
quitter envers ses vassaux poitevins une dette de
reconnaissance. Irrité d'une pareille ingratitude, le
seigneur de Parthenay, qui cherchait par tous les

(1) L'original de cette obligation se trouve aux archives de la préfecture de Niort, où elle m'a été communiquée par M. Rayan, archiviste. — Ces personnes portent dans l'acte les noms suivants : Wott.
Oiardi, G. de Macogne, Will. Chattos, Réginaudus, Sauveng., P. de
Paire, Will. de Paire, Laurencius Caséos.
(2) Lettre du pape Honorius III, *apud rerum Gall. script.*, t. 19,
p. 695 et 696.

moyens possibles à remettre l'ordre dans ses finances épuisées, résolut d'exiger par la force le paiement des sommes jadis promises par le roi Jean, ou du moins de se venger de Henri III, s'il ne pouvait en obtenir ce qu'il désirait. De concert avec Guillaume Maingot et d'autres barons poitevins également frustrés dans leurs espérances, Guillaume de Parthenay prit les armes. Leur but était d'attaquer les villes et châteaux que le roi d'Angleterre possédait en Poitou, et d'en ravager les alentours. Niort, l'une des places de guerre les plus importantes que les Anglais eussent en leur pouvoir dans nos contrées, était en même temps la plus rapprochée de la Gâtine : par conséquent c'était contre elle que le seigneur de Parthenay devait diriger naturellement ses attaques. Ayant donc formé une petite armée avec une partie des contingents féodaux de ses domaines, Guillaume Larchevêque se mit en mesure, non pas d'assiéger Niort, ce qui eût été une entreprise trop hasardeuse et trop remplie de difficultés, mais d'inquiéter cette ville par des irruptions soudaines et de désoler son territoire par le pillage et la destruction. Pour exécuter son dessein, il n'avait qu'un pas à faire ; ce fut par son château de Coudray-Salbart, frontière méridionale de la baronie de Parthenay, qu'il passa à la tête de ses troupes pour envahir le pays niortais. Le ravage commença aussitôt : partout les soldats de Guillaume, agissant en cela d'après ses ordres, arrachèrent les vignes, détruisirent les moissons et laissèrent des traces funestes de leur passage dans ces plaines riches et fertiles. Une autre expédition du même genre fut dirigée du côté d'Oulmes sous la conduite de Guillaume de Hérisson, l'un des principaux officiers *(miles magister)* du sire de Parthenay (1).

Guillaume Larchevêque, en tenant une conduite si inconsidérée et si violente, s'engageait dans une mauvaise voie, car les ravages exercés par lui sur le territoire niortais, n'avaient abouti qu'à le mettre en état d'insurrection contre son suzerain. Engagé dans les embarras d'une minorité orageuse, le roi anglais n'avait pas le temps de s'occuper de cette révolte lointaine; mais le saint-siége, dont la médiation fut toujours pacifique et bienfaisante et sous la protection duquel Henri III s'était placé à l'exemple de son père, intervint à ce titre pour mettre un terme aux maux que les hostilités continuelles du sire de Parthenay et des autres barons mécontents faisaient souffrir aux populations de certaines contrées du Poitou. Pour parvenir à un but si désirable, le pape Honorius III, qui occupait alors la chaire de saint Pierre, employa d'abord les voies de la persuasion et de la douceur. Le 28 mai 1220, il écrivit aux évêques de Périgueux et d'Angoulême une lettre dans laquelle il leur recommande de faire tous leurs efforts pour déterminer Guillaume de Parthenay, Guillaume Maingot et les autres barons révoltés, à ne plus inquiéter les villes et châteaux du roi d'Angleterre, leur suzerain,

(1) Enquête de l'an 1255 environ. (Archives de la préfecture de Niort).

et à ne plus troubler la paix du Poitou (1). Il faut croire que les conseils paternels des deux prélats demeurèrent sans succès, et que les rebelles continuèrent leurs hostilités comme par le passé, car le souverain pontife, voyant qu'ils ne tenaient aucun compte des avertissements, enjoignit aux abbés de Talmond et de Saint-Michel-en-l'Herm et au doyen de l'église de Poitiers, de fulminer l'excommunication contre le sire de Parthenay et ses adhérents, et de jeter l'interdit sur leurs domaines. Cette mesure sévère ne demeura pas sans effet. Bientôt une trêve intervint entre le roi d'Angleterre d'une part et Hugues de Lusignan et les autres barons ses partisans d'autre part. C'est alors que les sentences d'excommunication prononcées contre eux furent levées par Pandolphe, évêque de Norwick, légat du pape. Lorsque Guillaume Larchevêque se vit relevé de l'excommunication, il refusa toute satisfaction au roi ou à ses sujets restés fidèles pour les maux qu'il leur avait causés. Voyant que le sire de Parthenay méprisait ses invitations les plus pressantes, le pape Honorius III, sur la demande même de Henri III, lui adressa une longue lettre, en date du 5 juillet 1222, où, après avoir exposé la situation des choses, il lui recommande fortement et lui ordonne, pour ainsi dire, de réparer, avant le 30 novembre suivant, le préjudice dont il s'est rendu coupable envers le roi anglais et ses fidèles. Il ajoute en terminant que s'il ne tient pas compte de ce der-

(1) *Rerum Gallicarum scriptores*, t. 19, p. 695 et 696.

nier avertissement, l'excommunication sera de nouveau fulminée contre lui par les abbés désignés plus haut et maintenue jusqu'au moment où il aura donné une satisfaction convenable. Il est probable que Guillaume Larchevêque, intimidé par cette menace, ne résista pas plus longtemps à des exigences qui n'étaient que justes ; car, depuis ce moment, il n'est plus question de cette mésintelligence survenue entre lui et le roi Henri III (1).

Cependant les trèves avec le roi d'Angleterre étant expirées, le roi de France Louis VIII se mit en mesure de reprendre l'œuvre de son père d'illustre mémoire, et d'arracher aux Anglais toutes leurs possessions continentales. Il résolut d'ouvrir la campagne par la conquête du Poitou, dont Philippe-Auguste avait négligé de se rendre maître lors de la trève de Chinon. Un des barons de cette province, Geoffroy de Lusignan, seigneur de Vouvent et vicomte de Châtellerault, du chef de Clémence, sa femme, concevant de justes appréhensions sur l'issue de la guerre qui se préparait, s'empressa de venir à Bourges, dès le mois de mai 1224, pour se soumettre au roi Louis. Mais celui-ci n'accepta son hommage qu'à une condition, c'est que toutes les fois qu'il irait en Poitou, il lui livrerait son château de Vouvent, afin d'y entretenir garnison durant tout son séjour dans le pays (2). On voit par-là

---

(1) Rymer, t. Ier, p. 259. — Dom Fonteneau, t. 27 ter, p. 307. — Rymer met la lettre du pape à la date de 1223.

(2) Dom Fonteneau, t. 17, p. 43.

combien était grande la défiance que lui inspirait Geoffroy. Bientôt l'armée royale étant arrivée à Tours, le vicomte de Thouars, Aimery V, se présenta pour entamer des négociations ; car, privé des secours de l'Angleterre, il ne se sentait pas capable de résister. Le roi consentit à conclure avec lui une trêve d'une année, laquelle ne pourrait être rompue que dans le cas où le roi d'Angleterre viendrait au secours de son vassal. Le sire de Parthenay, et celui de Bressuire, Thibault de Beaumont, ainsi qu'une foule d'autres personnages puissants dans le pays, se portèrent garants de l'observation fidèle du traité ; ils s'engagèrent même à se constituer prisonniers du roi de France si le vicomte de Thouars venait à le violer (24 juin 1224) (1). Guillaume Larchevêque, par le fait même, prenait pour ainsi dire l'engagement tacite de ne pas s'opposer à l'expédition de Louis VIII, auquel il sentait bien d'ailleurs qu'il eût été dangereux de résister. C'est ce qui nous explique pourquoi la baronie de Parthenay ne fût pas envahie et ne servit point alors de théâtre de la guerre. Voyant que désormais la neutralité des barons poitevins lui était assurée, le monarque français tourna tous ses efforts contre les Anglais, bien résolu de ne rien épargner pour s'emparer des places dont ils étaient maîtres. Il commença par le château de Montreuil-Bonnin (2); puis, après

(1) *Gesta Ludovici VIII Francorum regis*, *apud rerum Gall. script.*, t. 17, p. 304. — *Chronicon Turonense magnum*, dans le recueil des chroniques de Touraine, par Salmon, p. 156.

(2) *Chronicon Turonense magnum*, dans Salmon, etc., p. 156.

avoir battu les ennemis près de Saint-Maixent (1),
il s'empara successivement de Niort et de la Rochelle, après deux siéges fameux auxquels le connétable Mathieu de Montmorency prit une part active
( 1224 ) (2). Des succès si brillants et si complets
firent cesser l'hésitation du sire de Parthenay, du
vicomte de Thouars et des autres barons. Tous reconnurent Louis VIII pour leur suzerain et lui firent
hommage ( 1225 ) (3).

C'est à la suite de ces événements que Guillaume
Larchevêque et les principaux barons de la province
adressèrent au roi de France une lettre dans laquelle
ils réclament avec amertume son intervention pour
arrêter les empiétements de la juridiction ecclésiastique (1225) (4). Voici cette lettre dont nous empruntons
le texte à M. Marchegay : « Après avoir longtemps
souffert les dommages et le grave préjudice que nous
font éprouver les clercs de nos domaines, nous avons
recherché par tous les moyens possibles à nous les
rendre favorables ; mais nous n'avons pu obtenir d'eux
aucune concession, et leurs excès ne font au contraire
qu'augmenter. Nous venons aujourd'hui, avant de
prendre contre eux des mesures générales pour la

(1) *Vies des grands capit. franç. du moyen âge*, par Al. Mazas,
t. 1er, p. 119, éd. 1845.

(2) Idem.

(3) *Guerres et traités entre les rois de France et d'Angleterre*,
par Jean du Tillet, p. 170, éd. 1606.

(4) Extraits des généalogies de Sainte-Marthe dans dom Fonteneau,
t. 86.

défense de nos droits, supplier votre majesté royale de vouloir bien nous assister de ses conseils ; parce que si l'on ne prend à cet égard une prompte décision, il faudra ou abandonner nos terres, ou chercher à nous défendre nous-mêmes. Pour peu que vous le jugiez profitable, nous vous prions de requérir le légat du saint-siége apostolique de mettre tous ses soins à détruire de pareils abus. Et sachez-le bien, sire, nous les avons soufferts si longtemps que nous ne pouvons les endurer davantage, parce que les plaintes que nous avons adressées plusieurs fois au saint-père contre la conduite du clergé n'ont amené aucun résultat, et ne nous ont valu que des paroles évasives. Tout ce que votre sagesse et la prudence de vos conseillers vous suggéreront sur ce point, faites-nous la grâce de nous le mander, à nous qui sommes vos fidèles et tenons de vous nos fiefs dans lesquels les clercs nous causent un si grave préjudice. »

Jusqu'à quel point ces plaintes étaient-elles fondées? C'est ce qu'il n'est pas aisé de déterminer. Pourtant tout en faisant la part de l'exagération, fruit de l'irritation du moment, il est facile de voir, et cela nous est prouvé d'ailleurs par d'autres faits, que l'envoi de cette lettre fut motivé par de graves conflits survenus entre les juridictions des seigneurs laïques et celles des ecclésiastiques. D'après l'organisation féodale, on ne l'ignore pas, chaque seigneur, soit laïque, soit ecclésiastique, était investi du droit de rendre la justice dans ses domaines. Ainsi, pour n'en citer que quelques exemples dans notre pays, non-seulement le sire de Parthenay, mais encore les prieurs de Parthenay-le-Vieux et de la Maison-Dieu, l'abbé d'Allonne et tous les petits feudataires de Gâtine avaient leurs tribunaux particuliers, dont la juridiction était plus ou moins étendue. Mais comme les limites de leur compétence n'étaient pas toujours rigoureusement définies, il ne faut pas s'étonner si des difficultés surgissaient entre eux quand des conflits se manifestaient. Or, aucune autorité compétente n'existant alors pour juger les conflits, chacun ne manquait pas de maintenir ses prétentions, et il en résultait des empiétements et des usurpations commis par les uns au préjudice des autres. C'est pour sortir de cette situation anormale, dont il avait eu à souffrir personnellement, que Guillaume Larchevêque fit auprès du roi de France la démarche collective que nous venons de rapporter.

Une mort prématurée ayant enlevé Louis VIII à la France (novembre 1226), les hauts barons se mirent en devoir de profiter de la jeunesse de son successeur pour consolider leur indépendance qu'ils sentaient diminuer chaque jour devant la force croissante de la royauté. Ils formèrent donc une ligue sous la direction des comtes de Bretagne et de Champagne, dans le but d'enlever la régence à Blanche de Castille. Guillaume de Parthenay et avec lui Hugues de Lusignan, comte de la Marche, et Hugues, vicomte de Thouars, peu satisfaits d'entrer dans le parti des mécontents, nouèrent encore des relations d'amitié avec le roi d'Angleterre. Les conventions conclues par eux avec Henri III furent signées au mois de décembre 1226. En retour

des concessions et de la protection qu'ils obtenaient
du monarque anglais, les barons confédérés rentrèrent à son service et consentirent à servir ses intérêts (1). Il ne s'agissait plus que de s'entendre sur les
moyens d'exécution les plus propres à faire triompher
la cause commune. Des messages secrets s'échan-
geaient à ce sujet entre le fils de Jean Sans–Terre et le
fils de Hugues Ier Larchevêque. Au mois de janvier
1227, le roi d'Angleterre envoya à Parthenay un de
ses conseillers, Philippe d'Aubigny, accompagné de
deux prélats anglais, munis de tout pouvoir pour se
concerter définitivement avec Guillaume Larchevêque.
Ils étaient chargés d'une mission identique auprès du
comte de la Marche et du vicomte de Thouars (2).
Mais la conduite habile et la courageuse fermeté de
la régente Blanche de Castille déjouèrent tous les
efforts de la ligue. A peine le jeune roi Louis IX et sa
mère s'étaient-ils avancés jusqu'à Loudun avec leurs
troupes que les rebelles, intimidés par cette attitude
guerrière, commencèrent à se décourager et à se
désunir. Le comte de la Marche, voyant d'autres chefs
faire leur soumission, vint se jeter aux pieds du roi.
Celui–ci le reçut avec bonté et lui accorda généreusement la paix à des conditions avantageuses. Le
vicomte de Thouars comprit lui aussi qu'il n'y avait
plus rien à espérer pour le moment : il signa donc
une trêve avec le roi de France (1227) (3).

(1) Rymer, t. 1er, p. 290.
(2) Rymer, t. 1er, p. 291.
(3) *Chronicon Turonense magnum*, p. 159, 160, 161.

Seul de tous les barons, le seigneur de Parthenay n'avait point encore fait officiellement sa soumission. Ce ne fut qu'au mois de juin 1228 qu'il consentit, bon gré mal gré, à suivre l'exemple général et à conclure avec Louis IX et sa mère une trève d'une année. On convint qu'elle commencerait le jour de la Madeleine (22 juillet). Le comte de la Marche fut chargé de veiller à son observation. C'est pourquoi le seigneur de Parthenay, par l'acte même du traité, prit l'engagement de réparer, par l'intermédiaire du susdit comte et au premier avertissement qu'il en recevrait, toutes les infractions que lui ou ses vassaux pourraient commettre (1).

La féodalité était encore tellement forte et redoutable qu'elle traitait de puissance à puissance et, pour ainsi dire, sur le pied de l'égalité avec la royauté capétienne. Il est vrai que celle-ci traversait en ce moment une période difficile, et qu'elle avait intérêt à ne pas trop irriter l'orgueil des grands vassaux; mais lorsqu'on voit le roi de France signer une trève avec le seigneur de Parthenay dans les mêmes formes et de la même manière que s'il traitait, par exemple, avec les rois d'Angleterre, on ne peut s'empêcher de reconnaître dans ce fait une preuve non équivoque de la puissance de ce feudataire poitevin. Nous l'avons déjà dit, l'étendue des domaines des Larchevêque était considérable. De Parthenay, leur

(1) Dom Fonteneau, t. 17, p. 59. — Dom Martène, *amplissima collectio*.

résidence, et l'une des places les mieux fortifiées de la province, ils régnaient en souverains sur toute la Gâtine. Des baillis ou des prévôts, placés dans différents bourgs du pays, Béceleuf et Autin, par exemple, rendaient la justice et administraient en leur nom. Un bailli, dont la juridiction était plus étendue, siégeait à Parthenay et jugeait en matière civile et criminelle. Des châteaux forts, tels que Secondigny, Coudray-Salbart, Béceleuf, dont ils confiaient le commandement à des châtelains ou gouverneurs, avaient été construits par eux pour assurer à la fois la défense du territoire et le maintien de leur autorité. De nombreux vassaux médiats ou immédiats leur obéissaient et venaient se ranger sous leur bannière quand le *ban* était publié. Les vilains eux-mêmes, organisés en archers, étaient tenus de se réunir quelquefois dans la ville de Parthenay pour la *montre des armes*. Dans les temps de guerre, ils formaient un corps d'infanterie qui, réuni aux chevaliers et aux nobles, lesquels ne combattaient qu'à cheval, constituait une armée complète, que les seigneurs de Parthenay pouvaient convoquer facilement lorsque les circonstances l'exigeaient (1).

Malgré les ressources dont il disposait, Guillaume V Larchevêque comprenait fort bien qu'il était incapable de se soustraire à la suzeraineté du roi de France sans l'appui de l'Angleterre. C'est pour cette raison qu'il avait prudemment accepté la trève de

(1) Enquête de l'an 1255 environ. (Archives de Niort.)

1228, dans l'espoir qu'une circonstance favorable pour l'accomplissement de ses projets ne tarderait pas à se présenter. En effet, la ligue féodale se reforma de nouveau, grâce aux intrigues de Pierre de Dreux, comte de Bretagne; et le roi d'Angleterre, apportant aux rebelles son concours intéressé, débarqua à Saint-Malo en Bretagne avec une nombreuse armée au commencement de l'année **1230**. Mais ce fut en vain; le gouvernement de la régente triompha de tous les obstacles. Blanche de Castille s'assura du vicomte de Thouars dans une entrevue au Pont-de-Cé (1). Le jeune Louis IX, de son côté, ayant réuni une puissante armée, se dirigea contre la Bretagne. Le comte de la Marche intimidé vint joindre le roi à la Flèche, comme son devoir de vassal le lui imposait; mais il agissait contre son gré (2). Son exemple fut suivi, quoiqu'à regret, par le seigneur de Parthenay qui, lui aussi, prit part à l'expédition dirigée contre Pierre de Bretagne (3). En peu de temps, l'armée royale emporta Ancenis, Oudon et Chantoceau. La lâche inaction de Henri III, qui perdait un temps précieux à Nantes au milieu des festins et des fêtes, sans

(1) *Hist. du Poitou*, par Thibaudeau, t. 1er, p. 303.

(2) *Hist. de France*, par Velly, t. 4, p. 142.

(3) C'est là du moins ce que semble indiquer le passage suivant de l'enquête citée plus haut: « *Dixit quod dictos homines* (les habitants du bourg de Xaintray qui devaient le service militaire au sire de Parthenay) *vidit pernoctare apud Ceas pro quadam torneamento quod dominus Guillelmus Archiepiscopus et comes Marchiæ inierunt contra comitem Britanniæ.* »

s'occuper des opérations militaires, suspendit la campagne. Profitant alors de l'éloignement momentané du roi de France, le monarque anglais alla faire une courte excursion dans ses possessions de Gascogne en passant par le Poitou : puis il revint dans cette dernière province, où il trouva un partisan dévoué dans la personne du sire de Parthenay. Guillaume, en effet, n'avait point oublié les traditions de sa famille ; il conservait une vive affection pour la race des Plantagenets, et mettait en eux toutes ses espérances. Lorsqu'il vit près de lui le roi d'Angleterre, il n'hésita pas à se prononcer en sa faveur (juillet 1230), et en agissant ainsi il entraîna d'autres partisans qui concevaient encore l'espérance de relever les affaires de la coalition des hauts barons (1). Le succès ne répondit pas à son attente : en vain Henri III s'empara-t-il de Mirebeau, en vain le seigneur de Parthenay porta-t-il la guerre à Airvault sur les terres du vicomte de Thouars resté fidèle à la régente (2) : tous leurs efforts ne produisirent aucun résultat. Blanche de Castille, dont la haute capacité rendit tant de services à la royauté capétienne, avait réussi à apaiser complètement les troubles dans l'assemblée de Compiègne. Alors le roi d'Angleterre, prince d'ail-

(1) Lettres des rois et reines et autres pers., t. Ier, p. 36, dans les *Documents inédits sur l'Histoire de France.* — Parmi ces partisans, on remarquait Guillaume Maingot, Guillaume de Mauzé, Geoffroy de Lusignan, etc.

(2) Enquête de l'an 1255 environ. (Archives de Niort.)

leurs incapable de mener à fin une grande entreprise, voyant qu'il n'y avait plus rien à espérer,
s'empressa de gagner la Bretagne pour repasser ensuite dans ses États.

Depuis ce moment jusqu'à la révolte du comte de
la Marche, le plus grand calme régna en Gâtine, et
ne fut troublé qu'un instant par des démêlés assez
graves survenus entre le seigneur de Parthenay et
son vassal le seigneur de Champdeniers. L'origine et
les détails de ce différend nous sont inconnus; mais,
ce qu'il y a de certain, c'est qu'il acquit une telle
gravité, que Guillaume Larchevêque, irrité de la
conduite de son vassal, marcha contre lui, s'empara
de Champdeniers dont il fit raser les fortifications,
et prit pendant quelque temps le titre de sire de
Champdeniers, ainsi que nous l'apprend un acte de
l'an 1238 (1). Des arrangements intervinrent sans
doute dans la suite entre le vassal et le suzerain, car
Geoffroy de Champdeniers était rentré en possession
de son fief en 1240. Il faisait alors ses préparatifs de
départ pour aller combattre les infidèles en Palestine
avec les autres croisés français qui partaient sous la
conduite de Thibault de Champagne et de Pierre de
Dreux, comte de Bretagne (2).

Un événement d'une nature beaucoup plus grave,
dont les conséquences devaient être très grandes,
allait allumer la guerre dans nos contrées. Nous vou-

(1) Dom Fonteneau, t. 38, p. 35. — Enquête de l'an 1255 environ.
(Archives de Niort.)

(2) Dom Fonteneau, t. 5, p. 153.

lons parler de la célèbre révolte de Hugues de Lusignan, comte de la Marche et d'Angoulême. Issu d'une
antique et illustre famille, dont les cadets régnaient
en Orient, beau-père du roi d'Angleterre, possesseur
d'un grand nombre de fiefs en Poitou, en Saintonge
et en Aunis, Hugues était l'un des plus puissants
feudataires du royaume. Il avait éprouvé les plus
vives répugnances à rendre hommage au comte de
Poitiers, Alphonse, frère du roi. Mais c'était surtout
son épouse, l'orgueilleuse Isabelle, que cet acte avait
humiliée profondément. Poussé à bout par les exhor-
tations pressantes de cette femme ambitieuse, il se
rendit à Poitiers aux fêtes de Noël 1241, déclara,
de la manière la plus insolente, au comte Alphonse,
qu'il ne le reconnaissait plus pour son suzerain ; puis,
se retirant précipitamment, organisa une vaste révolte, dont il semblait assurer le succès, en appelant
à son secours le roi d'Angleterre. Le seigneur de
Parthenay, qui avait toujours eu de très bonnes relations avec Hugues de Lusignan, se laissa facilement
entraîner par lui dans les rangs de la nouvelle ligue ;
mais, instruit par l'expérience, il cacha pour le moment ses intentions, évita avec soin de se mettre en
avant, et, retiré derrière les murailles de son château, il attendit prudemment les événements. Cette
tactique lui réussit à merveille.

A peine le roi saint Louis était-il entré en Poitou
à la tête de ses troupes, qu'une série d'exploits mémorables le rendit maître de toutes les places fortes
possédées par la famille de Lusignan. Moncontour,

Montreuil-Bonnin, Béruges, Vouvent, Mervent (1),
Fontenay-le-Comte, Frontenay–l'Abattu, tombèrent
successivement en son pouvoir (1242) (2). Le seigneur de Parthenay, en conservant son attitude neu-
tre, avait donc évité l'orage; et il dut s'en réjouir,
car il eût succombé inévitablement dans la lutte s'il
eût osé prendre les armes. Toutefois, il est probable
que saint Louis ne se laissa pas tromper par les ap-
parences, et qu'il pénétra très bien les dispositions
secrètes de Guillaume Larchevêque à son égard. S'il
ne sévit pas, ce qui lui eût été si facile, lorsqu'il
traversa la Gâtine pour aller faire le siége de Vouvent, c'est que la conduite du seigneur de Parthenay,
malgré sa perfidie, ne lui avait fourni en réalité
aucun motif suffisant de guerre; et l'on sait avec quel
soin ce vertueux monarque évita toujours de faire
verser le sang injustement.

Pendant que le roi de France poursuivait en Poitou le cours de ses victoires, le roi d'Angleterre,
Henri III, récemment débarqué à Royan, venait de
lui déclarer la guerre (30 mai 1242). La comtesse
de la Marche lui avait tellement aveuglé l'esprit,
qu'il se flattait, en venant secourir les rebelles, de
conquérir sans résistance toutes les anciennes provinces possédées par ses ancêtres. Mais auparavant
il fallait se préparer à combattre. Henri et son allié

(1) Nous avons déjà dit que ces deux dernières places appartenaient
à Geoffroy de Lusignan, surnommé à la Grand'Dent, issu d'une
branche cadette de la maison de Lusignan.

(2) *Histoire du Poitou*, par Thibaudeau, t. 1er, p. 304.

Hugues de Lusignan rassemblèrent leurs forces à Saintes, et firent appel à tous les barons sur le concours desquels ils pouvaient compter. C'est alors que le roi d'Angleterre, qui connaissait parfaitement les intentions du seigneur de Parthenay, le pressa vivement de se déclarer ouvertement et d'opérer une diversion en Poitou, pendant qu'il tiendrait tête au roi de France en Saintonge. Dans la lettre qu'il écrivit à ce sujet à Guillaume Larchevêque, le 15 juin 1242, il lui explique les motifs qui l'ont engagé à déclarer la guerre à la France, et lui mande de commencer immédiatement les hostilités (1). Guillaume ne laissa pas échapper une occasion si favorable. Soutenu par une garnison anglaise qu'Henri III avait envoyée à Parthenay sous le commandement de deux chefs, Raoul de la Haye et Aimery de Sacy, et voyant d'ailleurs le roi Louis IX s'éloigner du Poitou pour se diriger vers son ennemi sur les rives de la Charente, il sortit tout à coup de son apparente neutralité, et s'imagina faire un acte très habile en levant l'étendard de la révolte sur les derrières de l'armée royale. Quoi qu'il en soit, l'attitude nouvelle du seigneur de Parthenay aurait produit peut-être des résultats très funestes aux intérêts de Louis IX en Poitou, si ce prince avait essuyé un échec en Saintonge. Mais les deux batailles de Taillebourg et de Saintes anéantirent à jamais les espérances des alliés (juillet 1242).

(1) Rymer, t. 1er, p. 406.

Pendant que le roi d'Angleterre épouvanté fuyait à Blaye avec les débris de ses troupes, le comte de la Marche se voyait dans la dure nécessité de se soumettre humblement au vainqueur. La nouvelle de ces malheureux événements répandit la consternation dans Parthenay. Qu'allait devenir Guillaume Larchevêque désormais abandonné à ses propres forces en présence du roi de France victorieux ? Henri III, malgré le triste état de ses affaires, comprit qu'il ne devait pas laisser dans l'isolement l'un des plus fidèles serviteurs de sa famille. Il avait d'ailleurs un certain intérêt à conserver, s'il était encore possible, le château de Parthenay, place de guerre très forte, et qui pouvait lui être d'une grande utilité s'il parvenait à se relever de sa défaite. D'après ces considérations et d'après les conseils de Raoul de la Haye et d'Aimery de Sacy, il fit savoir à Guillaume Larchevêque, par une lettre en date du 16 août 1242, qu'il pouvait garder près de lui cent ou cent vingt chevaliers pour défendre son château de Parthenay contre l'attaque imminente du roi de France, ajoutant en outre qu'il allait lui faire parvenir les fonds nécessaires pour la solde de cette garnison (1). Mais le seigneur de Parthenay, loin de se sentir disposé à faire une résistance inutile, ne songeait plus qu'aux moyens de sortir le plus avantageusement possible du mauvais pas où il se trouvait engagé. D'un jour à

(1) *Documents inédits pour servir à l'histoire de France*, lettres des rois et reines et autres personnages, t. Ier, p. 60.

9

l'autre il pouvait voir arriver sous les murs de Parthenay le vainqueur de Taillebourg, qui eût toujours fini, malgré la bonté des fortifications et le renfort anglais dernièrement arrivé, par se rendre maître de son château. Dans cette périlleuse situation, Guillaume Larchevêque prit le parti le plus sage : ayant appris que saint Louis était à Tours et qu'il se préparait à venir l'attaquer, il courut dans cette ville, se jeta à ses pieds, et cette fois lui jura obéissance avec une sincérité véritable. Le pieux monarque, dont la clémence égalait le courage, lui pardonna sans peine. Guillaume, qui était avancé en âge et qui craignait de mourir avant la majorité de son fils aîné, profita de cette circonstance pour demander au roi la permission de donner la tutelle de ses enfants et la garde de sa baronie à Geoffroy de Rancon, son beau-frère, dans le cas où la mort viendrait à le frapper avant lui. Cette permission lui fut accordée sans difficulté (août 1242) (1).

Le roi d'Angleterre n'eut pas plutôt appris la soumission de Guillaume Larchevêque par les lettres d'Aimery de Sacy, qu'il envoya ordre à ce capitaine de faire évacuer Parthenay par la garnison anglaise, et de venir le rejoindre, sans plus tarder, à Bordeaux (28 août 1242) (2). Ainsi se termina la première période des guerres avec l'Angleterre. Un

(1) Brequigny, *Table des diplômes et chartes relatifs à l'histoire de France*, t. VI, p. 32.— *Not. sur les Larch.*, par Marchegay.

(2) *Documents inédits pour servir à l'histoire de France*, lettres des rois et reines, t. 1er, p. 61.

siècle plus tard, les armées des deux nations rivales devaient encore fouler le sol du Poitou ; mais, jusqu'au funeste traité de Brétigny, les seigneurs de Parthenay, désormais gagnés à la cause française, servirent nos rois avec le même zèle et la même constance qu'ils avaient déployés naguère au service des Plantagenets.

Guillaume V Larchevêque mourut au mois de janvier 1243. Du vivant de son père, il avait épousé Amable de Rancon, fille aînée de Geoffroy de Rancon, seigneur de Taillebourg. C'est par suite de ce mariage que la terre de Taillebourg passa à la maison de Parthenay (1). Outre Hugues, son fils aîné, qui lui succéda, il eut plusieurs filles : Jacquette, femme de Perusse, seigneur de Saint-Bonnet ; Isabelle, qui épousa Maurice de Belleville, seigneur de Montaigu ; Jeanne, femme de Pierre de Rostrenam. Guillaume ne fut pas seulement guerrier comme son père, il se signala aussi par les bienfaits dont il combla quelques monastères de Gâtine. En 1222, il avait concédé en toute propriété au prieuré de Château-Bourdin une partie de la forêt d'Allonne (2). Mais la charte qu'il accorda au monastère du Bois-d'Allonne mérite plus d'attention, tant par les donations importantes qu'elle contient que par les faits curieux qu'elle nous

(1) Dom Fonteneau, t. 46, p. 147. — Charte de 1218 citée plus haut dans le cartulaire de Saint-Julien de Tours.

(2) Extrait du cartulaire de Saint-Julien de Tours, M. S. lat. 5443, *Historiæ regalis abbatiæ Sancti Jul. Tur. compendium*, p. 61. (Bibl. impér.)

révèle. Guillaume abandonne aux religieux tous ses droits de suzeraineté sur les domaines de la Branconière, la Vieille-Pizonière, l'Ogerie, la Molière, l'Izambardière, la Burgaudière, Beaupui, la Verdoizière, les deux moulins de la Couldre et d'Azay, et d'autres terres encore. Il confirme la rente qui leur avait été donnée autrefois par ses prédécesseurs, rente qui était assise sur la vente du pain de Parthenay, d'où l'on peut conclure que les seigneurs de Parthenay percevaient des droits sur les boulangeries. Il résulte également de cette charte que l'abbaye d'Allonne avait, dans les principaux centres de population, des hommes d'affaires chargés de recevoir les aumônes, d'accepter les donations; en un mot, d'administrer ses affaires de quelque nature qu'elles fussent. Du temps de Guillaume V Larchevêque, c'est-à-dire à l'époque dont nous retraçons l'histoire, c'étaient deux bourgeois nommés Jean Guy et Jean Cosoneau, qui géraient les affaires des religieux, le premier à Parthenay, l'autre à Secondigny. Une clause insérée dans la même charte exemptait à perpétuité ces deux hommes et leurs héritiers, en considération de leurs fonctions, de toute espèce d'impôts ou charges publiques, tels que le service militaire et la taille (1).

(1) Dom Fonteneau, t. Ier, p. 394 et suiv.

# CHAPITRE IV.

### SOMMAIRE.

## HUGUES II LARCHEVÊQUE, seigneur de Parthenay
## (1243-1271).

Le règne de Hugues II, pour l'avenir duquel Guillaume V, son père, avait conçu de si justes appréhensions en 1242, s'ouvrait sous d'heureux auspices. Hugues venait d'échapper à un grand danger;
car s'il recueillait paisiblement la magnifique succession de ses ancêtres, il en était redevable à la
clémence de Louis IX, qui avait bien voulu ne pas
châtier la maison de Parthenay de la part qu'elle

avait prise à la révolte du comte de la Marche. A
partir de ce moment jusqu'à Philippe de Valois, c'est-
à-dire pendant près d'un siècle, la Gâtine va jouir
d'une paix profonde, et l'histoire de ses seigneurs
ne sera que le récit de leurs efforts pour augmenter
la puissance de leur famille et assurer la prospérité
de leurs vassaux. Comme Hugues Larchevêque était
encore mineur lors de la mort de son père, Geoffroy
de Rancon, son oncle et tuteur, prit en main l'administration de la seigneurie de Parthenay. Dès le
mois de février 1243, il rendit hommage, au nom de
son pupille, à Alphonse, comte de Poitou, frère du
roi (1).

Hugues Larchevêque contracta bientôt une union
brillante et avantageuse. Valence de Lusignan, fille
aînée et héritière de Geoffroy II de Lusignan, surnommé à la Grand'Dent, seigneur de Vouvent et de
Mervent, devint son épouse (2). Elle était petite-fille
de la célèbre Mellusine, dont les romans du moyen
âge ont fait des récits si merveillleux, et dont le nom
se retrouve dans toutes les légendes populaires de
nos contrées (3). Geoffroy à la Grand'Dent, son père,

---

(1) *Hist. du Poitou*, par Thibaudeau, t. 2, p. 460, note d'Apollin
Briquet.

(2) Dom Fonteneau, t. 25, p. 215. —*Not. sur les Larch.*, par Marchegay. — D'après Joseph Aubert et M. de Saint-Hermine, dans une
note insérée dans Thibaudeau, elle serait la fille de Guillaume de
Lusignan, sire de Soubise, frère de Geoffroy à la Grand'Dent.

(3) On sait que Mellusine n'est autre que Eustache Chabot, fille de
Thibault II Chabot, seigneur de Vouvent et de Mervent, qui épousa,
avant l'année 1200, Geoffroy Ier de Lusignan, fils puiné de Hugues VIII

homme violent et cruel, n'est pas moins connu par les persécutions et les maux de toutes sortes qu'il fit souffrir à l'abbaye de Maillezais. Après sa mort, arrivée en **1248**, Hugues Larchevêque prit possession des baronies de Vouvent et de Mervent à titre d'héritage du chef de sa femme. Les baronies de Mouchamp et de Moncontour étaient également comprises dans cette riche succession. Les domaines déjà considérables des Parthenay se trouvèrent ainsi presque doublés. Une foule de nouveaux vassaux, parmi lesquels on doit remarquer les Chasteigners, seigneurs de la Châtaigneraye, vint s'adjoindre à ceux qui reconnaissaient déjà leur autorité. Hugues venait d'atteindre sa majorité : il s'empressa donc d'aller remplir ses devoirs envers son suzerain. Il se rendit dans ce but à Poitiers au mois de septembre **1248**, et là il se reconnut l'homme lige du comte Alphonse, déclarant positivement qu'il était prêt à le servir envers et contre tous, et qu'il remettrait entre ses mains, dès qu'il en serait requis, ses châteaux de Parthenay, Vouvent, Mervent, Soubise, etc. (1) Le 1er octobre **1253**, après le retour d'Alphonse de la Palestine, il renouvela son hommage, consentant expressément à délier ses chevaliers et tous ses sujets de leurs serments de fidélité s'il venait à manquer à ses engagements (2).

Brun, auquel elle apporta en dot Vouvent et Mervent. Elle mourut en 1229.

(1) Archives de l'empire, section historique, carton J. 192, nᵒ 20.
(2) Archives de l'empire, carton 190, nᵒ 42.

Hugues Larchevêque tourna toute son attention vers l'administration de ses vastes et nombreuses baronies. Il s'appliqua surtout à faire disparaître les causes qui avaient fait naître entre le seigneur de Parthenay et les abbayes des différends si regrettables relativement à leurs juridictions respectives. On se rappelle, en effet, les plaintes que Guillaume V adressa à ce sujet, en 1225, au roi Louis VIII ; mais, comme depuis cette époque, on n'avait point eu le loisir de s'en occuper, le retour de fâcheuses difficultés était encore possible. Or, nous l'avons déjà fait entrevoir, ce qui avait donné lieu à tous ces conflits, c'étaient les termes trop peu explicites et trop vagues dans lesquels étaient conçues les chartes octroyées à différentes époques aux établissements monastiques par les seigneurs de Parthenay ; c'était aussi leur insuffisance pour déterminer, d'une manière nette et précise, les droits qu'elles avaient eu pour but de concéder. Hugues Larchevêque obvia avec autant d'habileté que de prudence aux graves inconvénients, qui résultaient de cette situation, par des traités qu'il passa avec plusieurs maisons religieuses. Les attributions judiciaires et autres droits accessoires des parties contractantes furent établis dans ces actes, de la manière la plus claire, de telle sorte que tout empiétement fut rendu presque impossible de part et d'autre. Ces traités sont assez nombreux : nous allons en analyser quelques-uns, car ils ont un grand intérêt pour l'histoire des coutumes et usages de notre pays.

Le premier acte de ce genre fut conclu au mois de juin 1257 entre Hugues Larchevêque et Robert le Maensac, prieur de Parthenay-le-Vieux, à l'occasion d'un désaccord qui surgit entre eux sur la nature et l'étendue des concessions faites jusqu'à ce jour au monastère. Le seigneur de Parthenay prit en cette circonstance toutes les précautions désirables pour que les droits de personne ne fussent lésés. Il réunit autour de lui un certain nombre de jurisconsultes avec lesquels il examina attentivement les chartes de 1119 et de 1216 octroyées par ses prédécesseurs au prieuré de Parthenay-le-Vieux. Leur authenticité fut solennellement reconnue, et les donations qui s'y trouvaient contenues furent de nouveau confirmées. Mais il fit ajouter des clauses très détaillées et très nombreuses où sont exposés avec beaucoup plus de clarté qu'auparavant les droits respectifs du prieur et du seigneur. Hugues se réserve expressément la haute justice et la connaissance des crimes contre lesquels la coutume prononce la peine de mort ou celle de la mutilation; le droit de commuer ces peines lui est également réservé. Le prieur reste compétent pour la répression de tous autres faits illicites commis par les hommes du monastère. En ce qui concerne la confiscation des biens des coupables, les immeubles seront attribués en toute propriété au prieuré, et quant aux biens meubles confisqués, le prieur n'en recueillera qu'une moitié et l'autre moitié appartiendra au seigneur de Parthenay. Le service militaire est imposé à tous les vassaux du prieuré, mais ils n'y sont pas

tous tenus dans les mêmes limites. Ceux de Parthenay-le-Vieux sont assimilés sur ce point aux habitants
de la ville de Parthenay ; ils seront convoqués en
même temps et la durée de leur service sera la même.
Ceux du bourg d'Allonne, au contraire, ne seront
contraints de se rendre sous la bannière du seigneur
que lorsque les habitants de Secondigny auront reçu
la même injonction. Quant à la taille, il est dit formellement dans l'acte qu'ils n'en paieront aucune,
excepté dans les circonstances exceptionnelles où le
seigneur se verrait obligé par le malheur des temps de
lever un impôt extraordinaire sur tous ses sujets.
Enfin, les vassaux du prieuré ne seront point tenus
de venir faire le guet au château de Parthenay ni de
contribuer à sa défense, excepté ceux d'entre eux
qui viendraient y chercher un refuge en temps de
guerre (1).

Hugues Larchevêque passa un autre traité, le 14
février 1261, avec le chapitre de Saint-Hilaire de Poitiers qui était possesseur de la terre de Frontenay,
voisine de sa seigneurie de Moncontour. L'objet du
litige consistait en plusieurs droits souverains et
diverses redevances que le seigneur de Parthenay
voulait exiger des vassaux de la terre de Frontenay.
Le chapitre lui contestait ses prétentions, mais Hugues,
en considération de l'un des chanoines nommé Hilaire, consentit à lui en faire l'abandon moyennant
une rente perpétuelle de douze livres (2).

(1) *Fragmenta histor. Aquitan.*, t. V, S. G. lat. 561 (bibl. imp).
(2) Dom Fonteneau, t. 11, p. 317.

Il transigea également, en **1263**, avec l'abbaye de Bourgueil au sujet des droits seigneuriaux qu'il réclamait à ses vassaux de Saint-Laurs et du Busseau (1); en **1265**, avec l'abbaye de la Grenetière au sujet des droits d'usage établis dans la forêt de Mouchamp (2).

Une autre transaction intervint encore entre le sire de Parthenay et le monastère du Bois-d'Allonne, au mois de septembre **1267**, à l'occasion d'un litige semblable à celui qui s'était élevé avec le prieuré de Parthenay-le-Vieux. Après avoir examiné et confirmé les donations faites jusqu'à ce jour aux religieux par ses ancêtres, Hugues, dans le traité qu'il conclut avec eux, leur accorda sans restriction une juridiction souveraine et complète dans leur enclos d'Allonne, à condition toutefois qu'il n'y construiront point de bourg. Mais sur toute l'étendue des domaines et sur les vassaux qu'ils possèdent en dehors de l'enclos, le seigneur de Parthenay se réserve expressément le droit de haute justice et la connaissance des crimes emportant la peine de mort ou celle de la mutilation. Il fut également stipulé que les religieux du Bois-d'Allonne n'auraient pas la faculté d'acquérir à l'avenir en Gâtine plus du vingtième de chaque fief noble à hommage-lige ou plain, tandis qu'ils auraient cette liberté à l'égard des biens roturiers pour lesquels ils paieraient, du reste, au sei-

(1) Dom Fonteneau, t. 1ᵉʳ, p. 583.
(2) Dom Fonteneau, t. 9, p. 247.

gneur les redevances accoutumées. En vertu du même
acte, il leur fut défendu d'avoir ou d'acquérir à
l'avenir des *mansionnaires* à Parthenay, à Secondigny,
à Béceleuf, au Coudray-Salbart, c'est-à-dire dans
toutes les places fortes du seigneur ou dans leur ban-
lieue. Furent exceptées toutefois deux maisons situées
au Vauvert à Parthenay, dans lequelles les religieux
d'Allonne conservèrent le droit d'avoir un *mansion-*
*naire* jouissant de certaines franchises. Les conventions relatives au bourgeois Jean Guy, dont nous
avons parlé plus haut, furent maintenues (1).

Hugues Larchevêque fut moins heureux dans ses
rapports avec le prieur de Xaintray. Vers l'année
1255 environ, ayant voulu sans doute exercer à
Xaintray les droits souverains qu'il prétendait tenir
de ses ancêtres, il en résulta un conflit qui, au lieu
de se terminer par un arrangement amiable entre les
parties, engendra un procès dont la juridiction ecclé-

---

(1) Dom Fontenau, t. 1er, p. 391 et s. — Le terme « *Mansionarii*, »
employé dans la charte dont nous parlons, est synonyme de *hôte*. On
appelait hôtes au moyen âge des individus jouissant de tenements res-
treints : une maison, un jardin, moyennant certains devoirs à remplir.
« Des barons et des dignitaires ecclésiastiques avaient dans les villes
un ou plusieurs hôtes pour les héberger et pour leur servir de correspondant où de commissionnaire ; ces hôtes étaient parfois de riches
bourgeois ; ce qui prouve que le mot hôte ne réveillait point une idée
de servitude. » Ainsi s'exprime le savant M. Léopold Delisle dans ses
*Études sur la condition de la classe agricole en Normandie au moyen*
*âge* (p. 42), et ce qu'il dit s'applique très bien au cas qui nous occupe.
Le bourgeois Jean Guy, l'un des *mansionnaires* des religieux d'Allonne
à Parthenay, n'était donc autre chose que ce que l'on désignait par le
mot hôte en Normandie.

siastique eut à connaître. Le litige n'était pas sans importance. Le seigneur de Parthenay soutenait que les habitants de Xaintray étaient ses hommes, qu'il avait sur eux le droit de haute justice et qu'ils étaient tenus envers lui au service militaire, à pied ou à cheval, pendant toute la durée des expéditions, quelles que longues qu'elles fussent. Le prieur de Xaintray prétendait, au contraire, que tous les droits seigneuriaux lui appartenaient ; et, quant à l'obligation au service militaire, il alléguait une ancienne charte de Hugues Ier Larchevêque, dans laquelle il avait été stipulé que les seigneurs de Parthenay auraient, il est vrai, le droit d'appeler sous leur bannière les vassaux de Xaintray, mais à la condition expresse que ceux-ci pourraient rentrer chaque soir dans leurs foyers ; en un mot, la durée de leur service était limitée à un jour seulement à chaque réquisition. On ouvrit une enquête dans laquelle les deux parties firent entendre de nombreux témoins ; mais, comme l'original de cette enquête est le seul acte de la procédure qui nous soit parvenu, le dénouement est resté ignoré (1).

La mort de Geoffroy de Rancon, au mois de septembre 1263, vint augmenter les possessions déjà si considérables des seigneurs de Parthenay. Mais Hugues Larchevêque ne recueillit pas paisiblement la succession de son oncle. Le partage donna lieu à un

(1) Cette enquête m'a été communiquée aux archives de Niort par M. Ravan.

procès, qui ne dura pas moins de six ans, et dont les différentes péripéties se déroulèrent devant la juridiction du comte de Poitiers. L'un des cohéritiers de Hugues, Éléonore, femme de Geoffroy d'Ancenis, réclamait pour sa part le huitième de la terre de Taillebourg, de la vicomté d'Aunay, et en général le huitième de toute la succession de Geoffroy de Rancon. Après bien des débats, un traité intervint entre les plaideurs au mois de mars 1269 : Hugues Larchevêque, par cet acte, abandonna la terre de Esnande et cent vingt livres de rente à Éléonore et à son époux, au moyen de quoi ceux-ci se déclarèrent complètement désintéressés. De cette manière, le seigneur de Parthenay demeura seul possesseur de la châtellenie de Taillebourg (1).

Hugues Larchevêque sut à la fois se faire chérir et respecter de ses nombreux vassaux, et il ne manquait pas de leur témoigner sa reconnaissance quand ils lui étaient loyaux et fidèles. Ainsi, voulant récompenser Gislebert Chasteigner 1er des *bons services* qu'il en avait reçus, il donna à ce seigneur de la Châtaigneraye, en 1262, toutes les redevances dont il jouissait dans un fief de la paroisse de Saint-Jean de Fontenay, au faubourg des Loges, et de plus la moitié d'un four qu'il possédait dans la même ville. Peu de temps auparavant, il lui avait également fait donation de la haute justice sur la terre de la Melle-

---

(1) Archives de l'empire, section historique, carton J. 183, n° 161. — *Not. sur les Larch.*, par Marchegay.

raye (1). Un jugement arbitral, qu'il fut chargé de rendre au mois d'avril 1269 pour régler une contestation entre Maurice de Belleville, seigneur de Montaigu, et Girard Chabot, nous prouve combien on avait confiance dans sa justice et dans ses lumières (2).

Nous avons dit ailleurs que les seigneurs de Parthenay étaient vassaux de l'abbaye de Saint-Maixent pour un assez grand nombre de fiefs situés en Gâtine. Par suite, ils étaient tenus à l'hommage-lige envers l'abbé, comme tout vassal en est tenu envers son suzerain. Cet état de choses existait depuis un temps immémorial : déjà, en 1130, Guillaume III Larchevêque avait rendu à l'abbé Geoffroy l'hommage qui lui était dû (3) ; en retour, celui-ci devait donner au seigneur de Parthenay un palefroi ou la somme de dix livres. A l'exemple de ses ancêtres, Hugues II Larchevêque dut remplir ses devoirs féodaux envers le monastère de Saint-Maixent alors gouverné par l'abbé Pierre. L'acte d'hommage est du 9 septembre 1265. Nous l'aurions passé sous silence s'il ne nous donnait l'indication des biens possédés par les seigneurs de Parthenay sous la suzeraineté de Saint-Maixent. Le plus important de tous

---

(1) *Hist. des Chasteigners*, par André Duchêne, p. 65, éd. 1634. — Il ne faut pas confondre cette terre de la Melleraye, actuellement située dans le département de la Vendée, avec celle du même nom qui se trouve près de Parthenay. C'est de la première dont il s'agit ici.

(2) Dom Fonteneau, t. 38, p. 76.

(3) Dom Fonteneau, t. 16, p. 244.

ces fiefs était le château de Coudray-Salbart ; les autres se trouvaient disséminés dans vingt-quatre paroisses différentes (1).

Hugues II Larchevêque ne fut pas seulement un administrateur habile, il voulut aussi prouver par quelque brillant fait d'armes qu'il avait hérité du courage guerrier de ses ancêtres. La paix profonde, dont jouissait la France sous le gouvernement de saint Louis, ne lui offrait aucune occasion de se signaler sur les champs de bataille. Mais en Italie de graves événements venaient d'allumer la guerre entre Charles d'Anjou et Mainfroy. La chevalerie française, toujours prodigue de son sang et toujours avide de gloire, avait répondu avec enthousiasme à l'appel du frère de saint Louis ; elle s'élançait à sa suite à la conquête des Deux-Siciles. Le seigneur de Parthenay ne fut ni le moins prompt ni le moins ardent ; il s'empressa d'aller joindre à Lyon toute cette foule d'intrépides chevaliers parmi lesquels on distinguait Guy de Montmorency-Laval, Bouchard, comte de Vendôme, le maréchal Guy de Levis-Mirpoix, Henri de Sully, Guillaume et Pierre de Beaumont, etc., etc., et, après avoir traversé avec eux toute la haute Italie, malgré les efforts des partisans de Mainfroy, il arriva

(1) Dom Fonteneau, t. 16, p. 189.—Voici les noms de ces paroisses : Allonne, la Boissière en Gâtine. Saint-Pardoux, Beaulieu, Vouhé, Saint-Lin, Soutiers, Mazières, Verruye, Saint-Médard, les Groseillers, Cours, Champdeniers, Saint-Denis, Champeaux, la Chapelle-Bâton, Germon, Saint-Christophe, Saint-Gelais, Eschiré, Sainte-Eugénie, et Villiers.

à Rome, auprès du comte d'Anjou, dans les commencements de l'année **1266**. Bientôt il put déployer librement son courage à la bataille de Bénévent et dans les nombreux combats qui suivirent (1). Hugues était de retour à Parthenay au mois de septembre **1267** (2). Une fois la conquête de Naples accomplie, il s'était hâté de quitter les étendards de Charles d'Anjou pour revoir sa chère Gâtine, sa famille et son fils Guillaume auquel il avait laissé l'administration souveraine de la seigneurie pendant son absence (3).

Esprit droit et éclairé, aimant à s'occuper de législation et à corriger les abus, Hugues Larchevêque contribua puissamment à une amélioration importante qui fut introduite, à cette époque, dans les coutumes du Poitou. Nous voulons parler de la célèbre ordonnance concernant les rachats, rendue au mois de mai **1269**, par Alphonse, comte de Poitiers. On sait que le rachat n'était autre chose qu'un droit de mutation payé au suzerain à la mort de son vassal. Avant l'ordonnance dont il s'agit, lorsqu'un vassal venait à mourir, la coutume du Poitou donnait au seigneur dominant le droit de prendre tel rachat de

(1) Duchêne, *Recueil des historiens de France*, t. V, p. 834 et s. Description des victoires de Charles d'Anjou.

(2) C'est à cette époque, on se le rappelle, qu'il passa avec l'abbaye d'Allonne le traité analysé plus haut.

(3) Dom Fonteneau, t. 16, p. 191, acte du cinq mars 1267 dans lequel Guillaume prend le titre de seigneur de Parthenay, et en cette qualité rend hommage à l'abbé de Saint-Maixent.

son fief que bon lui semblait. C'était ce qu'on nommait le rachat *à merci*. L'abolition de cet usage abusif était généralement demandée. Alphonse, comte de Poitou, se rendit aux instances réitérées du seigneur de Parthenay et de Savary, vicomte de Thouars, qui réclamaient le plus vivement une réforme. De concert avec eux et douze autres barons poitevins, parmi lesquels on doit citer Thibault Chasteigner V, sire de la Châteigneraye, et Thibault de Beaumont, sire de Bressuire, il rendit une longue ordonnance, établissant une règle fixe et uniforme pour le rachat des fiefs, et renfermant des dispositions très détaillées sur le mode d'exercice de ce droit. L'article principal porte que « quant cil mourra qui du conte de Poitiers ou des barons ou des vavasseurs tendra son fié, nostre sires le coens ou cil de qui cil tendra porra tenir le fié en sa main, par an et par jour, tout aussint com cil qui mors sera le peut tenir et esploitier. » Ainsi désormais le droit de rachat est limité à une année de revenu (1).

Hugues II Larchevêque mourut en **1271**. Il fut enseveli dans l'église de Parthenay-le-Vieux qui servait ordinairement de sépulture aux seigneurs de Parthenay (2). Son tombeau se trouvait probablement

(1) Archives impériales, sect. hist., carton J. 192. — Dom Fonteneau, t. 26, p. 253. — Thibaudeau, *Hist. du Poitou*, t. 1er, p. 314. — Duchêne, *Hist. des Chasteigners*, p. 15.

(2) Manuscrit de Joseph Aubert, 1693. — Il commet une erreur en lui donnant le nom de Hugues III ; il n'y a eu que deux seigneurs de Parthenay du nom de Hugues.

dans l'abside, parmi ceux que des fouilles ont mis à découvert il y a une quinzaine d'années (1). Il laissait six enfants : Guillaume, son successeur ; Hugues ; Marie ; Alix, qui épousa Hugues Maingot, sire de Surgères ; Jeanne, fiancée avec Pierre de la Brosse en 1273, et Marguerite, abbesse de Fontevrault.

### GUILLAUME VI LARCHEVÊQUE, seigneur de Parthenay. (1271-1308).

A peine Guillaume VI était-il entré en possession de l'héritage des Larchevêque qu'il fut convoqué pour le service militaire par le roi Philippe le Hardi, qui se préparait à aller châtier la révolte du comte de Foix. Il pouvait se dispenser d'obéir, puisqu'il était encore mineur ; mais, tout en protestant de son droit, il préféra montrer du zèle pour son suzerain et se déclara prêt à le suivre dans cette expédition. Il partit donc accompagné de cinq chevaliers et alla rejoindre l'armée royale à Pamiers (1272) (2). La campagne ayant été courte et heureuse, Guillaume fut bientôt de retour à Parthenay.

Fidèle aux traditions de ses prédécesseurs, il se montra libéral envers les établissements religieux. L'abbaye de la Grénetière était surtout l'objet de sa prédilection. Dans un traité qu'il passa avec les religieux, au mois de janvier 1280, il étendit considé-

---

(1) *Monuments du Poitou*, département des Deux-Sèvres, par Ch. Arnauld, p. 119, 1843.

(2) *Rerum Gallicarum scriptores*, t. 20, p. 541, 542.

rablement les droits d'usage dont ils étaient déjà en possession dans la forêt de Mouchamp. (1). L'aumônerie de Château–Bourdin et la Maison–Dieu de Parthenay s'enrichirent également de ses dons ; les pauvres, à l'assistance desquels ces deux établissements étaient consacrés plus particulièrement, durent bénir le nom de leur protecteur. Ce n'étaient pas seulement les seigneurs de Parthenay qui faisaient des libéralités aux monastères ; beaucoup de particuliers riches et de petits seigneurs de Gâtine imitaient cet exemple. Ainsi les deux métairies des Viollières et du Bouchet qui appartenaient à la Maison–Dieu, provenaient, la première d'une donation faite en 1237 par Briant Chabot, seigneur du Pressous ; la seconde, d'une autre donation faite en 1246 par un nommé Martin Brisson (2). Au mois de mars 1284, Guillaume VI Larchevêque octroya à l'aumônerie de Château-Bourdin et à la Maison–Dieu de Parthenay une charte générale de confirmation par laquelle il leur garantit la possession paisible et perpétuelle de tous les biens qui leur ont été donnés sans en rien retenir que la haute justice et la grande voirie, droits souverains que les seigneurs étaient toujours dans l'habitude de se réserver (3). En 1276, il donna à l'abbaye de Bourgueil trente livres de rente annuelle assises sur les tailles d'Auzay et du Busseau (4). En 1294, il aban-

(1) Dom Fonteneau, t. 9, p. 265.
(2) Archives de l'hôpital de Parthenay.
(3) Titre qui se trouve en ma possession.
(4) Dom Fonteneau, t. 27 bis, p. 235.

donna au monastère de Maillezais plusieurs domaines, entr'autres l'Aucherie, situé dans la paroisse de Mazières (1).

Les habitants du faubourg Saint-Jacques de Parthenay jouissaient au XIII° siècle du droit de *franc-fief*, c'est-à-dire du droit d'acquérir des fiefs, avantage que les roturiers ne pouvaient obtenir qu'en payant une redevance au suzerain (2) Ils avaient aussi le privilége très avantageux de pouvoir aller de Parthenay à la Rochelle et de la Rochelle à Parthenay, même avec des marchandises, sans être soumis à aucun péage ni à aucune redevance. Cette franchise, dont jouissaient les habitants du faubourg St-Jacques depuis un temps immémorial, était fort précieuse pour le commerce. L'origine en était si ancienne qu'on en avait perdu tout souvenir : c'est ce que constate, d'une manière explicite, une espèce d'enquête de l'an **1297** ouverte à ce sujet par Aimery du Teil, garde-scel de la seigneurie de Parthenay. On y voit plusieurs bourgeois de cette ville, appelés comme témoins, affirmer, sous la foi du serment, que cette immunité du faubourg a existé de toute antiquité. En revêtant la déclaration des témoins du sceau de Guillaume Larchevêque, Aimery du Teil donnait donc, par ce fait même, aux habitants de Saint-Jacques, une reconnaissance authentique de leur droit (3).

(1) Dom Fonteneau, t. 27 bis, p. 647.
(2) Voyez le mot franc-fief dans le *Dict. hist. des institutions de la France*, par Cheruel.
(3) Titre qui se trouve en ma possession.

Lorsque les seigneurs de Parthenay voulaient combler un déficit momentané dans leurs finances ou se procurer une somme assez forte pour une dépense extraordinaire, ils avaient ordinairement recours aux corporations religieuses ou aux bourgeois riches qui leur faisaient volontiers des avances de fonds, moyennant des garanties suffisantes. C'est ainsi que Hugues Ier alla demander jadis aux moines de l'Absie l'argent qui lui manquait. De même, Guillaume VI Larchevêque, dans un but que nous ignorons, emprunta vingt-cinq livres aux bourgeois de Parthenay-le-Vieux, par l'intermédiaire du prieur de ce lieu qui lui remit la somme. Guillaume, en la recevant, souscrivit une obligation, en date du 5 février 1299, par laquelle il affecte spécialement au remboursement les revenus de sa prévôté d'Autin, et s'engage à faire verser tous les ans aux fêtes de Noël, entre les mains du prieur, par le ministère du prévôt d'Autin, la somme de cinquante sous jusqu'au paiement intégral des vingt-cinq livres (1).

Par acte passé sous le sceau de la sénéchaussée de Saintonge, le 22 octobre 1300, le seigneur de Parthenay acheta le château et la Châtellenie de Rochefort à Pierre Bouchard, sire de Cornefou, et à Yolande, sa femme : mais il ne garda pas longtemps cette nouvelle acquisition. Dès l'année suivante, le 20 juin 1301, le roi Philippe le Bel en opéra le re-

(1) Pièces manuscrites du xe au xvie siècle faisant suite à la collection de dom Fonteneau. pièce n° 22, 5 février 1299 (bibl. de Poitiers).

trait féodal par l'intermédiaire de son sénéchal de Saintonge, Pierre de Bailheuss (1).

La guerre de Flandre, quoique commencée d'abord par des victoires, venait de reprendre avec tant d'opiniâtreté et d'acharnement que Philippe le Bel se vit dans la nécessité de convoquer le ban et l'arrière-ban du royaume. Le seigneur de Parthenay, sommé comme les autres feudataires d'avoir à fournir son contingent militaire, obéit aux ordres du roi; et, accompagné de son frère Hugues, il alla prendre part aux campagnes des années 1302, 1303, 1304. Dix chevaliers et quarante-trois écuyers marchaient sous sa bannière. Ils assistèrent à la désastreuse journée de Courtray (11 juillet 1302); puis à la bataille de Mons–en–Puelle où les Français prirent une glorieuse revanche (18 août 1304). Ainsi, dans une circonstance difficile, les Larchevêque et leurs vassaux eurent la gloire de mettre leur valeur chevaleresque au service de la France et de leur roi. On pense même que le frère du seigneur de Parthenay, Hugues, trouva une mort glorieuse dans cette guerre; car depuis 1304 il n'est plus question de lui (2).

D'après une coutume très ancienne, lorsque les évêques de Poitiers prenaient solennellement possession de leur siége, il était d'usage qu'ils fussent por-

(1) Dom Fonteneau, t. 27 bis, p. 237, 243, 697.
(2) Rolle des seigneurs admonestés pour l'année 1304, dans l'*Hist. des grands capitaines français*, par Alex. Mazas, t. 1er, p. 318, 1845. — Dom Fonteneau, t. 38, 2e partie, p. 6. — *Not. sur les Larch.*, par Marchegay.

tés depuis l'église Notre-Dame-la-Grande jusqu'à la cathédrale par les quatre premiers barons du Poitou qui étaient les seigneurs de Lusignan, de Parthenay, de Châtellerault et de Fief-l'Évêque. Comme ces barons possédaient des fiefs sous la suzeraineté de l'évêché de Poitiers, c'était à titre de vassaux qu'ils rendaient cet hommage aux évêques lors de leur installation. Après le repas qui suivait la cérémonie, l'usage voulait que le seigneur de Parthenay eût les nappes et la coupe dont s'était servi l'évêque; le seigneur de Châtellerault avait les deux bassins d'argent où il s'était lavé les mains; celui du Fief-l'Évêque, deux autres bassins d'argent qui avaient contenu des mets; enfin, au seigneur de Lusignan revenait en partage le cheval de l'évêque (1). Cette coutume était encore en vigueur en 1307; car, le 7 mai de cette année, Guillaume VI Larchevêque, seigneur de Parthenay; Guy de Lusignan, comte de la Marche; Jeanne, vicomtesse de Châtellerault, et Maurice de Belleville, portèrent le nouvel évêque de Poitiers, Arnauld d'Aux, depuis Notre-Dame jusqu'à la cathédrale, au milieu d'une grande affluence de clergé et de peuple (2).

Le seigneur de Parthenay avait épousé en premières noces, en 1275, Jeanne de Montfort qui lui donna plusieurs enfants : Jean, son successeur; Hugues, mort en bas âge; Létice, mariée à Maurice

(1) Manuscrit de Joseph Aubert.
(2) Dom Fonteneau, t. 3, p. 445.

de Belleville, sire de Montaigu; Marie, qui épousa, en 1299, Girard Chabot, seigneur de Retz et de Machecoul; enfin, Isabeau, qui se maria avec Jean d'Harcourt, vicomte de Châtellerault. Devenu veuf en 1291, Guillaume VI Larchevêque épousa en secondes noces Marguerite, fille de Guy, vicomte de Thouars, de laquelle il eut un fils nommé Guy, souche de la branche des Parthenay-Soubise. Ce jeune seigneur, n'étant point le frère germain de Jean, ne pouvait invoquer le droit de viage pour lui succéder à Parthenay. C'est pour cette raison qu'on lui donna en dédommagement les seigneuries de Soubise, Taillebourg et Mouchamp. Depuis ce partage, qui eut lieu vers l'année 1327, la famille des Larchevêque se divisa en deux branches : la branche aînée, issue de Jean Ier, resta à Parthenay jusqu'à son extinction; la branche cadette ou de Soubise, issue de Guy, alla se fixer en Saintonge ; la célèbre Catherine de Parthenay, femme du vicomte de Rohan, en fut la dernière héritière au XVIe siècle. Comme les Soubise n'ont rien eu de commun avec la ville de Parthenay, nous ne nous en occuperons pas (1).

Guillaume VI Larchevêque mourut vers la fin de novembre 1308, en désignant l'abbaye de la Grénetière pour sa sépulture. Son tombeau, sur lequel est sculptée l'image d'un chevalier tout armé, se voit

---

(1) Extraits des généalogies de Sainte-Marthe dans dom Fonteneau. t. 86. — Dom Fonteneau, t. 38, p. 162. — Thibaudeau, t. 2, p. 462, note d'Apollin Briquet. — Marchegay.

encore au milieu des ruines du monastère dont il fut le bienfaiteur (1).

C'est vers cette époque, c'est-à-dire à la fin du xiii<sup>e</sup> siècle ou au commencement du xiv<sup>e</sup>, et vraisemblablement sous les auspices de Guillaume VI, que les cordeliers vinrent s'établir à Parthenay. La vaste église qu'on leur construisit subsiste encore, et l'archéologue peut en admirer les voûtes légères ; mais les cloîtres, qui abritèrent les enfants de Saint-François, ont disparu. Un acte du 26 octobre 1309 est le premier titre connu qui nous apprend l'établissement des cordeliers à Parthenay. A défaut de cet acte, l'architecture seule du monument serait d'ailleurs suffisante pour nous en révéler l'origine (2).

### JEAN I<sup>er</sup> LARCHEVÊQUE, seigneur de Parthenay jusqu'aux guerres avec l'Angleterre (1308-1327).

Les premières années de Jean Larchevêque ne nous sont pas connues. Au moment où la mort de son père le mettait en possession de la seigneurie de Parthenay, le procès des templiers, qui ne devait pas durer moins de sept ans, agitait l'Europe entière, et tenait en suspens tous les esprits.

Sans énumérer les nombreuses commanderies que la célèbre milice du temple possédait en Poitou, ci-

(1) *Notes et croquis sur la Vendée*, par de Monbail, p. 106 ; Niort, 1843.

(2) Dom Fonteneau, t. 5, p. 499. — Depuis longtemps l'église des cordeliers est transformée en écurie à l'usage de la gendarmerie.

tons-en deux qui se trouvaient placées dans la baronie de Parthenay : la commanderie de la Boissière en Gâtine, dont les domaines étaient situés dans les paroisses de Secondigny, Saint- Pardoux et Pougnes, et la commanderie de Saint–Georges–de–la–Lande (paroisse de Gourgé), appelée aussi Petite-Lande de Gourgé ou de Parthenay. Parmi les domaines qui dépendaient de cette dernière, remarquons la Béraudière, le moulin du Gué et le moulin du Temple sur le Thouet, et trois maisons situées à Parthenay, l'une dans la Grand'Rue de la basse ville, l'autre dans le faubourg Saint–Jacques, et la dernière non loin de l'église de Saint–Laurent (1).

On avait pris les plus grandes précautions pour opérer l'arrestation des templiers, car on avait tout à craindre de cet ordre puissant. « Vers la fin de septembre 1307, les baillis, les gouverneurs des provinces reçurent un paquet cacheté du sceau particulier du roi : on leur enjoignait de ne l'ouvrir que dans la nuit du 12 au 13 octobre ; on les rendait responsables sur leur tête de l'exécution du mandat. Le cachet fut brisé à l'heure indiquée, et les baillis trouvèrent l'or-

(1) Archives de la Vienne à la préfecture de Poitiers. — L'une des maisons qui ont appartenu aux templiers se trouvait située, il paraît, dans la rue Tête-de-Cheval, où on la voit encore sur la droite en montant. Trois petites fenêtres géminées sont pratiquées dans sa façade qui paraît remonter à une haute antiquité. Une autre, située au bas de la rue de Ferrole, aurait aussi, dit-on, appartenu au même ordre. Il serait fort possible que ces maisons fussent les mêmes que celles qui sont désignées dans les actes existant aux archives de Poitiers.

dre d'arrêter à l'instant même tous les templiers établis dans le district (1). » Pas un seul n'échappa. Le commandeur de la Boissière, Jean de Bertaut, arrêté comme les autres, subit un premier interrogatoire à Saint-Maixent en présence du sénéchal du Poitou et de Jean de Jamville, huissier d'armes du roi, l'un des préposés à la garde des templiers. L'année suivante, il fut interrogé de nouveau par l'official de Poitiers, assisté des frères prêcheurs et du doyen de l'église cathédrale. Enfin, transféré à Paris, il comparut le 12 mai 1310 devant les commissaires du pape assemblés dans cette capitale, pour être soumis à un dernier interrogatoire beaucoup plus sérieux que les précédents. Lorsqu'il eut décliné ses qualités et son âge (il avait environ cinquante ans), on commença par lui demander s'il avait déjà fait des déclarations. Il répondit qu'il avait été interrogé à Saint-Maixent, puis à Poitiers, et que là il s'était réconcilié avec l'Église. Alors on lui donna connaissance des nombreux chefs d'accusation formulés contre les templiers, et on l'invita à déclarer ce qu'il savait relativement à chacun d'eux. Les révélations du commandeur de la Boissière furent précises et complètes. Il raconta aux commissaires la manière dont il avait été reçu membre de la milice du temple, il y avait environ dix-huit ans, par Pierre de Mainard, commandeur de Champ-Guillon de Montgagniet en Poi-

---

(1) *Histoire des grands capitaines français*, par Alex. Mazas, t. Ier, p. 202.

tou. Sa réception avait eu lieu dans la chapelle de cette commanderie en présence de trois templiers. Pierre de Mainard, après l'avoir revêtu du manteau de l'ordre, lui avait ordonné de renier Jésus-Christ et de cracher sur une croix étendue à ses pieds. D'abord il refusa absolument de commettre ce sacrilége ; mais comme le commandeur le menaçait de le faire jeter dans un cachot, s'il n'accomplissait cet acte impie, Jean de Bertaut avoua que, sous l'impression de la crainte, il avait renié Jésus–Christ de bouche, mais non de cœur, et craché, non pas sur la croix, mais à côté. Il ajouta qu'il était persuadé qu'on l'aurait emprisonné ou maltraité s'il n'avait pas obéi : d'après sa conviction, ces rigueurs ont dû être exercées envers plusieurs récipiendaires. Après ces premières cérémonies, on lui fit prêter serment d'observer la chasteté, l'obéissance, de ne posséder rien en propre, et de ne pas révéler les secrets de l'ordre. Puis on lui ordonna de ne jamais divulguer les détails de son admission. Les commissaires lui ayant demandé s'il avait assisté quelquefois à la réception d'un candidat ou à un chapitre des templiers, il répondit négative-ment. En effet, les hauts dignitaires de l'ordre étaient seuls admis dans ces réunions. Il déclara ensuite que sa réception n'avait eu lieu qu'en présence de templiers. Les portes de la chapelle étant restées ou-vertes, dit-il, plusieurs personnes voulurent y entrer, mais on leur enjoignit de se retirer. Continuant sa déposition avec la même sincérité, Jean de Bertaut déclara qu'on ne lui avait pas défendu de se confesser aux prêtres qui ne faisaient pas partie de l'ordre; et comme preuve de ce qu'il disait, il raconta qu'aussitôt après sa réception il était allé trouver Gautier de Bruges, évêque de Poitiers, pour se confesser du sacrilége qu'il avait commis. Ce prélat lui avait conseillé de quitter l'ordre du temple; mais, malgré tout le désir qu'il en avait, Jean de Bertaut avoua que la crainte l'avait empêché d'abandonner les rangs de cette milice pour laquelle d'ailleurs, ajouta-t-il, il n'avait point d'affection. Quant au crime d'immoralité que l'on reprochait aux templiers, il déclara ne rien savoir à cet égard, ajoutant même qu'il ne regardait pas cette accusation comme bien fondée (1).

La déposition si pleine de franchise du commandeur de la Boissière prouve évidemment son innocence. Il n'a point participé aux crimes dont l'ordre fut reconnu coupable; il ne fut point initié à ses doctrines secrètes, qui n'étaient connues que d'un petit nombre d'adeptes. S'il ne s'est pas retiré d'une société dans laquelle on n'était admis qu'en profanant la croix, il nous en donne lui-même la raison, c'est la crainte seule qui l'a retenu. Aussi c'est moins à titre d'accusé qu'à titre de témoin qu'il comparut devant les commissaires du pape, ainsi que l'atteste au surplus la qualité de témoin, *testis*, qui lui est donné dans le procès-verbal de sa déposition.

On connaît les résultats de cet immense procès

_____

(1) Procès des templiers, pièces publiées dans les *Documents inédits sur l'Histoire de France*, t. 1er, p. 270-274.

dans lequel deux mille témoins furent entendus. L'ordre des templiers fut aboli par le concile de Vienne en 1312, et soixante chevaliers, jugés plus criminels que les autres, furent livrés au supplice comme relaps.

Les domaines des templiers ayant été donnés aux chevaliers hospitaliers de Jérusalem, les deux commanderies de la Boissière en Gâtine et de Saint-Georges-de-la-Lande passèrent entre les mains de leurs nouveaux maîtres en 1313. L'ordre de Malte se trouva de la sorte possesseur de trois commanderies en Gâtine, car il en possédait déjà une autre à Saint-Remi (paroisse de Verruye) depuis les premières années du xiiie siècle (1). Il les conserva jusqu'en 1789.

Dans le courant de l'année 1321, pendant que le roi Philippe le Long visitait son comté de Poitou, une mortalité effrayante, dont on ne pouvait déterminer la cause, désola particulièrement l'Aquitaine. Tout à coup, vers la fin de juin, le bruit se répandit que les lépreux et les juifs empoisonnaient les fontaines, les puits et toutes les sources de l'Aquitaine. Cette rumeur était fondée sur les aveux même de plusieurs lépreux qu'on avait condamnés au supplice du feu dans la haute Aquitaine en punition de cet exécrable forfait.

(1) Archives de la Vienne à la préfecture de Poitiers, liasse I, 869, commanderie de Saint-Remi. — Le premier acte qui fasse mention de cette commanderie est de l'an 1208 ; il nous apprend le nom du commandeur de Saint-Remi à cette époque, frère Goulard.

On connaît les ravages exercés par la lèpre pendant une partie du moyen âge. On reléguait, par mesure de précaution, les malheureux qui en étaient atteints dans des hôpitaux particuliers appelés maladreries, fondés par les rois ou les seigneurs et dotés richement. Le nombre de ces établissements était fort considérable en France. Il en existait un près de Parthenay qu'on appelait indifféremment maladrerie ou Chapelle-Sainte-Catherine : ses biens étaient administrés par un chapelain qui les possédait à titre de bénéfice, et qui exerçait en même temps la moyenne et la basse justice (1). L'origine de sa fondation, qu'on attribue à un roi (2), doit remonter environ à cette époque, c'est-à-dire au commencement du xive siècle. Le style de la chapelle qui subsiste encore justifierait au besoin notre assertion.

Les aveux des lépreux, relativement à l'empoisonnement des fontaines, causèrent une grande émotion. Partout on sévit contre eux et contre les juifs instigateurs de cet infâme complot. Le seigneur de Parthenay, Jean Larchevêque, fit rechercher avec soin les coupables. Un lépreux de haute condition ayant été arrêté dans ses domaines, et amené devant lui, avoua « que un grand juif et riche l'avait à ce incliné et donné dix livres et baillié les poisons pour ce faire,

(1) Archives de l'hôpital de Parthenay. — La maladrerie existe encore non loin de la ville sur la route de Niort. La chapelle sert aujourd'hui de grange.

(2) Pouillé général contenant les bénéfices de l'archevêché de Bordeaux ; Paris, Alliot, 1648.

et li avait promis que se il pooit les autres mesiaux
(lépreux) amener à ce faire que il leur administrcroit
deniers et poisons (1). » Interrogé sur la nature de
ces poisons, il répondit qu'ils étaient composés de
sang humain, d'urine, de trois sortes d'herbes qu'il
ne connaissait pas et d'hosties consacrées, le tout
séché, broyé et mis dans des sachets qu'on jetait
ensuite dans les fontaines. Le seigneur de Parthenay
envoya au roi Philippe le Long, qui, comme nous le
disions, se trouvait alors en Poitou, l'interrogatoire
du lépreux. En apprenant ces abominables révélations, le roi, saisi d'horreur, publia un édit par
lequel il ordonnait de brûler vifs les lépreux reconnus coupables et d'enfermer sévèrement les autres
dans les maladreries (2).

Les véritables coupables, dans toute cette affaire,
c'étaient les juifs. Quant aux lépreux, ils ne parais-
sent avoir été que des instruments. Les faits que le
seigneur de Parthenay porta à la connaissance du roi

---

(1) Chroniques de Saint-Denis, dans le *Recueil des historiens de
France*, t. 20, p. 704.

(2) *Continuatio chronici Guillelmi de Nangiaco apud rerum Gall.
script.*, t. 20, p. 628. — Thibaudeau, t. Ier, p. 363, en parlant de
ce fait, prétend que Philippe le Bel détruisit les léproseries pour s'emparer de leurs richesses, et non pas parce que les lépreux étaient
vraiment coupables. Nous ferons observer que ce fut Philippe le
Long qui rendit l'édit contre les lépreux en 1321, et que les léproseries ne furent point supprimées : elles existèrent jusqu'à sous
Louis XIV qui les réunit aux hôpitaux. D'ailleurs, les chroniques sont
là pour attester la réalité de l'empoisonnement des fontaines par les
lépreux.

en sont une preuve évidente. On s'est demandé quel intérêt porta les juifs à mettre à exécution ce projet diabolique. Il paraîtrait que les princes musulmans, alarmés par le bruit d'une croisade, s'entendirent avec eux pour faire périr en masse par le poison les populations chrétiennes. Les juifs, qu'une haine implacable animait contre les chrétiens, se montrèrent disposés à servir les projets des infidèles; mais redoutant de nouvelles persécutions et étant d'ailleurs l'objet d'une surveillance trop active, ils s'adressèrent aux lépreux. Ils leur firent entendre qu'en mêlant du poison à l'eau des fontaines tout le monde deviendrait lépreux, et qu'alors ils ne seraient plus séquestrés dans des hôpitaux, ni séparés de la société des autres hommes; l'argent acheva de les gagner. On frémit à la pensée des maux épouvantables qu'aurait occasionné cet infernal complot s'il n'eût pas été découvert. Les révélations si précises, recueillies par le seigneur de Parthenay de la bouche même d'un des coupables, furent celles qui contribuèrent le plus à dévoiler la vérité tout entière.

Deux ans après, en 1323, des bruits compromettants pour le seigneur de Parthenay se répandirent en Poitou. L'opinion publique l'accusait d'avoir abandonné la foi catholique pour embrasser des croyances hérétiques; on disait même qu'il se livrait à des pratiques infâmes, qu'un catholique rougirait de nommer, dit le continuateur de Nangis. Au fond, ce que l'on reprochait au seigneur de Parthenay n'était autre chose que le manichéisme, dont les doctrines hon-

teuses trouvaient encore quelques sectateurs, malgré
la ruine déjà ancienne des Albigeois et l'abolition
récente des templiers, parmi lesquels, comme on le
sait, elles s'étaient introduites et conservées. Cependant, ces bruits prenant chaque jour plus de con-
sistance, un religieux dominicain, originaire de
Bretagne et nommé frère Maurice, que le pape avait
envoyé en Aquitaine en qualité d'inquisiteur de la
foi, vint trouver Jean Larchevêque. Il l'engagea avec
douceur à s'amender, et lui recommanda de modifier
sa conduite, afin de faire cesser les propos injurieux
qu'on tenait sur son compte. Ce langage déplut fort
au seigneur de Parthenay; son orgueil se révolta,
et, suivant l'expression si naïve et si vraie du chroniqueur, il « oult trop grant despit que un povres
frères prescheur osast reprendre si grant homme
comme il était (1). » Aussi, loin de prendre en
considération les avis si pleins de douceur du
dominicain, Jean Larchevêque, non-seulement continua à agir comme par le passé, mais encore afficha
plus ouvertement l'hérésie. Alors l'inquisiteur en
informa le roi Charles le Bel. Aussitôt, par ordre
royal, le sire de Parthenay est arrêté, tous ses biens
sont saisis, et lui-même, amené à Paris, est emprisonné au Temple. Un tribunal, composé de plusieurs
prélats et de jurisconsultes, ne tarda pas à se réunir
pour le juger. Lorsque l'accusé eut comparu, frère

(1) Continuation anonyme de la chronique de Jean de Saint-Victor,
passage correspondant du manuscrit de Rouen, dans le *Recueil des
historiens de France*, t. 21, p. 681, note.

Maurice lui posa des questions concernant l'hérésie, qui lui était reprochée, l'invitant à y répondre avec franchise. Mais le sire de Parthenay, refusant de le faire, s'emporta en invectives contre la personne de l'inquisiteur, alla même jusqu'à lui dire qu'il était indigne de ses fonctions, et finalement en appela au pape. C'était son droit. Aussi le roi, après lui avoir remis tous ses biens, l'envoya sous bonne garde à Avignon devant le souverain pontife. D'abord le pape Jean XXII ne voulut pas admettre l'appel interjeté par Jean Larchevêque; mais des personnages puissants à la cour pontificale, notamment l'évêque de Noyon, parent du sire de Parthenay, déterminèrent le pape à donner des coadjuteurs à l'inquisiteur pour recommencer les débats et juger définitivement l'affaire. Grâce à ces hautes protections, le procès traîna en longueur, et le sire de Parthenay put échapper à une condamnation qu'il n'avait que trop méritée par sa conduite. En effet, le chroniqueur constate avec soin que « le dit seigneur avait en la court pluseurs qui le déportaient. Et bien apparut en la fin; car il s'en vint puis franc et délivré et absous du pape, si comm l'en dit, de ce qui li estait opposé (1). »

(1) Cont. de la chron. de Jean de Saint-Victor, dans le *Recueil des historiens de France*, t. 21, p. 681 et la note. — Continuation de la chronique de Guillaume de Nangis, dans le même recueil, t. 20, p. 634. — Chroniques de Saint-Denis, dans le même recueil, t. 20, p. 712. — Bouchet, *Annales d'Aquitaine*, p. 189, et Joseph Aubert ne semblent pas avoir connu ces chroniques, car ils auraient parlé de cet événement d'une manière plus étendue et plus précise.

# CHAPITRE V.

## LES SIRES DE PARTHENAY PENDANT LA GUERRE DE CENT ANS.

—

### SOMMAIRE.

Jean Larchevêque, gouverneur de Saintes. — Son zèle et son courage. — Le sire de Parthenay au siége de Saint-Jean-d'Angély. — Il est fait prisonnier à Maupertuis. — Guillaume VII Larchevêque nommé lieutenant général du roi en Poitou. — Il combat à Navarette, à la Roche-sur-Yon, au pont de Lussac, Limoges. — Camp anglais sous Parthenay. — Le sire de Parthenay, gouverneur du Poitou pour l'Angleterre. — Son opiniâtreté à Thouars assiégé par Duguesclin. — Il se soumet à Charles V. — Résultats de cet acte. — Le sire de Parthenay gardien de la paix en Poitou. — Ses nouveaux combats. — Grandeur de sa maison. — Il combat à Nicopolis. — Roman de Mellusine composé à Parthenay. — Rôle de Jean II Larchevêque dans la querelle des Bourguignons et des Armagnacs. — Siége de Parthenay par le comte de Richemont. — Vente de Parthenay. — Ravages en Gâtine. — Convention d'Angers. — Rédaction des coutumes du Poitou à Parthenay. — Siége de Parthenay par l'armée du Dauphin — Traité de Parthenay-le-Vieux. — Tentative de Jacques d'Harcourt sur Parthenay. — Donation de Parthenay.

### JEAN Ier LARCHEVÊQUE, seigneur de Parthenay (de 1327 à 1358).

Depuis que les victoires de saint Louis avaient définitivement soustrait Parthenay et le reste du Poitou à l'influence anglaise ( 1242 ) , près d'un siècle s'était écoulé. Durant cette longue période , la paix n'avait cessé de régner dans nos contrées , et l'Angleterre semblait ne plus vouloir renouveler les tentatives infructueuses qu'elle avait faites pour ressaisir toutes ses anciennes possessions françaises. Mais la situation changea complètement vers la fin du règne de Charles le Bel. Des difficultés qui survinrent entre les deux couronnes ayant rallumé la guerre en Guienne , le sire de Parthenay, Jean Larchevêque , fut chargé par le roi de concourir à la défense de la Saintonge contre les agressions des Anglais. Au mois d'octobre 1327, il se trouvait à la Rochelle « en cette première émo- tion de guerre de nouvel faite par les gens d'Espagne contre la ville et pays de la Rochelle. » Pendant qu'il était dans cette ville , le lieutenant de Guichard de Montigny , sénéchal de Saintonge , lui compta trois cents livres tournois à valoir sur ses gages et ceux des chevaliers et écuyers qu'il commandait (1). Phi- lippe VI de Valois lui conserva les fonctions militaires que son prédécesseur lui avait confiées. En 1330 , le sire de Parthenay était gouverneur de Saintes pour ce monarque (2).

Jusqu'ici les hostilités avaient été , pour ainsi dire, nulles. Mais des symptômes alarmants annonçaient qu'une lutte longue et opiniâtre allait s'engager entre les deux nations rivales. Edouard III , roi d'Angle-

(1) Dom Fonteneau , t. 38 , 2e partie , p. 61.
(2) *Not. sur les Larch.* , par Marchegay.

terre, qui n'aspirait à rien moins qu'à s'emparer de
la couronne de France, en vertu des prétendus droits
de sa mère Isabelle, déclara la guerre à Philippe de
Valois au mois d'août 1339. Elle devait durer cent
ans. La Flandre, le Cambrésis et la Bretagne furent
le premier théâtre des hostilités. Bientôt Edouard III,
ayant ordonné au comte de Derby, commandant en
Guienne, de ravager les provinces françaises du
midi, Philippe de Valois, le 8 août 1345, nomma
Pierre de Bourbon lieutenant général du Languedoc
et de la Gascogne, et l'envoya dans ces contrées à la
tête d'une armée pour contenir les Anglais. Pendant
ce temps-là, le sire de Parthenay ne restait point
oisif en Saintonge où il se trouvait toujours chargé
d'une mission militaire spéciale, ainsi que le prouve
un paiement de deux cents livres tournois qu'il reçut
sur ses gages, du trésor royal, au mois de décembre 1345 (1). Il pourvoyait activement à la défense
de cette province, faisait réparer les fortifications des
châteaux forts, et y entretenait de fortes garnisons
d'hommes d'armes. Le zèle qu'il montrait pour le
service du roi et l'activité qu'il déployait pour coopé-
rer efficacement à la défense du royaume, lui valu-
rent une lettre de félicitation de Philippe de Valois
au mois de janvier 1346 (2).

Sur ces entrefaites, le duc de Normandie, fils aîné
du roi de France, ayant rejoint le duc de Bourbon

(1) Dom Fonteneau, t. 38, 2e partie, p. 96.
(2) Dom Fonteneau, t. 38, 2e partie, p. 98. — On ne connaît que
l'analyse de cette lettre.

dans le Languedoc, vint avec des forces considérables mettre le siége devant Angoulême, que les
Anglais tenaient en leur possession. Le sire de Parthenay s'empressa de se rendre auprès du prince
avec son contingent; il prit une part glorieuse aux
combats qui se livrèrent sous les murs de cette ville,
et se fit remarquer parmi les plus braves. Pendant
les opérations du siége, on apprit que Saint–Jean–
d'Angély était tombé au pouvoir des Anglais. Aussitôt une troupe de courageux guerriers, commandée
par Guillaume Rolland, sénéchal de Beaucaire, et formant en tout mille lances (1), se détache de l'armée
assiégeante pour aller arracher à l'ennemi sa nouvelle
conquête. Le sire de Parthenay faisait partie de cette
expédition, dans laquelle figuraient les plus braves
chevaliers français, le duc de Bourbon, le comte de
Ponthieu, son frère, le comte de Tancarville, le
dauphin d'Auvergne, le sire de Coucy, le sire de
Beaujeu, le sire de Pons, Guichard d'Angle, etc.
Lorsque les Français furent arrivés non loin de Saint-
Jean-d'Angély, un espion leur indiqua un pré où
l'ennemi avait parqué sept cents têtes de gros bétail.
Alors le sénéchal de Beaucaire ayant fait cacher
dans une vallée tous les guerriers qui l'accompagnaient : « Messeigneurs, dit–il, je conseille que
vous demeurez en cette vallée couvertement, et je
m'en irai à tout soixante compagnons accueillir cette

(1) On désignait par lance un petit corps de cinq ou six hommes, le
chevalier, un page ou varlet, trois archers et un coutillier ou fan-
tassin.

grand'proie et là vous amènerai ci en droit. Et si ces Anglais issent pour rescourre leur proie, ainsi que je pense bien qu'ils feront, je les amènerai tout fuyant jusques à vous ; car je sais bien qu'ils me chasseront follement ; et vous leur irez au devant hardiment : si seront tous votres par raison. » Ce qui fut dit fut fait. Les Anglais, apercevant le sénéchal et ses compagnons qui enlevaient leurs bestiaux, sortent de la ville, sous la conduite d'Étienne de Lucy, leur capitaine, poursuivent les Français avec acharnement, et tombent dans l'embuscade où ils sont tous tués ou faits prisonniers. Les vainqueurs se dirigent alors sur Saint-Jean-d'Angély, dont ils s'emparent sans coup férir, et, après y avoir laissé une garnison suffisante, retournent au siége devant Angoulême. Presque aussitôt après leur arrivée, cette ville se rendit au duc de Normandie (1).

A la suite de ce succès important, le duc de Normandie s'avança dans la Guienne et forma le siége d'Aiguillon, que le comte de Derby défendait en personne. On ne sait si le seigneur de Parthenay suivit l'armée du prince dans le midi, ou s'il resta en Poitou ; mais la dernière hypothèse semble la plus probable. Peut-être faisait-il partie de la garnison laissée dans Saint-Jean.

Pendant que la fortune se montrait favorable aux Français dans le midi, le roi d'Angleterre, inopiné-

(1) *Chroniques de Jean Froissart*, dans la collection des chroniques de Buchon, t. 2, éd. 1824.

ment débarqué en Normandie vers le milieu de juillet
1346, menaçait sérieusement la capitale à la tête de
quarante mille hommes. Philippe de Valois rassem-
blait des forces considérables pour repousser cette
invasion. De toutes parts les troupes féodales et communales accouraient à la défense de l'État; c'était
un armement général. Le sire de Parthenay, dont la
présence était nécessaire dans nos contrées, se rendit
à Poitiers avec six chevaliers et dix écuyers pour
assister à la *Montre* qui eut lieu le **18** août **1346** (1).
Il n'alla donc point rejoindre les troupes que Philippe conduisait alors en Picardie à la poursuite
d'Edouard III. En effet, le Poitou n'avait pas trop
de toutes ses forces pour résister aux Anglais de
Guienne, qui pouvaient l'envahir d'un instant à l'autre, et les événements ne tardèrent pas à prouver
qu'elles étaient même insuffisantes.

Le départ du duc de Normandie, qui venait de lever
le siége d'Aiguillon ( **20** août **1346** ) pour courir dans
le nord au secours de son père, permit aux Anglais
de reprendre l'offensive en Aquitaine, au moment
où l'armée de Philippe de Valois éprouvait le funeste
désastre de Crécy ( **26** août **1346** ). L'instant était
favorable pour le comte de Derby. Il entra en Saintonge, le **12** septembre, à la tête de douze cents
hommes d'armes, deux mille archers et trois mille
piétons, s'empara successivement de Mirambeau,
Mortagne-sur-Mer, Taillebourg, Aulnay, Surgères,

(1) Dom Fonteneau, t. 38, 2ᵉ partie, p. 101.

Benon, Saint-Jean-d'Angély, mais il échoua devant
Marans et Niort, que défendit énergiquement le
capitaine Guichard d'Angle. En revanche, les Anglais
brûlèrent Lusignan, prirent Saint-Maixent, Montreuil-Bonnin, et enfin se rendirent maîtres de Poitiers, le 4 octobre 1346. Pendant douze jours, cette
malheureuse ville et tout le pays environnant furent
livrés au pillage. La frayeur régnait partout. Les
chevaliers du Poitou et de la Saintonge se tenaient
renfermés dans leurs châteaux forts prêts à repousser
vigoureusement l'ennemi, s'il venait les attaquer,
mais ne voulant point risquer une bataille en rase
campagne (1). Il y a tout lieu de croire que la tactique de Jean Larchevêque ne fut pas différente, et
qu'il se tint également dans son château de Parthenay jusqu'à ce que Derby, faute de forces suffisantes
pour conserver ses conquêtes, eût évacué le Poitou
pour retourner à Bordeaux. La guerre lui causa de
grands préjudices, tant en raison des ravages exercés
par les Anglais que par suite des forces qu'il était
obligé de tenir continuellement sur pied. Mais Philippe de Valois lui tint compte de son dévouement.
Par lettres données à Vincennes, le 27 août 1348,
le roi ordonne à ses trésoriers de payer à *son amé et
féal conseiller*, le seigneur de Parthenay, la somme de
mille livres tournois « pour les pertes et dommages
qu'il a éprouvés pour cause des guerres et des grands
frais, qu'il a fait en plusieurs de ses châteaux, qu'il

(1) *Chroniques de Jean Froissart*, t. 2 de l'éd. Buchon.

tient et a tenu garnis de gens d'armes à ses dépens
ès frontière de nos ennemis (1). » Cette somme ne
lui fut payée que l'année suivante.

Des lettres closes du roi , en date du 23 août 1350,
apportèrent tout à coup à Jean Larchevêque l'ordre
de se tenir prêt à entrer en campagne (2). L'armée
se rassembla à Poitiers sous les ordres du roi Jean
le Bon en personne. Toute la chevalerie du Poitou ,
de la Saintonge , de l'Anjou, de la Touraine se trouvait réunie sous l'étendard royal. Le sire de Parthenay y courut un des premiers. Le but de l'expédition
était la conquête de Saint-Jean-d'Angély que les Anglais tenaient en leur pouvoir depuis l'invasion du
comte de Derby. Vivement pressée par les Français ,
la ville demanda des secours au roi d'Angleterre.
Celui-ci envoya immédiatement cinq cents lances ,
quinze cents archers et trois mille piétons, qui, après
avoir débarqué à Bordeaux , se dirigèrent aussitôt
en Saintonge. Mais les maréchaux de Beaujeu et
d'Andrehen , qui dirigeaient les travaux du siége
devant Saint-Jean , voulant empêcher toute espèce
de renforts de pénétrer dans la place, détachèrent
un corps de cinq cents lances avec mission d'intercepter le passage de la Charente aux Anglais. Les
plus braves chevaliers , parmi lesquels étaient le sire
de Parthenay, Guichard d'Angle , les sires de Pons et
de Linières , etc. , voulurent faire partie de ce détachement. A peine furent-ils arrivés au pont de Tail-

(1) Archives de la préfecture à Niort.
(2) Dom Fonteneau, t. 46 , p. 33.

lebourg, et s'y furent-ils postés, que les Anglais
parurent à l'autre extrémité du pont pour franchir le
fleuve. Mais leur étonnement fut grand lorsqu'ils
virent le passage parfaitement gardé. Désespérant de
le forcer, ils se déterminèrent à battre en retraite.
A cette vue, les Français ne peuvent contenir l'ardeur qui les dévore; le désir de combattre leur fait
oublier toutes les règles de la prudence; et, malgré
leur infériorité numérique, ils s'élancent de l'autre
côté du pont à la poursuite de l'ennemi. Un combat
acharné s'engage; la victoire reste longtemps indé-
cise; mais, enfin, le nombre l'emporte sur le courage. Le sire de Parthenay et tous les chevaliers qui
n'avaient pas péri sont faits prisonniers. Satisfaits de
leur victoire, les Anglais, au lieu d'aller secourir
Saint-Jean-d'Angély, reprirent le chemin de Bordeaux. Le roi Jean était à Poitiers lorsqu'il apprit la
nouvelle du combat de Taillebourg. Il en fut fort irrité; car les guerriers qu'il venait de perdre étaient
des vassaux fidèles et valeureux. Il retourna plein de
colère au siége de Saint-Jean, et jura de ne pas l'a-
bandonner qu'il n'eût triomphé de la résistance des
assiégés. La ville se rendit le 7 août 1351. Le roi y
séjourna huit jours, nomma le sire d'Argenton capitaine de la place conquise, et retourna à Paris. après
avoir licencié l'armée. Pendant ce temps-là, les Anglais quittaient Bordeaux et emmenaient en Angleterre leurs prisonniers du pont de Taillebourg (1).

(1) *Chroniques de Froissart*, t. 3, éd. Buchon. — Le sire d'Argen-

On ignore combien de temps le sire de Parthenay et ses compagnons d'infortune gémirent dans les prisons ennemies. Tout ce que l'on sait, c'est qu'en l'année 1356 ils étaient tous de retour dans leur patrie. A peine Jean Larchevêque était-il sorti de captivité qu'il affronta de nouveau les périls des combats dans une circonstance à jamais mémorable, et en même temps à jamais funeste pour la France. Le roi Jean, qui poursuivait le prince Noir depuis plusieurs jours, était enfin parvenu à l'atteindre non loin de Poitiers. Toute la chevalerie française accompagnait le monarque. Le sire de Parthenay déploya lui aussi sa bannière, et conduisit sa *chevauchée* dans ces champs de Maupertuis qu'il devait arroser de son sang. On connaît les détails de cette bataille où les Français se perdirent par leur précipitation et leur courage trop téméraire. Jean Larchevêque faisait partie de la division commandée par le roi; il combattait au milieu de tous ces braves qui s'illustrèrent par une résistance désespérée. Plus heureux que le duc Pierre de Bourbon, le vicomte de Rochechouart, les sires d'Argenton et de Pons, et que tant d'autres chevaliers qui périrent dans cette journée, il échappa à la mort; mais ce fut pour tomber au pouvoir des Anglais avec le roi et tous ses héroïques défenseurs (19 septembre 1356). Le soir de cette funeste journée, le prince de Galles honora sa victoire par

ton, dont il est ici question, s'appelait Jean: il était seigneur d'Hérisson et de Leigné en Gâtine, et rendait hommage pour ces fiefs au seigneur de Parthenay. (Affiches du Poitou, année 1781.)

les témoignages de profond respect qu'il prodigua à
son royal prisonnier. Il refusa de s'asseoir à la table
où soupaient le roi de France, son fils Philippe, Jacques de Bourbon, Jean d'Artois, le comte de Tancarville, le comte d'Étampes, et le sire de Parthenay
qui eut ainsi l'honneur de partager l'infortune de tous
ces illustres personnages. Le prince anglais poussa la
courtoisie jusqu'à servir lui-même ses prisonniers,
disant : « Qu'il n'était mie encore si suffisant qu'il
appartint de lui seoir à la table d'un si haut prince
et de si vaillant homme (1). »

Jean Larchevêque, prisonnier des Anglais pour la
deuxième fois, dut payer sans doute une rançon
considérable pour sortir d'entre leurs mains; toujours
est-il qu'il avait recouvré la liberté au mois de mars
1358 (2). Mais il n'en jouit pas longtemps : deux
mois après il avait cessé de vivre. Il laissait de son
premier mariage avec Marie de Beaujeu, fille de Guichard de Beaujeu, trois enfants : Guillaume, son
successeur; Marie, qui épousa Aymar de Maumont,
seigneur de Tonnay-Boutonne, et Aliénor, qui devint
successivement abbesse de Saint-Jean-de-Bonneval-
les-Thouars et de Fontevrault. Il n'eut point d'enfants
de sa seconde union avec Jeanne, fille de Guillaume
Maingot, seigneur de Surgères.

(1) *Chroniques de Froissart*, t. 3, éd. Buchon. — *Vies des grands
capitaines français du moyen âge*, par Alex. Mazas, t. 3, p. 139,
éd. 1845. — Joseph Aubert.

(2) Dom Fonteneau, t. 5, p. 235.

## GUILLAUME VII LARCHEVÊQUE, seigneur de Parthenay (1358-1401).

Au moment où Guillaume VII recueillait l'héritage de son père, d'affreuses calamités, triste résultat de la journée de Maupertuis et de la captivité du roi, désolaient la France. La faction sanguinaire de Charles le Mauvais triomphait à Paris, les compagnies de mercenaires, faute de paye, répandaient la terreur et la désolation dans les provinces, la jacquerie ensanglantait les campagnes, et, comme suite nécessaire de ces désastres, la famine se faisait sentir. Au milieu de tous ces maux, le dauphin Charles avait mis courageusement la main à l'œuvre pour y remédier, et déployait déjà cette merveilleuse habileté qui devait lui valoir plus tard le surnom de Sage. D'un caractère peu belliqueux, mais doué d'un jugement remarquable pour le choix de ses officiers, le dauphin reconnut promptement dans la personne du nouveau seigneur de Parthenay un homme capable de concourir utilement au salut général et au bien de l'État.

En effet, Guillaume VII Larchevêque n'était pas seulement un vaillant guerrier, ainsi qu'il le prouva toute sa vie; c'était en même temps un homme éclairé, d'une énergie rare, esclave de sa parole, et rempli d'aptitude pour occuper de hautes fonctions. Il fut, sans contredit, l'homme le plus distingué de sa race depuis Josselin II, et l'un des barons les plus influents du Poitou au xive siècle. Par lettres données à Meaux, le **22** mai **1358**, le dauphin, appréciant les éminentes qualités du sire de Parthenay, l'éleva à la dignité de lieutenant général en Poitou, Touraine et Saintonge, conjointement avec Jean le Meingre dit Boucicaut, maréchal de France. Le pouvoir que leur conférait cette charge importante était très étendu. Il leur était spécialement recommandé de visiter les forteresses des pays dont ils avaient l'administration, de les pourvoir de vivres et d'artillerie, et d'y placer de fortes garnisons de gens d'armes et de pied. Quant aux châteaux forts nuisibles ou inutiles, il leur était enjoint de les raser. Pour subvenir à toutes ces dépenses d'utilité publique, les lettres du dauphin autorisaient les deux lieutenants généraux à lever les subsides des trois provinces confiées à leurs soins, et à prendre en outre la moitié *du profit du monnayage de la monnaie de Poitiers* (1).

Cependant l'infortuné roi Jean, prisonnier en Angleterre, faisait savoir par ses lettres données à Londres, le **3** juin **1358**, qu'il avait fait un traité de paix avec Edouard III, et négocié sa mise en liberté moyennant une grosse somme d'argent qu'il déclarait ne pouvoir payer sans l'aide de ses bons et loyaux sujets. Il mandait donc au sire de Parthenay, au maréchal de Boucicaut et au sénéchal de Poitou, de requérir tous les nobles, ecclésiastiques et bourgeois de la province, d'avoir à payer des aides convena-

(1) Archives de l'hôtel de ville de Poitiers, liasse 6, C. 14 (bibl. de Poitiers).

bles, chacun selon son état et son pouvoir (1). On
sait que le dauphin et les États refusèrent de ratifier
le traité conclu à Londres entre les deux rois, parce
que les clauses en étaient trop onéreuses pour la
France. Le traité définitif, signé à Brétigny le 8 mai
1360, rendit la liberté au roi Jean, mais céda à
l'Angleterre le Poitou et l'Aquitaine tout entière. Les
Poitevins éprouvèrent la plus vive répugnance quand
il fallut subir la domination étrangère. Ils auraient
bien désiré qu'on n'exécutât pas ce funeste traité qui
les séparait de leur patrie naturelle. « Nous cédons
à la force, disaient-ils aux officiers du nouveau gouvernement, nous vous obéirons ; mais les cœurs ne
s'en mouveront (2). » Le sire de Parthenay, revêtu
des fonctions de lieutenant général depuis deux ans,
dut subir aussi lui la loi du vainqueur ; il fut contraint d'abandonner le service des Valois, et, en
qualité de baron poitevin, rendit hommage et jura
fidélité aux Plantagenets ( 1361 ).

Le roi d'Angleterre nomma Jean Chandos lieutenant général en Aquitaine. Le chapitre de Saint-
Hilaire de Poitiers se plaignit auprès de lui de ce que
le sire de Parthenay voulait contraindre les habitants
de Saint-Hilaire-sur-l'Autize à faire le guet au château de Mervent. Ce droit n'appartenait point à Guillaume, car la terre de Saint–Hilaire–sur–l'Autize,
dans laquelle le chapitre exerçait la haute, moyenne
et basse justice, était du ressort de la châtellenie

(1) Archives de l'hôtel de ville de Poitiers, liasse 23. I. 6.
(2) *Histoire du Poitou*, par Thibaudeau, t. Ier, p. 378.

royale de Fontenay-le-Comte. Jean Chandos, faisant droit à la plainte des chanoines, enjoignit, le 23 avril 1363, au sénéchal de Poitou, Guillaume Felton, de juger promptement le débat. Conformément à cet ordre, le sénéchal ajourna le sire de Parthenay à ses prochaines assises de Fontenay. Nous ignorons le résultat du procès ; mais il y a lieu de croire qu'il ne fut pas favorable à Guillaume (1).

Devenu vassal du roi d'Angleterre, par suite des circonstances malheureuses où se trouvait la France, le sire de Parthenay servit son nouveau suzerain avec le même courage et la même fidélité dont il eût certainement fait preuve s'il fût resté sous la domination des Valois. Ainsi le voulaient les mœurs et les lois féodales : du moment qu'un chevalier avait prêté le serment d'obéissance, il était lié irrévocablement et ne pouvait, sans forfaire à l'honneur, abandonner celui qu'il avait juré de servir. Guillaume VII Larchevêque conçut une affection particulière pour le prince Noir qui gouvernait la Guienne. Il s'empressa de venir à Bordeaux se ranger sous les étendards du fils d'Édouard III, dès que fut résolue l'expédition d'Espagne qui avait pour but de replacer Pierre le Cruel sur le trône de Castille. Le prince anglais, parti de Bordeaux le 1er février 1368, traversa la Navarre, franchit l'Ebre et prit position à Navarette le 28 mars.

(1) **Chartes de Saint-Hilaire de Poitiers.** — Le 12 juillet de la même année, Jean Cossin, seigneur de Mauregaine, fut nommé capitaine du château de Parthenay par Guillaume Larchevêque. (*Diction. histor. des familles de l'ancien Poitou*, t. 1er.)

Là se livra une furieuse bataille dans laquelle fut vaincu Henri de Transtamare, rival de Pierre le Cruel, et où fut fait prisonnier le célèbre Duguesclin qui était venu défendre les intérêts de Transtamare à la tête des grandes compagnies. Le sire de Parthenay, sous les ordres duquel marchaient deux cents chevaliers, combattait à l'aile droite entièrement composée d'Aquitains et commandée par le comte d'Armagnac. Il se fit remarquer par sa valeur, et contribua au succès de la bataille ( 3 avril 1368) (1).

A son retour d'Espagne, le prince Noir donna à Bordeaux un banquet splendide aux grands vassaux de la Guienne et du Poitou. Le sire de Parthenay y figurait à côté des comtes d'Armagnac et d'Albret, du vicomte de Rochechouart, des sires de Pons, de Mucident, etc. C'est à la suite de ce repas et en présence de tous ses nobles convives que le vainqueur de Poitiers, piqué de ce qu'on disait qu'il ne voulait pas relâcher Bertrand Duguesclin parce qu'il en avait peur, fit amener immédiatement devant lui son illustre prisonnier et le pria de fixer lui-même sa rançon. Je la mets à cent mille francs s'écria le fier Breton; et il fut mis en liberté (2).

La guerre ayant éclaté de nouveau entre la France et l'Angleterre en 1369, le prince de Galles fit venir

---

(1) *La chronique de Bertrand Duguesclin*, t. 1er, p. 377 et 416, vers 10740 et 11883. — *Chroniques de Froissart*. — Marchegay. — Le sire d'Argenton et d'autres barons poitevins assistaient aussi à cette bataille dans l'armée du prince de Galles.

(2) *Vies des grands cap.*, par Mazas, t. II, p. 227.

de Montauban le sire de Parthenay, Guichard d'Angle, Louis d'Harcourt, vicomte de Châtellerault, et le
sire de Poyanne, et les envoya à Poitiers avec mission
de défendre cette ville et la province contre les attaques des Français (1). Il existait alors sur les
marches d'Anjou un château fort assez important
appelé la Roche-sur-Yon, que les Français avaient
fort bien pourvu de vivres et d'artillerie. Les généraux anglais, qui se trouvaient en ce moment à
Angoulême auprès du prince de Galles, résolurent
d'en aller faire le siége. Aussitôt Chandos, le comte
de Cambridge, le comte de Pembroke et leurs gens se
mettent en route ; ils sont bientôt rejoints par James
d'Audley, sénéchal du Poitou, et par beaucoup de
feudataires de cette province, le sire de Parthenay,
Guichard d'Angle, Geoffroy d'Argenton, Louis d'Harcourt, Maubrun de Linières et Thomas Percy, sénéchal de la Rochelle. L'armée anglo-poitevine formait en tout trois mille lances lorsqu'elle arriva devant
la Roche-sur-Yon. Déjà les assiégeants avaient dressé
leurs canons et leurs machines, lorsque, contre
toute prévision, un traité suspendit les opérations du
siége. C'était le résultat des conférences qui avaient
eu lieu avec Jean Blondeau, commandant de la place
pour le duc d'Anjou. Ce capitaine promit aux Anglais
de sortir du château, s'il n'était pas secouru au bout
d'un mois, à la condition qu'on lui payât 6,000 livres,
valeur des provisions qu'il laisserait. Il instruisit de

(1) Thibaudeau, t. 1er, p. 380, éd. 1839.

ce traité le roi de France, le duc d'Anjou et le duc de Berry ; mais, n'ayant reçu aucun secours à l'expiration du mois, il remit le château entre les mains des Anglais, reçut les six mille livres et se retira à Angers avec ses soldats. Blondeau aurait pu opposer à l'ennemi une résistance sérieuse : sa lâcheté fut sévèrement punie. Sur l'ordre du duc d'Anjou, il fut mis dans un sac et jeté à l'eau. Maîtres de la Roche-sur-Yon, les Anglais y mirent garnison et revinrent à Angoulême (1369) (1).

Peu de mois après, le sire de Parthenay accompagna le comte de Pembroke dans l'expédition qu'il entreprit en Anjou pour se venger d'un échec récent que lui avaient fait subir les Français au village de Puirenon en Poitou. Le comte ravagea l'Anjou, mais il échoua devant Saumur défendu par Robert de Sancerre ; en revanche, il s'empara du Pont-de-Cé et de l'abbaye de Saint-Maur-sur-Loire où les Anglais se fortifièrent (1369) (2).

A peine le sire de Parthenay était-il de retour de cette expédition, que Jean Chandos, sénéchal du Poitou depuis la mort de James d'Audley, convoqua secrètement à Poitiers tous les barons et chevaliers de la province. Guillaume VII Larchevêque et tous les Poitevins, qui portaient beaucoup d'affection à la personne du sénéchal, s'empressèrent de lui obéir. Chandos voulait tenter un coup de main sur Saint-

(1) *Chroniques de Jean Froissart*, t. 5, p. 102, éd. Buchon.
(2) *Idem*, t. 5, p. 135-138.

Savin dont les Français venaient de se rendre maîtres. Quand il se vit à la tête de trois cents lances environ, il sortit de Poitiers, avec le plus grand mystère, dans la soirée du 30 décembre 1369, et arriva à minuit devant Saint-Savin. L'entreprise des Anglais échoua par une circonstance singulière. Ayant entendu retentir subitement le cor de la sentinelle au moment où ils s'apprêtaient à escalader les murailles, ils crurent qu'on s'était aperçu de leur arrivée et rebroussèrent chemin précipitamment jusqu'à Chauvigny. Arrivés là, les barons poitevins, parmi lesquels se trouvait le sire de Parthenay, demandèrent à Chandos la permission de se retirer. Le sénéchal, considérant qu'il n'avait plus besoin de leurs services pour le moment, les congédia. Aussitôt les Poitevins et quelques chevaliers anglais formant en tout un corps de deux cents lances se mirent en route pour Poitiers par le pont de Lussac. Thomas de Percy, sénéchal de la Rochelle, ne tarda pas à les suivre à la tête de trente lances, en sorte que Chandos resta à Chauvigny avec très peu de monde. Vers la pointe du jour, on vint lui annoncer que les Français étaient sortis de Saint-Savin sous la conduite de Louis de Saint-Julien et de Keranlouet le Breton, et qu'ils se dirigeaient sur Poitiers. Chandos, qui n'avait que quarante lances, quitte aussitôt Chauvigny pour arriver au pont de Lussac avant l'ennemi; mais les Français l'avaient devancé. Déjà même ils avaient eu un engagement avec Thomas de Percy, près du pont, sans pouvoir l'empêcher de le franchir et de continuer sa route vers Poitiers. A peine le combat était-il terminé que Chandos arriva à son tour pour franchir le pont. Le voyant occupé par les Français, il voulut le forcer, mais durant la lutte il fut blessé mortellement d'un coup d'épée par Jacques de Saint-Martin, écuyer français. Les Anglais, en voyant tomber leur capitaine, perdirent courage et mirent bas les armes. Sur ces entrefaites un corps de deux cents lances, bannières déployées, paraît dans la plaine : c'étaient Guillaume de Parthenay, Guichard d'Angle, Louis d'Harcourt, Geoffroy d'Argenton, et tous les autres chevaliers partis les premiers de Chauvigny. Ils avaient appris en route le départ de Chandos, sa rencontre avec les Français, et revenaient en toute hâte pour le soutenir. Malheureusement il était trop tard. Les Français se voyant en présence de forces bien supérieures usèrent d'un expédient singulier pour sauver leur vie. Ils se rendirent aux Anglais qui venaient eux-mêmes de tomber en leur pouvoir, il n'y avait qu'un instant. De cette manière, ils échappèrent au courroux des chevaliers qui accouraient la lance baissée au secours de Chandos. Grande fut l'affliction des Anglais et des Poitevins lorsqu'ils virent l'état désespéré du sénéchal. On le porta au château de Mortemer où il expira le lendemain, 2 janvier 1370. Quant aux Français faits prisonniers, ils furent conduits à Poitiers, et ne tardèrent pas à payer leurs rançons (1),

(1) *Chroniques de Jean Froissart*, t. 5, p. 146-158, éd. Buchon.

Le prince de Galles avait vu à l'œuvre le sire de
Parthenay; il savait qu'on pouvait compter, non-
seulement sur son courage dans les combats, mais
encore sur son habileté et son dévouement dans l'administration des provinces soumises à l'Angleterre.
La preuve la moins équivoque de la confiance qu'il
mettait en lui, c'est la haute fonction de gouverneur
du Poitou qu'il lui conféra conjointement avec d'autres barons du pays. Ce fait nous est attesté par les
lettres du prince Anglais données à Angoulême le
13 mars 1370, dans lesquelles il charge *ses amés et
féaulx les gouverneurs* de Poitou, Guillaume Larchevêque, seigneur de Parthenay, Louis d'Harcourt,
vicomte de Châtellerault, et Guichard d'Angle, de
faire démolir les maisons et constructions diverses
qui se trouvaient près du fort de l'abbaye de Char
roux « par tele manere que le dit fort et pays d'environ en peust être et demorer plus fort et sœur. »
Il leur enjoignait également de faire abattre la tour
de Saint-Sulpice dans la même ville, de peur qu'elle
ne fût occupée par les Français. Les trois barons
gouverneurs, retenus en ce moment par d'autres
occupations de leur charge, transmirent les ordres
du prince au châtelain de Civray et au capitaine
de Charroux, en leur mandant de les exécuter ( 20
mars 1370 ) (1).

La guerre ne laissait aucun repos au sire de Parthenay; elle l'obligeait à se tenir continuellement

(1) Dom Fonteneau, t. 4, p. 439.

sous les armes et à s'absenter presque constamment de ses domaines de Gâtine pour prendre part à des expéditions lointaines. C'est ainsi qu'il lui fallut encore une fois revêtir son armure et aller se ranger sous les étendards du prince de Galles à Cognac, où se concentrait une nombreuse armée destinée à reconquérir Limoges que le duc de Berry venait d'enlever aux Anglais. La prise de cette ville est restée tristement célèbre par les horreurs qui l'accompagnèrent. Les vainqueurs furent impitoyables ; ils massacrèrent tout ce qui se rencontra sur leur passage, sans distinction d'âge ni de sexe. Le prince Noir ternit en un seul jour tout l'éclat de sa gloire ( 1370 ) (1).

Après avoir assisté et peut-être pris part au sac de Limoges, le sire de Parthenay revint à Cognac avec le prince de Galles ; puis il le suivit à Bordeaux. Le prince ne séjourna pas longtemps dans cette ville. Consumé par une maladie de langueur dont il avait pris le germe en Espagne, il fut contraint de retourner en Angleterre. Il laissa le gouvernement de l'Aquitaine à son frère le duc de Lancastre. Celui-ci reçut le serment d'obéissance des barons de la Guienne et du Poitou présents à Bordeaux, et, voulant signaler son entrée en fonctions par quelque fait d'armes, il réunit un corps de sept cents lances et cinq cents archers pour aller faire le siége du château de Montpaon, dont les Français de la garnison de Péri-

(1) *Chroniques de Froissart*, t. 5, p. 208 et suiv.

gueux venaient de se rendre maîtres. Le sire de Parthenay et ses compagnons d'armes ordinaires, Louis
d'Harcourt, Guichard d'Angle, Geoffroy d'Argenton,
Maubrun de Linières, se distinguèrent à l'assaut de
Montpaon. Après la prise de la forteresse, le duc
de Lancastre congédia son armée, et les chevaliers
poitevins revinrent en toute hâte dans leur pays sérieusement menacé par les armées de Charles V
( 1371 ) (1).

En effet, pendant que Guillaume VII Larchevêque
servait avec tant d'abnégation dans le midi les intérêts de l'Angleterre, le terrible Duguesclin, connétable de France, anéantissait une armée anglaise à
Pontvallain ( fin de novembre 1370 ), et arrivait en
Poitou comme un torrent chassant devant lui la division de Cressonval. Il atteignit ce capitaine sous les
murs de Bressuire, lui fit éprouver une défaite complète, et s'empara de la ville après un assaut des plus
meurtriers, où périrent cinq mille Anglais ( commencement de 1371 ). Tous ceux qui survécurent cherchèrent un refuge dans les bocages et dans les places
de la Gâtine (2). Au bruit de ces désastres, Robert
Knolles, l'un des premiers généraux d'Édouard III,
accourut de Bordeaux, recueillit les débris de la division de Cressonval, et forma un camp sous les murs
de Parthenay. Cette ville devint ainsi le point de ralliement des divisions anglaises dispersées par l'im-

(1) *Chroniques de Jean Froissart*, t. 5, p. 238-245, éd. Buchon.
(2) *Chronique de Duguesclin*, par Cuvelier Trouvère, t. II, vers
18517, dans les *Documents inédits sur l'Histoire de France*.

pétuosité du connétable. Mais tous les efforts de Knolles furent inutiles ; le découragement se mit dans les rangs des soldats qu'il parvint à réunir dans le camp de Parthenay. Il n'eut plus d'autre ressource pour les sauver que de les diriger sur les Sables-d'Olonne, afin de les faire embarquer. Mais il eut la douleur de les voir en partie tomber sous les coups d'Olivier de Clisson qui le poursuivait dans son mouvement de retraite, et lui-même n'échappa qu'avec peine au frère d'armes du connétable (1).

Lorsque le sire de Parthenay et les autres barons poitevins furent revenus de la Guienne, Thomas de Percy, sénéchal de Poitou, voulant profiter de l'éloignement momentané de Duguesclin, résolut de tenter le siége de Moncontour. La garnison de cette forteresse, commandée par deux braves capitaines, Jourdain de Cologne et Pierre de la Grésille, causait des maux infinis aux Anglais et à leurs partisans. Le sire de Parthenay, Louis d'Harcourt, Guichard d'Angle, Geoffroy d'Argenton, Hugues de Vivône, Maubrun de Linières, et beaucoup d'autres chevaliers de la province, se joignirent aux Anglais à Poitiers. Leurs forces pouvaient s'élever à trois mille hommes. Ils investirent Moncontour vers la fin du mois d'août 1371, et, après dix jours de siége, cette place succomba sous leurs efforts au commencement du mois de septembre (2).

(1) *Vies des grands capitaines français du moyen âge*, par Mazas, t. 2, p. 299, vie de Duguesclin.

(2) *Chroniques de Froissart*, t. 5, p. 248, éd. Buchon.

Le duc de Lancastre, effrayé des revers essuyés par les armes anglaises depuis quelque temps et craignant de se mesurer avec Duguesclin, s'embarqua pour l'Angleterre à la fin de septembre 1371. Avant de quitter Bordeaux, il laissa le gouvernement du Poitou au sire de Parthenay et à Louis d'Harcourt, ou plutôt il les maintint dans cette charge, car nous avons déjà vu ces deux barons dans l'exercice de leurs fonctions en 1370. Geoffroy d'Argenton et Guillaume de Montendre furent nommés gouverneurs de la Saintonge. Quant à la Guienne, le duc de Lancastre en abandonna la défense à Grailli, captal de Buch (1).

Le connétable Duguesclin avait ouvert la célèbre campagne de 1372 par la prise de Montmorillon, Chauvigny, Lussac et Moncontour. Après ces premiers succès, il rejoignit le duc de Berry en Limousin, et tous deux poussèrent vigoureusement le siége de Saint-Sever. Le captal de Buch se mit en mesure de secourir la place. Il envoya à tous les chevaliers du Poitou et de la Saintonge l'invitation pressante de venir se joindre à lui. Ceux-ci arrivèrent en foule, et parmi les plus ardents on remarquait le sire de Parthenay, Louis d'Harcourt, Geoffroy d'Argenton, Hugues de Vivône. Thomas de Percy vint également les rejoindre avec la garnison de Poitiers. L'armée anglo-poitevine se concentra à Charroux sur les marches du Limousin : on l'évaluait à neuf cents lances et cinq cents archers. Mais elle n'était pas encore

(1) *Chroniques de Froissart*, t. 5, p. 268.

ébranlée que Saint-Sever s'était déjà rendu aux Français (1). Bientôt on apprit que Duguesclin s'était porté sur Poitiers par une marche rapide et qu'il avait pénétré dans cette ville avant le retour des Anglais. Cette nouvelle jeta un profond découragement parmi les capitaines anglais; ils ne savaient quel parti prendre. Les barons poitevins essayèrent de les rassurer : « Certes, seigneurs, s'écrièrent-ils, ce nous déplait grandement que amender ne pouvons que les choses se portent ainsi en ce pays; et soyez certains que tant comme nous pourrons durer et qu'il aura maison ni fort en Poitou où nous puissions retraire, nous serons toujours bons et loyaux envers notre naturel seigneur le roi d'Angleterre et envers vous. » A quoi les chevaliers anglais répondirent : « Nous nous y affions bien et aussi jusques au mourir vous nous trouverez compagnons et amis. » Là-dessus, après avoir délibéré sur ce qu'il y avait à faire, on se sépara. Tous les barons poitevins, parmi lesquels le sire de Parthenay, Louis d'Harcourt, vicomte de Châtellerault, Jean d'Angle et le sire de Thouars tenaient le premier rang, allèrent se renfermer dans Thouars, place extrêmement forte, bien décidés à se défendre jusqu'à la dernière extrémité. Quant aux Anglais, ils se dirigèrent vers Niort sous la conduite de Thomas de Percy, Jean d'Evreux, Gauthier Huet et Jean Cressuelle. Cette ville, où ils pensaient trouver un refuge assuré, refusa de leur ouvrir ses portes ; mais,

(1) *Chroniques de Froissart*. t. 5, p. 300.

animés par le désespoir, ils y entrèrent de force après un furieux assaut et s'y établirent (1).

Duguesclin, de concert avec le vaillant Olivier de Clisson, son frère d'armes, poursuivit rapidement le cours de ses avantages en Poitou, en Aunis et en Saintonge. Saint-Maixent, Melle, Aulnay, la Rochelle et généralement toutes les places fortes de ces provinces furent emportées d'assaut par le connétable, ou se rendirent volontairement à lui. Mais il regardait avec raison la conquête du Poitou comme incomplète tant que Thouars ne serait pas tombé en son pouvoir. Le sire de Parthenay et toute la chevalerie poitevine, ainsi que nous l'avons déjà dit, s'étaient jetés dans cette importante forteresse, bien déterminés à opposer une vigoureuse résistance. Duguesclin investit Thouars et fit amener des canons et des machines, annonçant la ferme résolution de réduire la ville. Effrayés de l'opiniâtreté des Français, les assiégés proposèrent une suspension d'armes au mois de juin 1372. Il fut convenu qu'ils se rendraient et se soumettraient au roi de France, si le roi d'Angleterre ou l'un de ses enfants ne venait pas à leur secours avant le 29 septembre suivant.

Édouard III, instruit du mauvais état de ses affaires sur le continent, se hâta de mettre à la voile avec une armée nombreuse pour aller en personne au secours de Thouars et réparer, s'il était possible, les défaites de ses généraux (août 1372). Mais,

(1) *Chroniques de Froissart*, t. 6, éd. Buchon.

durant six semaines, des tempêtes assaillirent sa
flotte et en détruisirent la moitié. Obligé de renoncer
à son entreprise, il retourna en Angleterre en profé-
rant avec fureur ces paroles célèbres : « Il n'y eut
oncques mais roi de France qui moins s'armât et si
n'y eut oncques roi qui tant me donnât à faire. »
Pendant qu'Édouard luttait en vain contre les flots
pour aborder en France, la Guienne, qui restait toujours au pouvoir de l'Angleterre, envoyait des secours en Poitou. Ces nouvelles troupes rejoignirent
à Niort les divisions anglaises qui s'y étaient réfugiées
récemment. Alors on fit demander aux défenseurs de
Thouars s'il fallait marcher à leur secours. Ceux-ci
se réunirent immédiatement pour délibérer. « Adonc
se mirent les chevaliers du Poitou ensemble et ne
furent mie à ce premier jour d'accord ; car le sire de
Parthenay, qui était un des grands de la compagnie,
voulait qu'ils tinssent leurs journées devant Thouars
en représentant le roi d'Angleterre. Et autres disaient
que ils avaient scellé que le roi d'Angleterre ou l'un
de ses enfants y serait et si ils n'y étaient ou l'un
d'eux, ils devaient être à l'obéissance du roi de
France. Si retourna le sire de Parthenay en son hôtel
par maltalent ; mais depuis fut-il tant prêché qu'il
fut de l'accord des autres. » Ce passage du chroniqueur nous prouve suffisamment que l'opiniâtre sire
de Parthenay voulait soutenir la lutte jusqu'au bout,
sans tenir compte de la convention du mois de juin
qu'il interprétait à sa manière. Ce fut donc, en
réalité, contre son gré qu'on refusa le secours des

Anglais, et qu'on résolut d'observer rigoureusement les termes du traité. Le 29 septembre 1372, jour convenu, Duguesclin se présenta devant Thouars à la tête d'une nombreuse armée. Conformément à leur promesse, les seigneurs poitevins capitulèrent. Peu de temps après, le 12 décembre 1372, le sire de Parthenay, imitant l'exemple général, rendit hommage à Charles V et à Jean, duc de Berry, que le roi, son frère, avait fait comte de Poitou (1).

La soumission de Guillaume VII-Larchevêque irrita au dernier point les Anglais, car ils perdaient en lui un partisan dévoué. Aussi s'en vengèrent-ils à leur manière : ils ravagèrent la seigneurie de Parthenay, brûlant et détruisant tout ce qu'ils ne pouvaient emporter. Puis, après avoir accompli cet exploit digne de brigands, ils concentrèrent leurs forces à Niort et dans les environs (2). Duguesclin leur porta le dernier coup par la victoire de Chizé (21 mars 1373) et par la prise de Niort. Le sire de Parthenay, désormais enchaîné aux Valois par le serment féodal, contribua lui-même à l'expulsion définitive des Anglais. Il alla les combattre sous les ordres d'Olivier de Clisson au siége de la Roche-sur-Yon, et concourut ainsi à leur enlever la dernière des places qu'ils occupaient dans nos contrées (1373) (3). Le Poitou était rendu à la France ; il ne devait plus en être séparé.

(1) *Chroniques de Froissart*, t. 6. — *Guerres et traités entre les rois de France et d'Angleterre*, par Jean du Tillet, p. 287, éd. 1606.
(2) *Chroniques de Froissart*, t. 6.
(3) *Ibid.* —

La trève de Bruges (1375) permit à Guillaume VII Larchevêque de se livrer enfin au repos et de réparer les désastres de la guerre. En 1376, sa fille aînée, Marie de Parthenay, épousa Louis I<sup>er</sup> de Châlons, comte de Tonnerre et d'Auxerre, union brillante qui nous atteste que la puissante famille Larchevêque jouissait au loin d'une grande considération (1).

Après la conclusion d'une nouvelle trève entre la France et l'Angleterre, le 14 septembre 1384, Charles VI, ou plutôt son conseil de régence, connaissant la capacité du sire de Parthenay et son influence dans les provinces de l'ouest, lui confia le soin délicat de veiller à l'exécution de la trève en Poitou, concurremment avec le sire de Thors. Les lettres du roi qui établissent ces deux chevaliers *gardiens et conservateurs* de la paix sont du 19 octobre 1384 (2). Elles contiennent des instructions très détaillées qu'il est inutile de reproduire ici, d'autant mieux que leur application dut-être bien plus rare en Poitou qu'ailleurs, parce que cette province n'était plus le théâtre de la guerre depuis que Duguesclin l'avait arrachée aux Anglais.

La mission pacifique de Guillaume Larchevêque fut de courte durée, car les hostilités recommencèrent dès les premiers mois de l'année 1385. Les Anglais de la Guienne, prenant pour auxiliaires une foule de

---

(1) Extrait des Généalogies de Sainte-Marthe, dans dom Fonteneau, t. 86.

(2) Dom Fonteneau, t. 20, p. 199.

brigands, envahirent encore une fois la Saintonge et l'Angoumois, et s'emparèrent de toutes les places fortes. Ils pénétrèrent de nouveau en Poitou sans pouvoir, il est vrai, s'y établir, mais en signalant leur passage par les plus affreux ravages. Le roi de France chargea Louis II de Clermont, duc de Bourbon, son oncle maternel, d'aller chasser l'ennemi des provinces de l'ouest. Les États du Poitou, à l'exemple de l'Auvergne, du Limousin et de la Saintonge, levèrent une contribution de soixante mille livres qu'ils mirent à la disposition du duc de Bourbon pour les frais de la guerre. Non contents de fournir des subsides à cet illustre guerrier, les Poitevins voulurent combattre sous sa bannière. Exaspérés par les ravages des Anglais, ils brûlaient de se venger eux-mêmes. Toute la chevalerie poitevine formant un corps de quinze cents hommes se rendit à Niort, désigné comme point de concentration pour toute l'armée. Le sire de Parthenay figurait au premier rang. Il accompagna le duc de Bourbon dans tout le cours de cette brillante campagne de 1385, à la suite de laquelle les Anglais furent refoulés dans le Bordelais après avoir éprouvé des pertes sensibles, et assista successivement à la prise de Montlieu, de Taillebourg, de Tonnay-Charente, d'Archiac, de la Tourette, du Faon, de Montbron et de Verteuil (1).

(1) *Vies des grands capitaines français*, par Mazas, t. IV, p. 85, et s.; vie de Louis II de Clermont, éd. 1845. — Thibaudeau, *Hist. du Poitou*, t. Ier, p. 494, éd. 1839.

La gloire et l'influence que Guillaume VII Larchevêque acquérait chaque jour par son courage et ses
capacités, jetaient un nouveau lustre sur l'antique
maison des Parthenay. De puissants barons recher-
chaient son alliance. Déjà nous avons vu le comte de
Tonnerre devenir l'époux de Marie, sa fille aînée.
Un autre baron, non moins illustre, Guillaume d'Harcourt, vicomte de Melun, comte de Tancarville,
seigneur de Montreuil-Bellay et chambellan du roi
Charles VI, demanda la main de Jeanne, la plus
jeune. Les conventions matrimoniales furent signées
par les parties contractantes le 4 septembre 1389 en
présence des ducs de Berry et de Bourbon. Une des
clauses du contrat portait que Jeanne et Marie de
Parthenay seraient héritières universelles de leur père
et de leur frère Jean, dans le cas où ceux-ci viendraient à décéder sans enfants mâles. Par ce moyen,
le sire de Parthenay, qui voyait avec inquiétude son
fils aîné Jean privé de postérité, quoiqu'il fut marié
depuis dix ans, croyait assurer à ses filles et à leurs
descendants la possession des nombreux domaines de
sa famille, et empêcher ainsi son successeur d'en disposer en faveur d'un étranger. Nous verrons plus
tard combien il s'abusait. Le mariage de Jeanne
avec le vicomte de Melun fut célébré le 21 janvier
1390 (1).

Au mois de novembre de la même année, une aide

(1) Dom Fonteneau, t. 38, p. 223. — Extrait des Généalogies de
Sainte-Marthe, dans dom Fonteneau, t. 86.

de dix mille livres ayant été octroyée par la province à Jean de Berry, comte de Poitou, les commissaires répartiteurs taxèrent la ville, châtellenie et ressort de Parthenay à la somme de sept cent soixante-dix livres, et les villes, châtellenies et ressorts de Vouvent et Mervent à la somme de sept cent trente livres. Mais quand le receveur arriva à Parthenay, au mois de mai 1391, pour percevoir le nouvel impôt, Guillaume Larchevêque ne voulut point lui permettre d'en opérer le recouvrement. Pour lui, cette contribution était inutile et vexatoire : il s'y opposa de toutes ses forces ; ce fut seulement après s'être assuré que le vicomte de Thouars avait donné son assentiment à la mesure qu'il consentit également à laisser agir le receveur dans ses domaines (1).

Malgré son âge avancé et les fatigues qu'il avait éprouvées à la guerre, le sire de Parthenay ne craignit pas d'affronter les dangers de cette expédition lointaine que la chevalerie de toutes les nations chrétiennes entreprit sur les bords du Danube, en 1396, pour arrêter les progrès menaçants du farouche Bajazet (2). Il fut assez heureux pour échapper au désastre de Nicopolis, et eut la consolation de terminer ses jours dans son château de Parthenay au milieu de sa famille.

Guillaume VII Larchevêque joignait à la bravoure

---

(1) *Compte de Guillaume de Bis,* imp. à Fontenay en 1848, d'après un man. de la bibl. nat., par les soins de M. B. Fillon.

(2) Dom Fonteneau, t. 17, p. 677. — Un chevalier nommé Jean Boislève l'accompagnait.

et à la loyauté un goût prononcé pour la poésie. Il entoura de sa protection un troubadour nommé Couldrette auquel il confia le soin de mettre en vers
l'histoire de la célèbre Mellusine. Ce sujet, qui avait
déjà fait le thème d'un roman composé par Jean
d'Arras, intéressait au plus haut degré le sire de
Parthenay ; car il se flattait d'être un descendant de
cette prétendue fée (1). Le poète nous raconte lui-
même dans son prologue comment Guillaume lui ordonna de se mettre à l'œuvre :

> « Faites, dist-il tout à loisir,
> Car vostre est toute la journée.
> Le chastel fu fait d'une faée,
> Si comme il est partout retrait,
> De laquele je suis extrait,
> Et moy et toute ma lignie.
> De Parthenay, n'en doubtez mie,
> Mellusigne fu appellée
> La fée que vous ay nommée,
> De quoy les armes nous portons,
> En quoy souvent nous deportons.
> Et afin qu'il en soit mémoire,
> Vous mettrez en rime l'istoire ;
> Je vueil qu'elle soit rimoye :
> Elle en sera plus tost oye. »
> Lors dy : « Monseigneur, je l'ottroie,
> Tousjours vostre plaisir feroie (2). »

(1) Nous avons vu en effet, plus haut, que Hugues II Larchevêque avait
épousé la petite-fille de Mellusine, qui n'est autre que Eustache Chabot.

(2) Mellusine, poëme relatif à cette fée poitevine, composé dans le
xive siècle, par Couldrette, publié pour la première fois par Francis-
que Michel, 1854.

L'œuvre de Couldrette intitulée *le Livre de Lusignan*
contient plus de six mille vers. On y trouve réunis
et mis en ordre tous les faits merveilleux que les traditions populaires attribuaient à cette puissante Mellusine qui construisit, dit le poète du quatorzième
siècle :

> Le bourc et le chasteau de Melle,
> Après fist Vauvent et Mervant
> Et puis la tour de Saint-Maxant ;
> Le bourc fist, commença l'abbaye
> Où Nostre-Dame est bien servie,
> Puis la ville de Parthenay
> Et le chastel jolis et gay.

Nous savons à quoi nous en tenir sur tous ces récits ; ce sont autant de fables que notre naïf troubadour raconte avec une bonhomie et une crédulité
vraiment charmantes :

> Dieu scet bien se j'en mentiray,
> Nennil, je ne l'ay pas aprins :
> Honte est d'estre à mençonge prins.

Néanmoins, il ne faut pas s'y méprendre, il y a
dans le roman composé par Couldrette un fond de
vérité et même certaines particularités qu'on ne sau-
rait mettre en doute. Ainsi le récit des violences
commises dans le monastère de Maillezais par le fé-
roce Geoffroy à la Grand'Dent, fils de Mellusine,
n'est point une invention ; c'est un fait tout historique.
Du reste, le poète n'a été que l'écho des traditions

populaires qui avaient cours au quatorzième siècle. Il nous a représenté Mellusine, telle qu'on la lui avait dépeinte, prenant tous les samedis la forme d'un monstre, moitié femme, moitié serpent, et s'échappant un beau jour par une fenêtre de son château, après s'être transformée en dragon volant. On a beaucoup disserté pour savoir quel fut en réalité ce personnage mystérieux dont le peuple poitevin conserve encore le souvenir. On a pensé avec assez de fondement que c'était Eustache Chabot, fille unique de Thibault II Chabot, seigneur de Vouvent, qui épousa Geoffroy de Lusignan, et mourut en 1229. Elle fut mère de Geoffroy à la Grand'Dent, seigneur de Vouvent, dont la fille Valence de Lusignan épousa Hugues II Larchevêque, seigneur de Parthenay : telle est l'opinion la mieux établie à cet égard. Mais tout en l'acceptant comme véritable, il nous semble qu'on devrait surtout voir dans Mellusine une personnification poétique des antiques maisons de Lusignan et de Parthenay. En effet, si l'on en croyait les légendes et en particulier le roman de Couldrette, tous les châteaux forts, toutes les villes, toutes les églises, tous les monastères de nos contrées seraient l'œuvre de cette fée bienfaisante. Si l'on consulte au contraire l'histoire, on trouve que tous ces monuments doivent leur existence les uns aux Lusignan, les autres aux Parthenay-Larchevêque. C'est donc le génie civilisateur et les hauts faits de ces anciens barons que le peuple dans ses récits merveilleux, et, après lui, les poètes dans leurs romans ont voulu célébrer sous le nom de Mellusine. Ce personnage, sans doute, n'est point tout à fait imaginaire ; il a eu, selon toute probabilité, une existence réelle ; mais, à coup sûr, il n'a jamais été tel que les légendaires nous l'ont dépeint.

Guillaume VII Larchevêque mourut le 17 mai 1401. Il avait épousé, en 1349, Jeanne de Mathefelon, fille et héritière de Thibault, seigneur de Mathefelon et de Duretal en Anjou. Il laissa trois enfants : Jean, son successeur, et deux filles, Marie et Jeanne, dont nous avons déjà parlé. Guillaume fut enseveli dans le chœur de l'église collégiale de Sainte-Croix fondée par ses ancêtres (1). Son tombeau vient d'être récemment découvert près de l'autel sous une arcade pratiquée dans le mur de l'abside. La statue qui le recouvre représente le vieux seigneur de Parthenay en costume de chevalier ; il est revêtu de la cotte d'armes et de la cotte de mailles ; son bouclier est suspendu à son bras gauche, sa tête est nue, ses mains sont jointes et ses pieds reposent sur un chien. De l'autre côté de l'autel se trouve un autre tombeau que nous supposons être celui de Jeanne de Mathefelon. L'épouse de Guillaume VII est revêtue d'une longue robe bleue et d'un ample manteau de pourpre. Une aumônière est suspendue à sa ceinture ; son attitude est digne et sévère (2).

(1) Extrait des Généalogies de Sainte-Marthe, dans dom Fonteneau, t. 86.

(2) Personne ne connaissait l'existence de ces deux tombeaux lorsqu'en 1853 la démolition du retable grec, qui masquait complètement le fond de l'abside, vint les rendre tout à coup à la lumière. Ils étaient

## JEAN II LARCHEVÊQUE, seigneur de Parthenay
## (1401-1427).

Le nouveau seigneur de Parthenay n'hérita point des grandes qualités de son père. La bonté naturelle de son caractère était ce qu'il y avait en lui de plus saillant ; mais cette bonté dégénérait le plus souvent en faiblesse et le rendait tour à tour accessible à toutes les influences. Ce défaut d'énergie lui causa mille embarras et devint fatal à sa famille. Pour comble de malheurs, Jean Larchevêque n'avait point d'enfants : par conséquent ses immenses domaines devaient appartenir après sa mort à ses deux sœurs Marie et Jeanne, en vertu du contrat de mariage de cette dernière. Le duc de Berry, comte de Poitou et membre du conseil de régence, qui connaissait les

mutilés, et les cendres qu'ils recouvraient avaient disparu : on retrouva seulement quelques ossements dispersés. Ces profanations ne peuvent avoir été commises que par les protestants pendant les guerres du seizième siècle ; car le retable qu'on vient de détruire fut construit au dix-septième par les soins du duc de Mazarin : ce retable était disposé de telle sorte et masquait tellement les deux tombeaux, qu'il était impossible de les voir. Aussi, grâce à cette circonstance, ils ont échappé à une seconde mutilation pendant nos tempêtes révolutionnaires. Ce fut donc indubitablement avant le placement du retable, c'est-à-dire pendant les guerres de religion que durent avoir lieu les actes de vandalisme dont ils portent la trace. Il est probable que primitivement des inscriptions étaient placées sur ces tombeaux, mais elles ont aussi disparu. C'est le passage de Sainte-Marthe indiqué dans la note précédente qui nous a appris que là était la sépulture de Guillaume VII.

dispositions de ce contrat et qui, d'un autre côté, convoitait la possession de Parthenay, résolut d'en faire l'acquisition autant dans son intérêt que dans celui de la couronne. Il agit avec tant de persévérance auprès du faible Jean qu'il le détermina à lui vendre, le 13 novembre 1405, ses nombreuses baronies, pour la somme de deux cent mille écus d'or (1). Mais il fut stipulé que l'usufruit resterait au sire de Parthenay. En apprenant que leur frère avait signé un acte qui les dépouillait de la magnifique succession qui semblait leur être assurée, Marie et Jeanne s'empressèrent d'attaquer la vente. Elles invoquaient en leur faveur la clause insérée dans le contrat de mariage de 1389. Le procès qu'elles entamèrent fut interrompu par la guerre civile qui éclata entre les princes du sang, et d'ailleurs la vente de Parthenay ne reçut point d'exécution pour le moment.

Depuis l'assassinat du duc d'Orléans (1407), le duc de Bourgogne, son meurtrier, régnait en tyran dans Paris, gouvernant à sa volonté l'infortuné roi Charles VI plongé dans la démence, et le dauphin Louis tout occupé de ses plaisirs. Les ducs de Berry, de Bourbon, d'Alençon, les enfants du duc d'Orléans, les comtes d'Armagnac et d'Albret se liguèrent à Gien, le 15 avril 1410, et s'armèrent pour venger la mort de leur parent et ravir le pouvoir au duc de Bourgogne. Le sire de Parthenay, que le duc de Berry venait d'élever à la dignité de sénéchal du

(1) *Not. sur les Larch.*, par Marchegay.

Poitou, suivit le parti des princes ligués. Le duc de
Bourgogne, apprenant que ses ennemis rassemblaient
des troupes nombreuses pour marcher sur Paris, fit
décider par le conseil royal qu'on enverrait une députation en Poitou, afin de déterminer, s'il était
possible, le duc de Berry à changer de résolution et
à licencier ses hommes d'armes. L'évêque d'Auxerre,
le comte de la Marche, le grand prieur de Rhodes,
Guillaume de Tignonville et Gauthier Col, secrétaire
du roi, composaient la députation. Le duc de Berry
reçut les envoyés dans son château de Poitiers, le
18 août 1410. Les comtes d'Armagnac, d'Alençon,
d'Eu, de Clermont, les archevêques de Rouen et de
Bourges, les évêques de Poitiers, de Maillezais, de
Luçon, de Chartres étaient présents à cette audience
solennelle. Le sire de Parthenay y figurait également
en qualité de sénéchal de Poitou et de partisan du
duc de Berry. Tignonville porta la parole au nom de
l'ambassade royale. Il supplia le duc de Berry de
renvoyer ses gens de guerre et de faire cesser la
guerre civile. Le duc, qui avait des projets tout différents, répondit d'une manière équivoque; puis,
après le départ de la députation, il lança un mani-
feste dans lequel il exposait que le but des princes
confédérés était de se rendre à Paris pour faire des remontrances au roi et réformer les abus. Alors il quitta
le Poitou à la tête de son armée, et, de concert avec
ses alliés, se dirigea sur Paris. Le sire de Parthenay
l'accompagna dans cette expédition. Arrivé à Chartres, le duc de Berry l'envoya en ambassade auprès

du roi avec l'archevêque de Bourges, son chancelier,
et d'autres personnages de distinction. Il voulait rassurer le roi sur ses véritables intentions et protester
de son dévouement à sa personne et au bien public.
Mais le roi, dominé par le duc de Bourgogne, ne
voulait recevoir le duc de Berry qu'autant qu'il dépo-
serait préalablement les armes. La députation, dont
faisait partie le sire de Parthenay, fut donc congédiée
avec cette réponse. Cependant les soldats des deux
partis commettaient des dévastations épouvantables
autour de Paris. Le duc de Berry, se rapprochant
chaque jour davantage de la capitale, vint s'établir
avec ses gens de guerre dans son château de Bicêtre.
Là, grâce à l'intervention de plusieurs hommes de
bien, un traité de paix fut signé entre les deux partis
le 8 novembre 1410 (1).

La paix de Bicêtre n'était qu'une trève. Bientôt la
guerre civile recommença plus terrible que jamais.
Le parti bourguignon, qui avait l'avantage d'agir avec
l'assentiment du roi, fut victorieux sur tous les points
(1412), et pendant que Charles VI se préparait à aller
dans le Berry porter le dernier coup aux princes confédérés, le sire de Helly, chevalier picard, dévoué au
duc de Bourgogne, reçut ordre d'aller enlever le
Poitou au duc de Berry. Le sire de Helly n'éprouva
aucune résistance à Poitiers. Casin, à qui le duc de
Berry avait confié le commandement de cette ville,

(1) Chronique du religieux de Saint-Denis, t. 4, p. 343, 357,
dans les *Documents inédits sur l'Histoire de France*.

se soumit à la première sommation du général bourguignon (commencement de 1413). Dans ces con-
jonctures, le sire de Parthenay, vivement sollicité par
les agents de Jean Sans-Peur, et regardant sans
doute la cause des Armagnacs comme perdue, abandonna leur drapeau pour se jeter dans le parti contraire. En effet, la soumission inattendue de Poitiers
avait profondément découragé les chevaliers qui
tenaient encore pour les princes d'Orléans en Poitou.
Mais le découragement fit bientôt place à la colère.
Renfermés dans plusieurs places fortifiées de la province, les Orléanais opéraient de fréquentes sorties,
tombaient à l'improviste sur les campagnes voisines
et mettaient tout à feu et à sang. Les garnisons de
Chizé et de Niort se montraient les plus acharnées.
Pour faire cesser cet état de choses intolérable, le sire
de Helly résolut d'en avoir raison par la force. Le sire
de Parthenay et d'autres chevaliers, touchés des
plaintes des populations, lui prêtèrent leur concours.
On somma au nom du roi la garnison de Chizé de se
rendre à discrétion : sur son refus, la place fut
investie et l'on se mit en devoir de l'emporter de vive
force. Désespérant d'opposer une longue résistance,
les assiégés demandèrent une suspension d'armes
jusqu'au jeudi saint. On la leur accorda à condition
qu'à l'expiration de cette trève, ils se soumettraient
ou sortiraient de la forteresse pour présenter la bataille. Aussitôt le sire de Helly demanda des renforts
afin de se trouver en mesure de combattre avec avantage ; mais la garnison de Chizé n'attendit pas leur

arrivée pour capituler. Elle obtint la liberté d'évacuer la place « vie et bagues sauves. » Les garnisons de Niort et des autres forteresses occupées par les Orléanais suivirent cet exemple et obtinrent les mêmes conditions. Le parti armagnac était vaincu en Poitou ( 1413 ) (1).

Le sire de Parthenay ne tarda pas à se repentir amèrement d'avoir porté les armes contre les Armagnacs. Ceux-ci étant parvenus à reconquérir la faveur royale, et à ressaisir la prépondérance, firent cruellement sentir à leurs ennemis le poids de leur colère ( 1414 ). Non-seulement la charge de sénéchal du Poitou fut enlevée à Jean Larchevêque (2), mais, ce qui était beaucoup plus grave pour lui, toutes ses baronies de Parthenay, Secondigny, Coudray-Salbart, Vouvent, Mervent, Châtelaillon, etc., furent confisquées et données au dauphin Louis de Guienne le 14 mai 1415. Puis ce prince étant venu à mourir presque aussitôt, le roi les donna à Arthur de Bretagne, comte de Richemont (3). Restait à exécuter l'arrêt de confiscation. On confia cette mission difficile au jeune comte de Richemont, dont les talents et le courage inspiraient déjà la plus grande confiance,

(1) Chronique du religieux de Saint-Denis, t. IV, p. 611, dans les Documents inédits sur l'histoire de France.

(2) En 1415, c'était André de Vivône qui était sénéchal de Poitou (Thibaudeau, Hist. du Poitou, t. III, dans les notes, éd. 1839.)

(3) Extrait des Généalogies de Sainte-Marthe, dans dom Fonteneau, t. 86. — Hist. généalogique de la maison de France, par le P. Anselme, t. Ier, p. 459. — Marchegay.

quoiqu'il ne fut qu'à son début dans la carrière militaire. Ce choix était d'autant plus heureux que Richemont avait un intérêt direct et évident à châtier rigoureusement le sire de Parthenay et à lui enlever ses nombreux domaines.

Mais Jean Larchevêque s'était préparé de longue main à la résistance. Il savait très-bien que les princes orléanais, alors tout puissants, ne lui pardonneraient pas sa défection ; d'un autre côté, il n'était pas disposé à se laisser dépouiller de ses biens. Doublement menacé dans sa personne et dans sa fortune, il se rattacha plus que jamais au parti bourguignon. Par ses soins, les fortifications de la ville et du château de Parthenay furent réparées ; on y ajouta même de nouveaux travaux. Toutes les forteresses de la Gâtine furent également mises en état de défense. Enfin, outre les forces dont il pouvait disposer dans ses domaines, le sire de Parthenay prit encore à son service des bandes soldées composées en grande partie de Picards. Le comte de Richemont s'empara successivement et sans trop d'efforts de quatre places fortes, Châtelaillon, Vouvent, Mervent et Secondigny ; mais, arrivé devant les remparts de Parthenay, il se vit arrêté par des obstacles beaucoup plus sérieux. Il fut obligé d'investir la ville et de commencer un siége en règle. Peut-être ses efforts auraient-ils été couronnés de succès, si un ordre pressant du roi ne l'avait contraint de lever le siége pour aller rejoindre en toute hâte l'armée qu'on dirigeait contre le roi d'Angleterre, Henri V, qui venait d'envahir la Normandie (1). Richemont assista à la désastreuse bataille d'Azincourt ; il y fit preuve du plus grand courage, et tomba couvert de blessures au pouvoir des Anglais ( 25 octobre 1415 ).

Cet événement si funeste à la France procura à Jean II Larchevêque un repos momentané. Cependant le danger sérieux auquel il venait d'échapper n'avait pas entièrement cessé. La plus importante de ses places fortes, Parthenay, sa résidence, était, il est vrai, demeurée en son pouvoir ; c'était là qu'il avait concentré tous ses moyens de défense, et il pouvait, jusqu'à un certain point, s'y croire en sûreté. Mais ses autres forteresses, Secondigny, Vouvent et Mervent, avaient été prises par Richemont, lequel, en habile capitaine, avait eu la précaution d'y laisser de bonnes garnisons bretonnes sous la conduite du jeune Richard, son frère. Si la catastrophe inattendue arrivée à Richemont dans les champs d'Azincourt, l'empêcha de revenir en Gâtine pour en achever la soumission, du moins les garnisons dévouées qu'il y laissa résolurent de lui conserver la possession des places nouvellement conquises : elles étaient au surplus devenues sa propriété légitime par suite de la confiscation prononcée contre le seigneur de Parthenay et de la donation qui l'accompagna. Les hostilités continuèrent donc entre les gens du comte de Richemont

(1) Mémoires de Guillaume Gruel sur le connétable de Richemont, collection Petitot, t. 8, 1re série, p. 416. — *Histoire généal. de la maison de France*, par le P. Anselme, t. 1er, p. 459. — *Revue anglo-française*, t. 1er, p. 213 et suiv.

et les gens du sire de Parthenay. Il en résulta de grands maux pour le pays, car les deux partis ne gardaient aucun ménagement, et répandaient partout le pillage et la désolation.

Le dauphin Charles, comte de Poitou, voyant que les circonstances critiques où se trouvait la France ne lui permettaient pas de songer pour le moment à réprimer sérieusement le sire de Parthenay, résolut d'entrer en négociations avec lui. Il chargea quatre commissaires, le vicomte de Thouars, le sire de Bussac, maîtres Guillaume Toreau et Guillaume de Luche, de réunir à Thouars les États du Poitou pour traiter avec Jean II Larchevêque, et aviser au moyen de pacifier la province (1416) (1). Le sire de Parthenay fut réintégré dans ses biens, et la confiscation prononcée contre lui considérée comme non avenue (2). En revanche, il dut consentir au roi et au dauphin, comte de Poitou, une deuxième vente de tous ses domaines, moyennant la somme de sept vingt et un mille écus d'or, avec réserve de l'usufruit comme dans la vente de 1405. On s'engagea par le même acte à lui faire rendre les forteresses qui lui avaient été enlevées de force en 1415, et que les gens de guerre de Richemont occupaient toujours. La non exécution de cette dernière clause devait entraîner la nullité du contrat tout entier (12 août 1416) (3).

(1) Archives de l'hôtel de ville de Poitiers, liasse 29, J. 546.

(2) Extrait des Généalogies de Sainte-Marthe, dans dom Fonteneau, t. 86.

(3) Archives impériales, carton 183, n° 135.

Ces arrangements ne produisirent pas les bons résultats qu'on en attendait. Arthur de Richemont, invoquant en sa faveur la donation royale de 1415, voulut se maintenir en possession de Secondigny, Vouvent, Mervent et Coudray-Salbart. De son côté, le sire de Parthenay, furieux de ne pouvoir recouvrer ces forteresses, ainsi qu'on le lui avait promis, persista dans sa ligne de conduite. Il continua à se montrer zélé bourguignon, et fit tous ses efforts pour expulser de ses domaines les gens de Richemont qui ne voulaient plus en sortir. La guerre recommença donc entre les deux partis ou plutôt elle n'avait subi aucune interruption. Les bandes picardes en garnison à Parthenay, et celles bretonnes occupant Vouvent, Mervent et les autres places de la Gâtine, commettaient les plus grands désordres dans toutes les contrées environnantes. Un jour les gens de la garnison de Parthenay, dans une de leurs courses dévastatrices, saccagèrent et brûlèrent le château de la Rochefaton qui appartenait alors à la famille Chasteigner (1). Les députés que la ville de Poitiers envoya aux États du Poitou convoqués à Saumur par le dauphin, au mois de juin 1417, furent chargés d'exposer au prince les maux infinis que ces « pilleries et roberies » causaient aux populations, et de le supplier d'y porter un remède prompt et efficace (2).

(1) Hist. de la maison des Chasteigners, par André Duchêne, p. 148, éd. 1634.

(2) Archives de l'hôtel de ville de Poitiers, liasse 29, J. 554.

Le dauphin s'empressa de faire droit aux réclamations si légitimes des Poitevins. Il commença par transiger avec le comte de Richemont qui, se trouvant encore prisonnier des Anglais, avait chargé le duc de Bretagne, son frère, de traiter en son nom cette affaire. Une convention fut conclue à Angers, le 2 juillet 1417, entre Jean V, duc de Bretagne, et le dauphin Charles. Elle avait surtout en vue de mettre immédiatement un terme aux malheurs sans nombre que faisait éprouver au pays de Gâtine la lutte qui durait depuis deux ans entre le comte de Richemont et le sire de Parthenay. Le duc de Bretagne, agissant au nom de son frère, s'engagea à remettre entre les mains du sire de Pouzauges, chargé de l'exécution du traité, les places de Vouvent, Secondigny et autres forteresses circonvoisines occupées par les partisans de Richemont, excepté Mervent et Coudray-Salbart, à l'égard desquelles le *statu quo* fut maintenu. Le sire de Pouzauges devait remettre ensuite les susdites forteresses au roi ou au dauphin. De son côté, le dauphin céda en toute propriété la seigneurie de Châtelaillon au comte de Richemont. Moyennant cet avantage, celui-ci dut renoncer aux droits qu'il pouvait avoir sur les terres de Parthenay. Une amnistie pleine et entière fut accordée tant aux partisans de Richemont et de Richard, son frère, qu'à ceux qui leur avaient été hostiles en Poitou, notamment le sire de Bressuire. Quant au sire de Parthenay, il ne fut point compris dans l'amnistie. Le dauphin se réserva formellement le droit de châtier sa rébellion. Enfin, pour mieux assurer la paix, le sire de Pouzauges reçut ordre de faire démanteler toutes les petites forteresses qui auraient pu nuire à la tranquillité du pays (1).

Malgré les troubles et les agitations auxquels le pays était en proie, une œuvre éminemment utile pour le Poitou fut accomplie à cette époque dans la ville de Parthenay, grâce sans doute à l'initiative intelligente de Jean Larchevêque. Nous voulons parler de la rédaction des coutumes du Poitou (1417). Les légistes, au travail desquels on doit cet important monument juridique, étaient tous originaires de Gâtine, officiers du sire de Parthenay ou attachés à son service. C'étaient Me Jean de l'Aubertière, bailli de Gâtine, Jean de la Chaussée, plus tard bailli, Loys Moysen, Pierre Roygne, Robert Tutan, Jacques Boutin, « tous jurés et advocats. » Ce recueil des coutumes de notre province, dont il existe un exemplaire manuscrit à la bibliothèque impériale, est le plus ancien que l'on connaisse (2).

Le traité d'Angers semblait devoir mettre un terme aux complications malheureuses qu'avait fait naître le comte de Richemont par ses prétentions à la possession des terres de Parthenay. Mais tout n'était pas terminé, et cette question devait soulever bien d'autres difficultés. Le traité d'Angers blessa profondé—

(1) Dom Fonteneau, t. 26, p. 339.
(2) Bull. de la Soc. d'Agr., Belles-Lett. Sciences et Arts de Poitiers, 1840. — D'un exemplaire de la très ancienne coutume de Poitou, par M. Nicias Gaillard, p. 27, 28 ; Paris, 1858.

ment le sire de Parthenay. Il dut éprouver un vif mécontentement en voyant le dauphin et le mandataire
de Richemont disposer souverainement de ses domaines sans tenir aucun compte de ses droits, et
agir en véritables maîtres comme s'il n'existait déjà
plus. Aussi Jean Larchevêque s'en montra fort irrité
et persista plus que jamais dans son attachement au
parti bourguignon.

Le dauphin, justement effrayé de l'attitude de
plus en plus inquiétante du sire de Parthenay, jugea
le moment opportun pour frapper un coup décisif. Il
ordonna à Philippe d'Orléans, comte de Vertus,
prince du sang, et à Jean de Torsay, grand maître
des arbalétriers, d'aller mettre le siége devant Parthenay. Ces deux généraux avaient sous leurs ordres
des capitaines expérimentés, entr'autres un nommé
Jean Arragon, commandant d'une compagnie d'arbalétriers (1), et Jean Rouault, seigneur de Boismé-
nard (2). L'armée royale investit la capitale de la
Gâtine au mois de mai 1419; mais elle rencontra
une résistance opiniâtre qui faisait présager que le
siége serait long et difficile. Jean Larchevêque, depuis l'année 1415, s'était tenu constamment sur le
pied de guerre; il lui avait donc été possible d'augmenter à loisir ses moyens de défense, grâce à l'a-
narchie qui désolait la France. La ville de Parthenay,
que sa position rendait déjà naturellement forte, était

(1) Lettre du comte de Vertus aux archives de Niort.
(2) Moréri, Dict. hist.

entourée de trois murailles. Les immenses approvisionnements de grains qu'on y avait faits permettaient à la garnison de braver pendant longtemps les
horreurs de la famine. De vaillants guerriers, presque tous du pays et vassaux du sire de Parthenay,
s'étaient jetés dans la place sous le commandement
de deux chevaliers, Guichard et Gilles d'Appellevoisin. On remarquait parmi eux : Guillaume de la
Court, seigneur de Tennesue et de la Bertonnière ;
Guillaume Perceval, Louis Chabot, Jean Sauvestre,
Guillaume Jousseaume, Michau Baudoin, Jean de
Nuchèze, Jean Chauvineau, maître Jean de la Chaussée, bailli de Gâtine ; Jacques de Saint-Gelais, Jean
Bazilleau, Pierre Roygne, Louis Moysen, etc. (1).

Le comte de Vertus se mit résolument à l'œuvre
et poussa vigoureusement les opérations du siége,
mais les défenseurs de Parthenay repoussaient ses
attaques avec avantage. Chaque jour messire Gille
d'Appellevoisin sortait de la place à cheval et revêtu
de son armure, provoquant les chevaliers de l'armée
royale en combat singulier et demandant à rompre
une lance avec l'un d'eux. Presque toujours il trouvait un adversaire disposé à lui tenir tête ; mais il
sortait continuellement vainqueur de ces rencontres,
et, après avoir abattu son ennemi, au lieu de le
faire prisonnier, il se contentait de lui prendre son
cheval et d'exiger un marc d'argent (2). Ce n'étaient

(1) Juvénal des Ursins, *Histoire de Charles VI*, p. 456 ; Paris,
Pacard, 1614.

(2) Juvénal des Ursins, idem.

pas seulement ceux de la ville que les assiégeants avaient à combattre. Un capitaine de brigands, nommé Lévesque, leur faisait une guerre de surprises fort incommode. Retiré dans les forêts impénétrables qui couvraient le pays, il en sortait à l'improviste, tantôt pour assaillir les parties du camp les plus mal gardées, tantôt pour intercepter les convois de vivres, dont la conduite avait été confiée pendant quelque temps à Pierre des Vignes, écuyer du comte de Vertus (1). Les soldats de l'armée royale, furieux des maux que leur faisaient éprouver ces attaques inopinées, n'accordaient aucun quartier aux bandits de Lévesque. Tous ceux d'entre eux qui tombaient entre leurs mains étaient pendus aux arbres sans miséricorde (2).

Non loin de Parthenay se trouvait un château fort appelé Tennesue, appartenant à Guillaume de la Court. La petite garnison qui l'occupait gênait probablement par ses sorties les opérations du siége, car le comte de Vertus, impatienté, résolut de la faire attaquer, pensant bien qu'on en viendrait à bout assez facilement. Le 9 juin, il ordonna à un de ses officiers, Pierre Eportal, de parcourir les villes et bourgades du Poitou, d'y réunir au nom du roi un nombre suffisant de pionniers, de maçons, de charpentiers, munis de leurs outils, et de les amener

(1) Archives de la préfecture de Niort.
(2) Juvénal des Ursins, *Histoire de Charles VI*. Paris, Facard, 1614.

le plus promptement possible devant Tennesue (1).
Son intention était de faire démolir cette petite forteresse dès qu'il s'en serait emparé. Mais, contre toute
attente, elle résista aussi longtemps que Parthenay.
Le comte de Vertus commençait à concevoir de vives
inquiétudes sur l'issue de la guerre. C'est alors qu'il
eut la pensée d'employer un moyen qui semblait devoir amener infailliblement la capitulation de la ville.
La plupart des défenseurs de Parthenay, nous l'avons
déjà dit, étaient des gentilshommes de Gâtine. Le
comte de Vertus leur fit savoir que, s'ils ne se rendaient pas, on allait confisquer leurs domaines et
abattre leurs habitations, « dont il y en avait de
moult belles, » dit le chroniqueur. Cette menace fut
mise à exécution, et plusieurs résidences seigneuriales furent détruites de fond en comble. La mesure
était sévère : elle fut très sensible aux assiégés sans
pouvoir les amener néanmoins à une capitulation (2).
Un personnage marquant dans la ville, Jean de l'Aubertière, bailli de Gâtine, n'avait pas attendu ce
moment pour se soumettre. Dès le commencement
du siége, il avait sollicité et obtenu du comte de
Vertus un sauf-conduit pour se retirer à Bressuire
avec sa famille, car il voulait, disait-il, demeurer
« bon sujet du roi et du régent (3). »

Sur ces entrefaites, un rapprochement momentané

(1) Archives de la préfecture de Niort. — Le château de Tennesue
subsiste encore à deux lieues de Parthenay.

(2) Juvénal des Ursins, *Histoire de Charles VI.*

(3) Archives de la préfecture de Niort.

eut lieu entre le dauphin et le duc de Bourgogne
Jean Sans-Peur. Le traité qu'ils signèrent à Pouilly-
le-Fort, le 11 juillet 1419, fut ratifié huit jours après
par lettres du roi Charles VI. Il y était dit que les
deux partis déposaient les armes pour réunir leurs
forces contre les Anglais: en conséquence les siéges
de villes entrepris, soit par les troupes bourgui-
gnonnes, soit par celles du dauphin, devaient être
levés immédiatement. En ce qui concerne Parthenay,
il fut convenu que la garde de cette place serait confiée à un capitaine choisi par le duc de Bourgogne et
agréé par le dauphin. On stipula expressément que
ce capitaine prêterait serment de remettre au dauphin la ville et le château de Parthenay après la mort
de Jean Larchevêque, ainsi que le voulait le contrat
de vente passé entre eux en 1416. Moyennant cette
condition, le siége serait levé par l'armée royale, et,
de son côté, la garnison évacuerait la ville. Le dauphin, comme on voit, prenait ses précautions pour
prévenir le retour de nouvelles hostilités de la part
de Jean Larchevêque, et le mettre dans l'impossibi-
lité de braver son autorité à l'avenir (1).

En exécution du traité de Pouilly, le duc de Bourgogne désigna messire Régnier Pot, seigneur de la
Périgne, pour remplir les fonctions de capitaine gardien de Parthenay. Le dauphin, ayant approuvé ce
choix, envoya immédiatement au camp du comte de
Vertus maître Guillaume Cousinot, chancelier d'Or-

(1) Ordonnances des rois de France, t. XII, p. 253.

léans, avec la mission de faire connaître au commandant en chef la conclusion de la paix, et surtout
d'en faire accepter les conditions à Jean II Larchevêque. Arrivés sous les murs de Parthenay, Guillaume Cousinot et Régnier Pot ne tardèrent pas à se
mettre en rapport avec Jean Larchevêque. Celui-ci
les reçut fort bien et se montra disposé à exécuter
les clauses du traité de Pouilly qui le concernaient.
Bref, après plusieurs conférences, l'acte définitif qui
mettait un terme au siége de Parthenay fut signé le
31 août 1419 à Parthenay-le-Vieux par le comte de
Vertus, agissant en sa qualité de lieutenant et capitaine général du roi et du dauphin, régent du
royaume, en Poitou et en Guienne. Les prescriptions qu'il contenait furent scrupuleusement accomplies de part et d'autre. Messire Régnier Pot ayant
été installé dans ses nouvelles fonctions, le sire de
Parthenay prêta entre ses mains, en présence de
Guillaume Cousinot, le serment d'observer fidèlement les conditions de la paix, d'obéir au dauphin
comme à son seigneur naturel, et de n'introduire
qu'un nombre limité d'hommes de guerre dans sa
forteresse. Les chevaliers et officiers du sire de Parthenay et les habitants de la ville jurèrent également
d'être vrais et loyaux sujets du dauphin; de ne pas
souffrir que leur seigneur lui fît dorénavant la guerre,
et surtout d'empêcher qu'à la mort de Jean Larchevêque la ville de Parthenay passât en d'autres mains
qu'en celles du roi et du dauphin, suivant la teneur
du contrat de 1416. De son côté, Régnier Pot jura

de défendre les intérêts de Jean Larchevêque et de ses sujets tant qu'il resterait chargé de garder son château, et de lui obéir en tout, sauf dans le cas où il voudrait l'expulser de son poste. Enfin, les chevaliers de l'armée du comte de Vertus jurèrent à leur tour d'observer fidèlement la paix et de ne commettre envers le sire de Parthenay ou ses vassaux aucun acte qui pût leur porter préjudice. Le traité du 31 août accorda aux vaillants défenseurs de Parthenay le droit de rentrer immédiatement en possession de leurs domaines que l'on avait confisqué pendant le siége. Après l'accomplissement de ces formalités, la paix fut solennellement proclamée dans la ville et dans le camp ; la garnison évacua la place et l'armée royale leva le siége. Il avait duré quatre mois (1).

A peine la tranquillité était-elle rétablie en Gâtine que le dauphin en profita pour obtenir de Jean Larchevêque une nouvelle vente de ses domaines. En effet, les contrats précédents de 1405 et de 1416 n'avaient jamais reçu d'exécution ; il était donc prudent de les faire renouveler ou confirmer. C'est ce qui ne tarda pas à avoir lieu, ainsi qu'on pouvait le prévoir d'après certains passages du traité de Parthenay-le-Vieux. Un troisième acte de vente fut passé à Bourges le 19 novembre 1419 : Jean Larchevêque se réserva, comme il l'avait fait antérieu-

(1) Copie vidimée du traité de Parthenay-le-Vieil, en date du 4 septembre 1419, qui m'a été communiquée à Poitiers par M. Charles Calmeil. — Il existe une autre copie de ce traité aux archives de la Soc. des Ant. de l'Ouest.

rement, l'usufruit de toutes ses baronies ; plusieurs terres, notamment le Fontenioux, ne furent point comprises dans la vente et demeurèrent la propriété du sire de Parthenay. Le prix ne fut point changé ; il resta fixé à sept vingt et un mille écus d'or que le dauphin s'engagea à verser en plusieurs termes (1).

Cependant Marie et Jeanne de Parthenay n'avaient pas vu sans dépit leur frère aliéner au profit de la couronne les immenses domaines de la famille Larchevêque. Elles protestèrent de nouveau contre cet acte et demandèrent sa nullité. Leurs prétentions étaient principalement fondées sur le contrat de mariage de Jeanne qui assurait la succession du sire de Parthenay à ses sœurs dans le cas où celui-ci n'aurait pas d'enfants. Mais tous leurs efforts furent inutiles. Celle qui se montra la plus exaspérée fut Jeanne. Nous avons dit plus haut qu'elle avait épousé le vicomte de Melun ; elle en eut une fille nommée Marguerite qui épousa Jacques d'Harcourt. Ce baron partagea sans peine les regrets mortels que faisait éprouver à sa nouvelle famille la perte de la baronie de Parthenay, et c'est peut-être à l'instigation de sa belle-mère qu'il essaya, en 1423, de s'emparer par ruse du château de Jean II Larchevêque. Monstrelet, Pierre de Fenin et d'autres annalistes ont raconté cette tentative insensée qui coûta la vie à son auteur ; mais le récit le plus curieux est celui que M. Marchegay a inséré dans sa notice.

(1) Archives impériales, carton J. 183, no 135.

Jacques d'Harcourt, qui revenait du Crotoy assiégé par les Anglais, se trouvait à Poitiers à la cour de Charles VII, lorsqu'il conçut l'idée d'aller voir son oncle à Parthenay, « lequel ( le sire de Parthenay) luy fit grande chère et le receut honorablement. Le dit de Harcourt regarda fort icelle place, qui semblait belle et forte, et convoita fort de l'avoir, s'imaginant et considérant que son oncle n'estait pas bien sage, comme l'on disait; puis s'en retourna pensant qu'il retournerait une autrefois et qu'il aurait la place, s'il pouvait; car si luy et ses gens pouvaient entrer au chasteau ils seraient les plus forts ; ce qui luy semblait facile à exécuter, veu qu'au dit chasteau il y avait une issue qui s'en allait aux champs, laquelle il ouvrirait à force et mettrait gens par là, puis ferait lever le pont levis du costé de la ville, tellement qu'on ne pourrait secourir ceux du dedans. Or, pour mettre son imagination à exécution il s'en vint à Parthenay et fit mettre une embuscade assés près du pont levis ou de l'entrée qui sortait du chasteau aux champs. Entré qu'il fut au chasteau on luy fist bonne chère et il y disna, et ne se donnait on de garde de ce qu'il voulait faire. Après le disner, il vint au seigneur de Parthenay, son oncle, et luy dit pleinement qu'il avait sa part au dit chasteau et qu'il fallait qu'il le gardast à son tour; et que s'il y avait homme qui l'en voulust empêcher qu'il le tuerait et ferait mourir. Et dit-on que luy et ses gens tirèrent leurs épées. Le seigneur et ses gens furent bien esbahis desquels aucuns se retirèrent en la tour du

pont levis devers la ville lequel estait levé. Si tinrent la dite tour et commencèrent d'en haut à crier
l'alarme, pourquoy le peuple de la ville s'esmeut
tout à coup et apportèrent eschelles, si gagnèrent et
abattirent le pont levis et entrèrent dedans la place à
l'ayde de ceux de dedans la tour, puis tuèrent tous
les gens du dit de Harcourt, lequel se retira en une
tour en bas où il y avait de petites arbalestes et
fenestres qui étaient bien estroites. Toutefois on luy
perça les deux cuisses d'une lance par une des lu-
carnes, et pour abréger il fut tué et ses gens furent
jettez tous morts en la rivière et il fut enterré en un
cimetière (1). » Parmi les gens de Jacques d'Harcourt qui périrent avec lui dans sa folle entreprise,
citons Jean de Herselannes, Jean de Fronssières et
Philippe de Neuville (2).

La conduite déloyale de Jacques d'Harcourt et la
terrible catastrophe qu'il s'était attirée causèrent une
vive et fâcheuse impression sur l'esprit du sire de
Parthenay. Ce faible vieillard, sur le point de descendre dans la tombe, avait la douleur de voir ses pa-
rents l'accabler de leurs obsessions pour s'assurer
son riche héritage. Mais il ne pouvait changer la
situation des choses. La vente qu'il avait consentie
au roi en 1419 l'avait définitivement dépouillé de
ses domaines ; il n'était plus maître chez lui. Toutes
ses baronies appartenaient maintenant à la couronne,

(1) *Not. sur les Larch.*, par Marchegay.
(2) Enguerrand de Monstrelet, vol. II, p. 9, éd. 1572.

et il n'en était plus que simple usufruitier. Néanmoins il paraît que Jean Larchevêque, cédant sans doute aux sollicitations de ses sœurs, chercha à faire annuler le contrat de 1419 (1). Mais Charles VII, loin d'y consentir, ne songea qu'à user souverainement de ses droits de propriété sur Parthenay. Par lettres patentes du 24 octobre 1425, il donna à Arthur de Richemont, qu'il venait de nommer connétable, toutes les seigneuries de Parthenay, Vouvent, Mervent, Secondigny, Coudray-Salbart, Béceleuf et Châtelaillon (2). Jean Larchevêque, dans son impuissance, se soumit humblement et souscrivit même l'acte de donation. Il ne faut point s'en étonner : la faiblesse habituelle de son caractère ne fut pas la seule cause de ce nouveau changement dans sa volonté. La tentative de Jacques d'Harcourt l'avait singulièrement irrité contre sa famille. Depuis ce fatal événement, il se laissa exclusivement dominer par l'influence royale. Aussi, non content d'avoir donné son consentement à la donation de 1425, il alla jusqu'à reconnaître formellement pour son héritier le connétable de Richemont, naguère encore son ennemi. Il convoqua tous ses vassaux de Gâtine, tous

(1) Extrait des Généalogies de Sainte-Marthe, dans dom Fonteneau, t. 86.

(2) Collection Dupuy 634 (bibl. imp.). — Extrait de Robert du Dorat, dans dom Fonteneau, t. 79. — Thibaudeau, t. 2, p. 49. — Ces lettres de 1425 données à Poitiers furent enregistrées à la chambre des comptes le 12 août 1426. Elles furent renouvelées à Tours le 9 avril 1434.

les capitaines de ses places et leur fit prêter serment
d'être bons et loyaux sujets du connétable, leur futur
seigneur (1). Aussitôt tous les vassaux de Parthenay,
voulant faire preuve de dévouement et de fidélité
envers celui que leur vieux maître avait désigné
pour son successeur, s'empressèrent d'aller rejoindre
Richemont qui se rendait alors à Bourges auprès
du roi, accompagné d'une multitude de barons de
la Bretagne, du Poitou, du Berry et de l'Auvergne
(1425) (2).

Jean II Larchevêque mourut au commencement de
l'année 1427 dans un âge fort avancé (3). Il ne laissait aucun enfant de son mariage avec Brunissende
de Périgord. C'était un seigneur doux, pieux, chari-
table et chéri de ses vassaux. Une rente de deux
setiers de seigle qu'il constitua sur la Bertrandière
( paroisse de la Payrate ), le 24 juin 1404, en faveur
de *la charité du Trézain de Saint-Jean*, nous fournit
l'occasion de dire un mot de cette institution de bienfaisance, qui d'ailleurs n'était pas la seule dans notre
ville. On appelait *Trézain de Saint-Jean* une aumône
publique que l'on distribuait annuellement le jour de

(1) Mémoires de Guillaume Gruel sur le connét. de Richemont,
coll. Petitot, I<sup>re</sup> série, t. 8. — M. Mazas, dans sa belle et savante
biographie de Richemont, commet une inexactitude. Il donne le nom
de Jean de Villiers au seigneur de Parthenay qui légua sa baronie au
connétable ; son nom véritable est Jean II Larchevêque.

(2) Mémoires de Guillaume Gruel.

(3) Extrait des Généal. de Sainte-Marthe, dans dom Fonteneau,
t. 86. — Gruel.

l'Invention de la Sainte-Croix, devant l'église Saint-Jean de Parthenay, dans le cimetière de cette paroisse. Cette aumône se faisait depuis un temps immémorial. L'origine de sa fondation est inconnue. Les biens, dont elle se composait, consistaient la plupart en rentes, provenant des libéralités des seigneurs et des personnes riches de la ville. L'administration et la distribution du Trézain étaient confiées primitivement aux membres de la fabrique de Saint-Jean de Parthenay. Plus tard, au seizième siècle, ce fut un administrateur particulier qui en fut chargé. Dans la suite, les distributions se firent sous les halles de la ville. Enfin, vers l'année 1681, le Trézain de Saint-Jean fut réuni à l'hôpital, dont il alla grossir les revenus (1).

Jean II Larchevêque créa, le 27 mars 1412, dans l'église Sainte-Croix, les trois dignités de chapier, diacre et sous-diacre, pour la dotation desquelles il donna trois métairies, les Bazillières, la Bertrandière et l'Ingremaillière (2). On sait qu'il existait déjà dans cette église un chapitre fondé au xII^e siècle par les seigneurs de Parthenay. Il se composait d'un écolâtre, d'un chantre, de quatre chanoines et du curé de la paroisse, qui était en même temps chanoine. Trois vicaires perpétuels, un maître de psallette, quatre enfants de chœur et un sacristain leur avaient été adjoints. Les seigneurs de Parthenay

(1) Archives de l'hôpital de Parthenay.
(2) Inventaire manusc. des titres de Sainte-Croix de Parthenay.

avaient la collation de tous ces bénéfices. Dans les processions publiques et autres cérémonies ecclésiastiques , le chapitre de Sainte-Croix jouissait du droit de préséance sur tout le clergé de la ville, tant régulier que séculier (1).

(1) *Pouillé général contenant les bénéfices de l'archevêché de Bordeaux* ; Paris, Alliot, 1648. — Inventaire des titres de Sainte-Croix.

# CHAPITRE VI.

## RICHEMONT ET LES LONGUEVILLE, SEIGNEURS DE PARTHENAY, JUSQU'AUX GUERRES DE RELIGION.

---

**ARTHUR DE BRETAGNE, comte de Richemont, connétable de France, seigneur de Parthenay (1427-1458).**

La branche aînée des Parthenay–Larchevêque venait de s'éteindre dans la personne de Jean II. Pendant les cinq siècles que ces barons régnèrent en Gâtine, ils n'avaient cessé de travailler au bien des populations et de jouir d'une grande influence en Poitou. Après eux, la ville de Parthenay perd considérablement de son importance politique. C'est le résultat nécessaire de l'affaiblissement de la féodalité et de la prépondérance toujours croissante de l'autorité royale; les petites souverainetés locales disparaissent ou s'affaiblissent : l'unité nationale s'établit progressivement.

Arthur de Bretagne, comte de Richemont, que le dernier seigneur avait institué son héritier, était digne, à tous égards, de remplacer l'illustre famille Larchevêque à Parthenay. Tout le monde connaît les services immenses que cet homme éminent, l'un des plus grands capitaines du quinzième siècle, rendit à la France durant le cours de sa glorieuse existence. Les vassaux de Gâtine, tout en regrettant la perte de leurs anciens maîtres, durent être fiers néanmoins de marcher sous la bannière d'un guerrier qui contribua si puissamment à délivrer la nation du joug anglais. Richemont sut conquérir l'amour de ses nouveaux sujets. Il se plaisait au milieu d'eux. Parthenay était son séjour de prédilection, et il ne manquait jamais d'y venir goûter le repos et le bonheur de la famille, toutes les fois que les graves occupations de sa charge de connétable lui en laissaient le loisir.

Comme tous les hommes supérieurs, Arthur de Richemont fut en butte aux traits de l'envie et injustement persécuté. Georges de la Trémouille, son ennemi irréconciliable, profita de la faveur dont il jouissait auprès de Charles VII pour le perdre dans l'esprit de ce monarque. Il n'y réussit que trop bien. Au moment où le comte de Richemont prenait pos-

session de sa baronie de Parthenay, il apprit sa disgrâce ( 1427 ). Mais il trouva des défenseurs et des
partisans parmi tous ceux que l'arrogance du favori
avait indignés. Le duc de Bourbon et le comte de la
Marche notamment s'entendirent avec lui pour ren-
verser la Trémouille. Il en résulta une guerre civile
d'autant plus malheureuse qu'elle était profitable aux
Anglais dont elle favorisait les progrès. Madame de
Guienne, veuve du Dauphin Louis et maintenant
épouse du nouveau seigneur de Parthenay, habitait
alors Chinon, ville que le roi avait donnée naguère à
son mari. Ce fut précisément contre cette place que
Charles VII se dirigea d'abord en compagnie de la
Trémouille. Madame de Guienne fut fort effrayée quand
elle apprit que le roi était entré dans Chinon, grâce
à la connivence du capitaine Pierre de Saint-Belin
( 12 mars ). Le roi lui permit de se retirer où elle
voudrait, à condition qu'elle n'aurait aucunes relations avec le connétable; mais elle refusa énergiquement de se séparer de son mari. Enfin, après bien
des instances, on lui accorda la liberté d'aller où bon
lui semblerait. Madame de Guienne partit aussitôt
pour Parthenay où elle trouva le connétable qui
éprouva un sensible plaisir en la revoyant et lui fit
une joyeuse réception (1).

Pendant que le roi se rendait maître de Chinon,
le duc de Bourbon et le comte de la Marche, princes

(1) Mémoires de Guillaume Gruel sur le connét. de Richemont, collection Petitot, 1re série, t. 8.

du sang, s'emparaient de Bourges. Voulant poursuivre les hostilités, ils envoyèrent dire au comte de Richemont, qui se tenait toujours à Parthenay depuis sa disgrâce, de venir les rejoindre en toute hâte avec des gens de guerre. Celui-ci se mit immédiatement en marche pour réunir ses forces à celles de ses alliés; mais le roi le devança à Bourges et parvint à s'arranger avec les princes. Arthur de Richemont seul, à l'instigation de la Trémouille, ne fut pas compris dans le traité : il n'eut pas plutôt appris cet événement qu'il rebroussa chemin pour revenir à Parthenay. Ses ennemis ne l'y laissèrent pas en repos, et l'obligèrent par leurs attaques à avoir continuellement les armes à la main pour sa propre défense. L'un d'eux nommé Jean de la Roche, homme dévoué à la Trémouille, se montrait le plus acharné. Lui et ses gens couraient continuellement le pays en commettant partout des actes de brigandage intolérables. Pendant l'hiver de 1428, Richemont, pour réprimer ces déplorables excès, tenta la prise du château de Sainte-Néomaye, près Saint-Maixent, qui appartenait à Jean de la Roche. Les forces qu'il dirigea contre cette petite place furent mises sous le commandement de son lieutenant messire Jean Sauvestre, chevalier de Gâtine (1), et de plusieurs autres capitaines, notamment le bâtard Chapelle. Quant à lui, il demeura à Parthenay, car il méprisait trop ces

---

(1) La famille Sauvestre possédait la terre de Clisson en Boismé. La dernière héritière épousa plus tard un Lescure, dont le dernier descendant s'est immortalisé pendant les guerres de la Vendée.

misérables querelles pour daigner y prendre part
personnellement, à moins que la nécessité ne l'y
obligeât. Dès qu'il fut instruit du danger qui menaçait Sainte-Néomaye, Jean de la Roche accourut à
son secours, et, comme il amenait des forces supérieures, les troupes du seigneur de Parthenay furent
obligées de se tenir sur la défensive dans leur camp
retranché. Puis elle opérèrent leur retraite en bon
ordre sur les places fortes de la Gâtine (1).

Il y avait deux ans que le connétable languissait
dans l'inaction à Parthenay. Les succès des Anglais
le remplissaient de douleur, et, malgré les injustes
persécutions dirigées contre lui, il brûlait du désir
de mettre son épée et ses talents au service de sa
patrie et de son roi. Soudain il apprend qu'une jeune
fille inspirée, l'héroïque Jeanne d'Arc, s'est mise à
la tête des Français découragés et marche au secours
d'Orléans assiégé par les Anglais. Aussitôt le comte
de Richemont sollicite instamment la faveur de prendre part à ce grand mouvement national ; ses offres
de service sont rejetées avec hauteur. Alors n'écou-
tant que son patriotisme, il réunit, avec la plus
grande célérité, huit cents archers et deux mille féodaux tirés de ses domaines de la Bretagne et du
Poitou, quitte Parthenay et se dirige à marches forcées vers Orléans. Arrivé à Loudun, il rencontra le
sire de la Jaille qui venait de la part du roi, ou plutôt
de celle de la Trémouille, lui ordonner de ne pas
avancer plus loin. Mais il n'en continua pas moins sa

(1) Mémoires de Guillaume Gruel.

route, passa la Vienne à gué le 1er mai 1429, traversa la Loire à Amboise et rejoignit l'armée royale devant Beaugency. Là, ayant enfin obtenu, non sans peine, la permission d'exercer sa charge de connétable, le comte de Richemont reprit le commandement suprême. Il se signala bientôt d'une manière brillante à la bataille de Patay, au succès de laquelle il contribua si puissamment (18 mai 1429). Mais la haine de la Trémouille vint encore lui susciter de nouveaux embarras et l'abreuver de cruelles humiliations. Charles VII, qui n'agissait jamais que d'après les conseils de cet odieux favori, ordonna au connétable de retourner dans ses domaines, déclarant qu'il n'avait plus besoin de ses services. A cette nouvelle accablante, le comte de Richemont envoya auprès du roi les sires de Beaumanoir et de Rostremen pour essayer de le fléchir. Il fit également les plus vives instances auprès de la Trémouille, lui demandant pour toute faveur de pouvoir servir le roi et travailler au bien de l'État. Tout fut inutile, et Richemont se vit obligé de regagner son château de Parthenay sous le poids de cette injuste disgrâce. Pour tout dédommagement, on lui confia la mission assez insignifiante de surveiller les mouvements des Anglais dans le Maine et la Normandie, pendant que le roi irait se faire sacrer à Reims. Au fond, on n'avait en vue qu'une chose, l'empêcher d'assister à cette importante cérémonie (1).

(1) Mémoires de Gruel. — *Vies des grands capitaines français*, par Mazas, t. 5, vie de Richemont, *passim*.

La jalousie et la haine de la Trémouille étaient si grandes qu'il conçut le honteux projet de faire assassiner le connétable. Celui-ci revenait alors du Maine où il était allé tenter un coup de main contre le château de Fresnay-le-Vicomte, occupé par les Anglais, et il se rendait à Parthenay, sa retraite habituelle ( hiver de 1429 ). Or, un jour qu'il chevauchait tranquillement au milieu de ses chevaliers, on aperçut tout à coup parmi les gens de l'escorte un cavalier inconnu qu'on n'avait pas encore remarqué. Cet homme, qui se disait Picard, cherchait à se rapprocher du connétable; ses allures étaient suspectes. Le comte de Richemont ayant questionné un de ses officiers, Gilles de Saint-Simon, pour savoir quel était cet homme, il n'en put rien apprendre. Alors s'adressant à l'inconnu lui-même, il lui demanda ce qu'il était venu faire ici. Celui-ci, déconcerté par le ton résolu du connétable, répondit qu'il allait avouer franchement son dessein, à condition qu'on voulût bien lui pardonner d'avance. Ayant reçu l'assurance de sa grâce, le Picard apprit à Richemont que la Trémouille l'avait chargé de l'assassiner moyennant une grosse somme d'argent. Richemont, sans manifester la moindre indignation, donna un marc d'argent à ce méprisable sicaire, et le congédia en lui recommandant de ne plus se charger de pareilles commissions (1).

De retour à Parthenay, le connétable se montrait

(1) Mémoires de Gruel.

plus disposé que jamais à y vivre à l'écart, lorsqu'il apprit avec étonnement que le roi et son ministre lui faisaient des ouvertures pacifiques, et lui proposaient une entrevue dans un lieu qu'ils indiquaient entre Parthenay et Poitiers (1430). Ce changement subit de la part de la Trémouille pourrait paraître surprenant, si l'on ne savait qu'un intérêt tout personnel le poussait en ce moment à se rapprocher de son plus grand ennemi. En effet, la Trémouille cherchait depuis longtemps à obtenir pour son fils aîné la main de Françoise, fille de Louis d'Amboise, vicomte de Thouars, mais toutes ses démarches avaient échoué. Le vicomte refusait absolument son consentement. Le favori, sachant que le connétable entretenait de très bonnes relations avec le vicomte de Thouars, et qu'il avait une grande influence sur ses déterminations, voulut essayer de le mettre dans ses intérêts. Tel fut le motif de l'entrevue proposée à Richemont. Celui-ci, qui concevait de justes défiances, refusa de se trouver au rendez-vous. Le vicomte de Thouars, plus confiant, s'y rendit avec le sire de Lezay et Antoine de Vivône. L'infâme la Trémouille, furieux de n'avoir pu réaliser ses projets ambitieux, les fit traîtreusement arrêter au milieu d'une partie de chasse. Le sire de Lezay et Antoine de Vivône furent mis à mort. Quant au vicomte de Thouars, on se contenta de le faire emprisonner au château de Poitiers en attendant son procès (1). La vicomtesse de

(1) Mémoires de Gruel. — Thibaud., *Hist. du Poitou*, t. II, p. 117.

Thouars elle-même, Marguerite de Rieux, menacée
jusque dans son château par des partisans que la
Trémouille avait su se gagner, s'enfuit à Mauléon
( Châtillon-sur-Sèvre ), d'où elle implora la protection du comte de Richemont. Celui-ci s'empressa de
la faire venir à Parthenay où il lui offrit un refuge
assuré. Bientôt les sires de Châteauneuf, de Beaumanoir, de Rostremen, et beaucoup d'autres chevaliers ou écuyers, vinrent l'y trouver pour se mettre
généreusement à son service. Le connétable profita
de la présence de la vicomtesse à Parthenay pour
négocier le mariage de sa fille, Françoise d'Amboise,
celle-là même que la Trémouille n'avait pu obtenir
pour son fils, avec son neveu, Pierre de Bretagne.
Françoise, qui avait accompagné sa mère à Parthenay, fut envoyée bientôt à la cour du duc de Bretagne; Richemont ne tarda pas à la rejoindre et
revint ensuite à Parthenay avec Pierre, son neveu
( 1430 ) (1).

Cependant la Trémouille ne gardant plus de mesure
poursuivait son œuvre de vengeance contre le malheureux Louis d'Amboise qu'il retenait toujours dans
les fers. Un arrêt du parlement, siégeant alors à
Poitiers, en date du 8 mai 1431, confisqua les immenses domaines du vicomte de Thouars, et le spo-
liateur ne rougit point d'en prendre possession au
nom de la couronne (2). Cette conduite odieuse sou-

(1) Mémoires de Gruel.
(2) *Hist. du Poitou*, par Thibaudeau, t. II, p. 117, 118.

leva l'indignation générale. Le comte de Richemont
prit hardiment la défense de la famille de Thouars
dépouillée par une inique sentence, et ne craignit
point de se mettre en quelque sorte en opposition
avec l'autorité royale, car le faible Charles VII, entièrement dominé par son favori, approuvait tous
ses actes par son silence. La guerre civile éclata
donc de nouveau en Poitou. La Trémouille, d'un côté,
cherchait à se maintenir en possession de la vicomté
de Thouars : d'un autre côté, le seigneur de Parthenay
et ceux qui avaient embrassé la même cause faisaient
tous leurs efforts pour lui arracher ce riche héritage
et le rendre à ses maîtres légitimes. Les sires de
Beaumanoir et de Rostremen, qui étaient venus à
Parthenay offrir le secours de leur épée à la vicomtesse de Thouars, ouvrirent les hostilités par la prise
de Marans, Benon et l'île de Ré, où ils rétablirent
l'autorité de la famille d'Amboise. Mais la Trémouille
ayant envoyé contre eux le sire d'Albret, lieutenant
du roi, avec des troupes composées en grande partie
de Gascons, Marans et Benon retombèrent bientôt
en son pouvoir : Beaumanoir et Rostremen, contraints
de reculer, se réfugièrent à Fontenay. A la suite de
ces premiers succès, le sire d'Albret occupa Châtelaillon qui appartenait, comme on sait, au sire de
Parthenay. La perte de cette place fut d'autant plus
sensible au comte de Richemont, que le capitaine,
auquel il en avait confié la défense, s'était rendu
sans opposer la moindre résistance. Aussi se montra-
t-il d'une extrême sévérité à son égard : il lui fit

trancher la tête. La prise de Gençay sur la Trémouille dédommagea Richemont. Il était temps qu'un traité vint mettre un terme à cette lutte déplorable. Il fut conclu aux conditions suivantes : le seigneur de Parthenay rentra en possession de Châtelaillon ; la Trémouille, de son côté, recouvra Gençay ; enfin, la garde de Mauléon, qui dépendait de la vicomté de Thouars, fut confiée à Prégent de Coétivy (1431) (1).

Une convention d'un autre genre intervint en même temps entre Charles VII et le comte de Richemont. On stipula que ce dernier ne ferait plus battre monnaie à Parthenay ; mais, à titre de compensation, le roi lui accorda le droit de s'approprier les aides qui viendraient à être mises sur sa baronie de Parthenay. Ce n'était pas seulement depuis Richemont que l'on battait monnaie dans cette ville. Il ne paraît pas douteux qu'anciennement les Larchevêque se soient attribués ce droit souverain, à l'exemple de presque tous les autres barons. L'ordonnance royale de 1346 en avait interdit, il est vrai, l'exercice à la féodalité ; mais au commencement du xv⁰ siècle, les seigneurs de Parthenay usèrent de nouveau, on ne sait trop comment, de cette prérogative. Ils firent fabriquer de la monnaie depuis l'an 1418 jusqu'en 1431, époque à laquelle cet usage cessa définitivement, comme nous venons de le voir (2).

(1) Mémoires de Gruel.
(2) *Hist. de Niort*, par Briquet, t. 1ᵉʳ, pièces just., p. 434, 435.
— Dissertation de M. Lecointre-Dupont sur les monnaies du Poitou.
— Notes manuscrites de M. Allard-la-Reynière.

Vers le milieu de l'année 1432, le connétable, qui résidait toujours à Parthenay, apprit tout à coup qu'un capitaine, Pierre Regnault, frère de la Hire, s'était emparé par surprise de Mervent le jour de la Pentecôte. Cette agression inattendue, que rien ne justifiait et à laquelle la Trémouille n'était peut-être pas étranger, irrita profondément Richemont. Sur-le-champ, il rassemble ses arbalétriers, convoque tous ses vassaux de Gâtine, met en réquisition les gens de sa maison et les dirige sur Vouvent sous la conduite de son lieutenant Prégent de Coétivy et de deux capitaines, le bâtard Chapelle et Pennemare. Huit jours après, Mervent assiégé capitulait et rentrait sous la domination du sire de Parthenay (1).

Le comte de Richemont, se rendit à Vannes, à la fin du mois de septembre 1432, pour assister aux obsèques de la duchesse de Bretagne, sa belle-sœur (2). Un grand nombre de princes, de chevaliers et d'écuyers se trouvaient réunis à cette cérémonie. Tous détestaient la Trémouille et désiraient ardemment sa perte. « Ils résolurent, d'un commun accord, de soustraire Charles VII à l'obsession d'un favori qui s'était fait le détracteur du connétable, de Jeanne d'Arc, et des plus fidèles serviteurs du roi. En conséquence, dans le mois qui suivit les funérailles de la duchesse de Bretagne, ils s'abouchèrent une seconde fois au château de Parthenay, chez le comte de Richemont.

(1) Mémoires de Gruel.
(2) Jeanne de France, fille de Charles VI, avait épousé Jean V, duc de Bretagne, en 1404.

Cette assemblée, composée de soixante barons, dont quatre princes du sang, convint que le bien du royaume exigeait le renvoi du conseiller suprême : on organisa une vaste conspiration, dans laquelle figuraient tous les gens de la maison de Charles VII et même des valets (1). » Le sire de Parthenay était l'âme du complot, mais la mise à exécution en fut confiée à Prégent de Coétivy, aux sires du Breuil, de Chaumont, de la Varenne et de Rasnyvinen. Introduits dans Chinon pendant la nuit, les conjurés surprirent la Trémouille dans son lit, s'emparèrent de sa personne et l'emprisonnèrent à Montrésor. Le roi, réveillé par le tumulte de cette scène, éprouva d'abord beaucoup de frayeur ; mais averti de ce qui se passait, il parut satisfait de se voir enfin délivré d'un favori qui le dominait complètement. Il demanda si le comte de Richemont avait pris part à l'arrestation de la Trémouille : on lui répondit qu'il n'avait pas quitté Parthenay. Bientôt il approuva hautement la conduite audacieuse des conspirateurs, et fit donner l'ordre au favori déchu de ne plus reparaître en sa présence ( 1433 ) (2).

C'est à la suite de ce coup d'état, et grâce aux instances du comte du Maine, frère de la reine, près de Charles VII, que le comte de Richemont rentra enfin en grâce et reprit les fonctions de connétable. Son premier soin fut de quitter ses domaines de

(1) *Vies des grands capitaines français*, par Mazas, t. 5, p. 136, vie de Richemont.

(2 Mémoires de Gruel. — Vie de Richemont, par Mazas.

Gâtine pour reprendre la direction de la guerre contre les Anglais. Nous n'avons point à le suivre sur le théâtre de ses exploits. Qu'il nous suffise de savoir que sa réapparition à la tête des troupes françaises fut signalée par des avantages notables. Il revint à Parthenay pendant le carême de l'année 1435 pour voir madame de Guienne, son épouse. Mais son séjour y fut de courte durée, car le jour de Pâques il se trouvait à Tours auprès du roi auquel il rendait hommage pour sa baronie de Parthenay, devoir féodal que les dissensions intestines, survenues entre lui et la Trémouille, l'avaient empêché jusque-là d'accomplir (1). Après le célèbre traité d'Arras (21 septembre 1435), à la négociation duquel il prit une part si active, le connétable retourna de nouveau à Parthenay prendre quelque repos. Il n'en sortit que pour commencer cette magnifique campagne de 1436, qu'il termina par la conquête de Paris sur les Anglais (14 avril). Il y revint encore au mois de novembre de la même année pour chercher sa femme qu'il emmena dans la capitale (2).

Le connétable, affligé des désordres épouvantables commis par les gens de guerre, avait résolu de les réprimer, et surtout de faire prendre au roi des mesures énergiques capables d'en prévenir le retour. Vainement il avait infligé de terribles châti-

(1) Mémoires de Gruel.
(2) Idem. — En 1436, Etienne Cossin était châtelain de Parthenay et capitaine du pays de Gâtine pour le comte de Richemont (*Diction. historique des familles de l'ancien Poitou*).

ments à quelques capitaines indisciplinés ; tous ses efforts étaient restés impuissants. De toutes parts, les populations adressaient au roi les plaintes les plus vives. Le Poitou, désolé comme les autres provinces par les brigandages des compagnies, envoya au roi une députation dont faisaient partie le bailli de Parthenay, Jean de la Chaussée, et le sire de la Châtaigneraye. Charles VII promit aux députés poitevins de prendre leurs plaintes en considération, et leur accorda la diminution de la taille (1). Bientôt, de concert avec Richemont, il rendit l'ordonnance de 1439 qui introduisit des réformes salutaires, et donna aux compagnies une organisation inconnue jusqu'alors. Ces mesures provoquèrent de graves mécontentements parmi les capitaines qui ne voulaient point se plier au joug de la discipline. Le duc d'Alençon, gouverneur de Niort, le sire de la Roche, sénéchal de Poitou, la Trémouille, ancien ennemi de Richemont, Dunois lui-même, et beaucoup d'autres mécontents, attirèrent dans leur parti le jeune dauphin, et le mirent à leur tête. Cette révolte, connue dans l'histoire sous le nom de *Praguerie*, éclata d'abord en Poitou. Le comte de Richemont y courut avec le roi et inaugura, par la prise de Saint-Maixent, dont les rebelles venaient de se rendre maîtres, une longue série de succès, à la suite desquels l'autorité royale se releva plus forte qu'auparavant ( 1440 ) (2).

Charles VII voulut récompenser la fidélité des habi-

(1) *Hist. du Poitou*, par Thibaudeau, t. 2, p. 57.
(2) *Hist. de Niort*, par Briquet, t. 1er, p. 111, 112.

tants de Saint-Maixent qui s'étaient opposés vigoureusement aux entreprises des rebelles et avaient
même contribué au succès des troupes royales. Il
leur octroya d'importants priviléges, et, par ses lettres du 27 janvier 1441, rétablit dans leur ville le
siége royal qu'il avait récemment supprimé. Le siége
de Saint-Maixent, dans le ressort duquel se trouvaient les terres de Parthenay, Vouvent, Mervent et
en général tout le bailliage de Gâtine, existait depuis
fort longtemps. Le sénéchal du Poitou y venait toujours, suivant la 'coutume, tenir ses assises quatre
fois l'année. Cet état de choses était fort avantageux
pour les habitants de la Gâtine, qui, se trouvant
beaucoup plus rapprochés de Saint-Maixent que de
Poitiers, n'avaient pas besoin de se rendre dans cette
dernière ville lorsqu'ils voulaient plaider devant le
sénéchal. Charles VII, cédant aux sollicitations im-
portunes de la ville de Poitiers, ordonna que le sénéchal
ne tiendrait plus dorénavant ses assises ailleurs que
dans la capitale de la province; mais, sur les justes
réclamations des habitants de Saint-Maixent et du
procureur du seigneur de Parthenay, il n'hésita pas
à rendre les lettres patentes du 27 janvier 1441 qui
remirent les choses en leur premier état (1).

Le comte de Richemont vint passer quelques temps
à Parthenay, dans les premiers jours de l'année 1442,
pour aller de là en Bretagne auprès du duc Jean V,
son frère. Il s'y trouvait encore lorsqu'il perdit

(1) Dom Fonteneau, t. 46, p. 321.

Madame de Guienne, son épouse. Elle mourut,
le 2 février 1442, à Paris, où elle habitait depuis
cinq ans. On ne lui annonça cette triste nouvelle
qu'après son retour à Parthenay. Le connétable en
éprouva la plus vive affliction et fit célébrer dans
l'église collégiale de Sainte-Croix un service solennel
pour le repos de l'âme de la défunte. Il fallut un ordre du roi qui lui mandait de l'accompagner dans son
expédition de Guienne pour lui faire quitter Parthenay, où il semblait vouloir rester indéfiniment plongé
dans la douleur (1). Cependant il ne tarda pas à
contracter un second mariage avec Jeanne d'Albret,
le 29 août 1442 (2). La mort de son frère, qui arriva presqu'au même instant, le rappela en Bretagne.
Richemont quitta donc le Languedoc, conduisit sa
nouvelle épouse à Parthenay, et partit pour Rennes
où il assista au couronnement de son neveu, François I$^{er}$, nouveau duc (10 décembre 1442). Après
un mois de séjour en Bretagne, il reprit le chemin de
ses domaines : mais il ne se rendit pas immédiatement à Parthenay, car une épidémie grave sévissait
alors dans cette ville, et la comtesse de Richemont, fuyant le fléau, s'était retirée à Fontenay-le-
Comte. C'est là que le connétable alla la rejoindre. Ils
ne revinrent à Parthenay qu'après la cessation de la
contagion et y passèrent ensemble la fin de l'hiver (3). Une mort prématurée, qui frappa subitement

(1) Mémoires de Gruel.
(2) Hist. généalogique, etc., par le P. Anselme, t. I$^{er}$, p. 461.
(3) Mémoires de Gruel.

Jeanne d'Albret à Parthenay à la fin du mois de septembre 1444, vint mettre cruellement un terme au
bonheur des deux époux. Le comte de Richemont,
retenu loin du Poitou par les occupations continuelles
de sa haute dignité militaire, n'eut pas la consolation
d'assister à ses derniers moments. Jeanne d'Albret
avait expiré depuis deux jours lorsqu'il arriva à Parthenay (1).

Le connétable, nous l'avons dit, avait une prédilection marquée pour cette ville : jamais il ne
manquait d'y venir passer les courts instants de loisir que lui laissait la guerre. Ainsi, dans le courant
des années 1447, 1448 et 1449, il y fit encore plusieurs séjours que l'utilité de sa présence sur d'autres
points lui empêcha toujours de prolonger aussi longtemps qu'il l'aurait désiré (2).

Précédemment nous avons eu occasion de parler
de plusieurs traités conclus par les seigneurs de Parthenay avec quelques établissements religieux dans le
but de régler leurs droits respectifs et de prévenir
toute espèce de conflits. Un autre acte de la même
nature intervint à cette époque entre le comte de Richemont et le prieuré de la Maison—Dieu de Parthenay. Le point en litige portait sur un droit fiscal
appelé *soubmaille* perçu au profit du seigneur sur les
denrées et marchandises vendues dans la ville. Les

(1) *Hist. généalog. de la maison de France*, par le P. Anselme,
t. Ier, p. 461. — Vie de Richemont, par Mazas, t. 5 de son *Hist.
des grands cap. français*, p. 219.

(2) Mémoires de Gruel.

religieux de la Maison-Dieu avaient à Parthenay
« *plusieurs hommes couchants et levants sous eux* (1) »
qui étaient exempts de ce droit de vente depuis un
temps immémorial. Or, il arriva qu'un jour le procureur du seigneur de Parthenay, contestant le privilége des vassaux de la Maison-Dieu, en fit assigner
quelques-uns devant les grandes assises du bailli de
Gâtine pour les contraindre à payer le susdit droit.
Les religieux prirent naturellement la défense de leurs
hommes : de là le procès. Mais les parties parvinrent
à se concilier. Une transaction fut conclue le 11 février 1450 entre Jean Hamelin, prieur de la Maison-
Dieu, Pierre Durand, sous-prieur, Jean des Prés,
sacristain, Nicolas Desvaux, aumônier et prieur de
Château-Bourdin, Méry Boucault, Jean Lombard et
Jean Deschamps, religieux, d'une part, et Nicolas
Girault, procureur général du connétable, seigneur
de Parthenay, d'autre part. Cet acte énumère avec
beaucoup de soin les maisons et « teneurs d'icelles »
que les religieux « pourront tenir francs et quittes »
du droit de soubmaille. Les détails topographiques
dans lesquels il entre à ce sujet sont fort curieux,
car c'est par eux seuls que nous connaissons d'une
manière assez exacte l'ancien aspect de Parthenay au
moyen âge (2).

(1) Le mot homme est synonyme de vassal et non de serf. C'est ce
qu'à fort bien établi M. Léopold Delisle dans ses savantes Études sur
la Normandie, p. 22, 23.
(2) Cette précieuse transaction de 1450, que j'ai découvert par
hasard à Parthenay dans des papiers de famille, se trouve en ma pos-

Reportons-nous par la pensée au XV<sup>e</sup> siècle et franchissons l'enceinte de notre ville par la porte Saint-Jacques. Tout d'abord se présente à nous une rue longue, étroite et sinueuse appelée rue de la Vaux-Saint-Jacques. C'était là qu'habitaient comme aujourd'hui les fabricants d'étoffes de laine et de droguets. Laissons à droite la rue Feu-Simon appelée depuis rue du Château et une autre rue qui mène à la poterne du château. Laissons encore sur notre gauche la rue de Gaudineau et deux venelles sans noms qui conduisent à Saint-Jean. Nous traverserons ainsi toute la basse ville et nous arriverons au Vauvert. Là se tenait alors le marché aux bestiaux qui, plus tard au XVIII<sup>e</sup> siècle, sera transporté près du donjon où il se trouve encore. Montons maintenant dans la haute ville et traversons seulement la place pour faire une excursion jusqu'au château en passant sous la haute porte de la citadelle aux flancs de laquelle se sont déjà adossées plusieurs maisons. Nous rencontrerons sur notre route deux églises, Sainte-Croix et Notre-Dame-de-la-Couldre dont nous admirerons le riche portail. Au lieu de pénétrer dans le château que nous connaissons (voir chap. I<sup>er</sup>), revenons à la place par la même rue dite de la Citadelle, ou

session. — En voici en deux mots la substance : le seigneur de Parthenay abandonne aux hommes de la Maison-Dieu désignés dans l'acte l'exemption du droit de soubmaille dont ils jouissaient déjà; mais cette exemption sera suspendue lorsqu'ils viendront vendre leurs marchandises sur le marché et sous les halles de Parthenay, et ils seront tenus d'y venir les jours de foires annuelles.

si nous préférons, par une petite venelle qui lui est parallèle (1); à partir de leur point de jonction, non loin de Sainte-Croix, jusqu'à la porte de la citadelle, la rue portait alors le nom de la Fromagie qu'elle a perdu depuis. La place où nous voici de retour est le point central de la ville : six rues viennent y aboutir. C'est là que se trouvait placé comme de nos jours l'hôtel de ville (2). Prenons la Grand'Rue en laissant à droite la rue Morin; elle nous conduira à une autre petite place appelée les Grands-Bancs, parce que les bouchers y débitaient la viande (3). A droite s'ouvrent une rue conduisant à la porte du Sépulcre et une venelle rejoignant la rue Morin. Mais prenons une autre direction; tournons à gauche par la rue des Grands-Bancs, et sans nous engager dans la rue de la Petite-Saulnerie qui se dirige à gauche vers la place, arrivons au carrefour du Poids-des-Farines. Là viennent aboutir la rue de la Grande-Saulnerie, la rue conduisant à l'église Saint-Jean, dans laquelle débouche la rue Ferrole ou Bombarde, et la rue qui gagne le carrefour des Forges. De ce point partent trois autres rues, l'une qui conduit au couvent des Cordeliers, l'autre qui aboutit à la porte du Bourg-Belay,

---

(1) C'est celle qu'on appelle aujourd'hui rue des Gourmands.

(2) L'ancien hôtel de ville, dont plusieurs personnes se rappellent l'architecture gothique, doit remonter au moins à cette époque. Il fut brûlé, dit-on, pendant les guerres de la Vendée, et il était presque tout en ruine lorsqu'il fut reconstruit tel qu'il est, vers 1822, sous la mairie de M. d'Auzay

(3) La boucherie est restée là jusque vers 1820, époque à laquelle la ville en fit construire une nouvelle dans la rue Morin.

et la dernière connue alors sous le nom de la Beau-
gelère qui passe derrière l'église Saint-Laurent pour
atteindre ensuite la porte du Marchiou (1). Constatons
maintenant, sans sortir de ville, l'existence de deux
nouveaux faubourgs, ceux du Bourg-Belay et du Marchiou que nous ne connaissions pas encore. Quant aux
trois autres, le Sépulcre, Saint-Paul et Saint-Jacques,
nous savons qu'ils existaient dès le xɪᵉ siècle (voir
chap. Iᵉʳ). Telle était la ville de Parthenay en 1450,
et il y avait longtemps, sans nul doute, qu'elle présentait le même aspect. Aujourd'hui encore les bourgeois du xvᵉ siècle, nos ancêtres, s'ils revoyaient
notre ville, pourraient la parcourir sans crainte de
s'égarer. Bien des changements, il est vrai, s'y sont
opérés comme partout ; mais ce sont toujours les
mêmes rues étroites et tortueuses ; dans plusieurs
endroits, surtout dans la basse ville, de vieilles
maisons en bois sont encore debout. En un mot,
Parthenay n'a point subi ces grandes transformations
qui ont changé complètement l'aspect de plusieurs
autres cités.

En 1451, le connétable de Richemont fut nommé
gouverneur de la Basse-Normandie qu'il venait de
conquérir sur les Anglais. Ce nouvel emploi le con-
traignit de quitter Parthenay, où il avait passé les
premiers mois de l'année. Malgré ses occupations
multipliées, il ne manqua jamais jusqu'en 1456 d'y

(1) C'est probablement la même que celle que l'on nomme aujour-
d'hui rue Tête-de-Cheval.

revenir chaque année goûter quelques instants de bonheur et de tranquillité auprès de son épouse, car Richemont avait contracté un troisième mariage avec Catherine de Luxembourg, fille du comte de Saint-Paul. Étant devenu duc de Bretagne en 1456, par suite de la mort de Pierre II, son neveu, il dut abandonner définitivement sa chère Gâtine (1).

Deux ans après, en 1458, considérant qu'il était désormais condamné à mourir sans postérité, il consentit à laisser le roi disposer par anticipation de la seigneurie de Parthenay. En effet, il avait été stipulé dans la donation de 1425 que tous les anciens domaines des Larchevêque retourneraient à la couronne si le comte de Richemont mourait sans enfants mâles et légitimes. Conformément à cette clause, Charles VII, par ses lettres datées de Vendôme le 22 octobre 1458, lettres contenant d'ailleurs l'adhésion formelle de Richemont, donna les seigneuries de Parthenay, Secondigny, Vouvent, Mervent, Coudray-Salbart, Châtelaillon et Mathefelon à Jean, bâtard d'Orléans, comte de Dunois, « pour en joyr, dit-il, et user après le décès de nostre dit cousin de Bretagne on cas que au temps de son dit décès il ne laisseroit aucuns hoirs mâles (2). » Cette condition ne tarda pas à se réaliser. Le comte de Richemont, duc de Bretagne, connétable de France, seigneur de Parthenay, mourut à Nantes, le 26 décembre 1458,

(1) Mémoires de Gruel.
(2) Collection Dupuy 634 (bibl. imp.).

sans enfants légitimes. Il laissait une fille naturelle, Jacquette, mariée, depuis 1438, à un écuyer nommé Artus Brécart, et à laquelle il avait donné en dot la seigneurie de Bréhat. Artus Brécart fut successivement nommé capitaine de Saint-Aubin-du-Cormier en Bretagne, de Mervent et du Coudray-Salbart en Gâtine par son beau-père qui lui assura en outre une pension de cent vingt écus (1457) (1).

Le comte de Richemont et ses deux dernières femmes ont fait plusieurs donations au chapitre de Sainte-Croix. Il existait encore dans cette église, en 1693, des chapes et autres ornements donnés par eux (2).

### JEAN, bâtard d'Orléans, comte de Dunois et de Longueville, seigneur de Parthenay (1458-1468).

Tout le monde connaît les immenses services que Dunois rendit au royaume pendant la guerre contre les Anglais. C'était pour le récompenser que Charles VII lui avait donné les terres de Parthenay. Dunois n'était point tout à fait un étranger pour la Gâtine. Il avait épousé, en 1439, Marie d'Harcourt, fille de Jacques d'Harcourt, dont nous avons raconté plus haut la fin tragique, et petite-fille de

---

(1) *Hist. généal. de la maison de France*, par le P. Anselme, t. I<sup>er</sup>, p. 461.

(2) Manuscrit de Joseph Aubert, de Parthenay, 1693. — Richemont avait fait sculpter ses armes au sommet du pignon de l'église de Saint-Laurent (v. Aubert). Peut-être serait-ce à l'occasion de la construction du collatéral de gauche dont l'architecture rappelle le xv<sup>e</sup> siècle.

Jeanne de Parthenay, sœur de Jean II Larchevêque.
Par conséquent il avait hérité d'une partie des droits
que la maison d'Harcourt prétendait avoir sur les
anciens domaines des Larchevêque, et qu'elle ne
cessait de réclamer contre la couronne depuis plus
de trente ans. Charles VII, en signant la donation
de 1458, réserva formellement les droits des parties
qui étaient toujours en instance devant le parlement (1). Mais ce long procès ne fut jamais jugé.
Remarquons d'ailleurs que les droits de la couronne,
qui paraissaient les mieux fondés, furent consacrés
de nouveau par l'arrêt d'enregistrement de la donation de 1458, où l'on inséra la clause de retour au
domaine à défaut d'héritiers mâles dans la famille
de Longueville (2).

Dunois avait plus de soixante ans lorsqu'il devint
seigneur de Parthenay. S'étant associé à la ligue du
bien public, il encourut la disgrâce de Louis XI.
Tous ses domaines de Gâtine furent confisqués, et
le roi en confia la garde à des personnes dévouées.
Le château de Coudray-Salbart notamment fut remis
aux soins de Louis Chasteigner, seigneur de Malvaut
(près Cherveux) (3). Louis XI, par des lettres si-

(1) Collection Dupuy, 634. — C'étaient Dunois, sa femme, le comte
de Tancarville et le sire d'Husson qui plaidaient contre le procureur
général.

(2) *Hist. du Poitou*, par Thibaudeau, t. 2, p. 50. — Revue anglo-
française, t. Ier, p. 243.

(3) *Hist. des Chasteigners*, par Duchêne. Ce Louis Chasteigner
épousa Catherine de Saint-Aubin, fille du seigneur de la Billouère,
près Adilly.

gnées à Thouars au mois de mars 1464, donna les terres de Parthenay au comte du Maine, son oncle (1). Mais celui-ci ne les conserva pas longtemps dans sa possession. Un article spécial, inséré dans le traité de Saint-Maur-les Fossés (29 octobre 1465), qui termina la guerre du bien public, rendit à Dunois la baronie de Parthenay (2).

Lorsque le comte de Longueville venait en Gâtine, il faisait du château de Mervent sa résidence ordinaire. C'est là qu'il perdit sa fille Jeanne. Elle est inhumée dans l'église de Mervent où son père fonda une messe perpétuelle pour le repos de son âme (3). Dunois mourut le 28 novembre 1468 à Saint-Germain-en-Laye, laissant ses terres de Parthenay à son fils unique François d'Orléans.

Une bulle du pape Paul II, du 12 janvier 1468, sécularisa l'église cathédrale de Luçon. Le prieuré de Saint-Laurent de Parthenay, qui dépendait de cette abbaye bien avant son érection en évêché (4), fut compris dans la mesure. Il fut érigé en prévôté, et le prieuré de Saint-Sauveur-de-Givre-en-Mai qui lui était uni fut supprimé, et ses revenus réunis à la mense capitulaire. Le prévôt de Saint-Laurent était un des dignitaires de l'église de Luçon : il avait sous sa direction cinq prêtres chanoines et le curé de la

(1) Archives de l'empire, registre P. 333, no 417.
(2) Divers traités faisant suite aux *Mémoires de Comines*, par Denis Godefroy, t. 3, p. 58, éd. 1714.
(3) Revue anglo-française, t. Ier, p. 243 et suiv.
(4) La création de l'évêché de Luçon date de 1317.

paroisse, jouissant chacun de quatre-vingts livres tournois de rente (1).

### FRANÇOIS Ier D'ORLÉANS, comte de Dunois et de Longueville, seigneur de Parthenay (1468-1491).

Louis XI avait négocié le mariage de François d'Orléans avec Agnès de Savoie, sa belle-sœur, au commencement de l'année 1466. Cette union procura au seigneur de Parthenay une brillante position à la cour de France. Lui et ses descendants y furent toujours considérés comme des princes du sang; mais il ne joua un rôle politique qu'à l'avénement de Charles VIII. Jusqu'à cette époque, il ne prit aucune part importante aux événements.

On se rappelle les lettres royales de 1441 qui avaient rétabli le siége de Saint-Maixent en lui attribuant comme précédemment le ressort du bailliage de Gâtine. Depuis cette époque le ressort de la justice de Parthenay avait été distrait de Saint-Maixent pour être attribué au siége de Niort (2). Louis XI, par ses lettres du 8 juillet 1482, rendit au siége de Saint-Maixent le ressort de Parthenay (3); mais, cédant aux instances des habitants de Niort, il déclara bientôt,

(1) Dom Fonteneau, t. 2, p. 257. — *Pouillé général de l'arch. de Bordeaux:* Paris, Alliot, 1648. — Le prévôt de Saint-Laurent, existant à l'époque de la bulle de Paul II, s'appelait Guillaume Gervais.

(2) Dom Fonteneau, t. 20, p. 257. — Thibaudeau, t. 2, p. 50. — La cause de cette distraction était la donation que Charles VII avait fait de la seigneurie de Saint-Maixent au comte du Maine.

(3) Dom Fonteneau, t. 16, p. 351.

par ses lettres du 7 février 1483, que le bailliage de Gâtine ressortirait de nouveau du siége de Niort (1). Cet état de choses maintenu en 1505 (2) fut encore changé dans la suite sous François I<sup>er</sup>, et le ressort de Parthenay fut définitivement attribué au siége de Poitiers (3).

La mort de Louis XI ( 1483 ) devint le signal d'une réaction féodale. Le duc d'Orléans, qui voulait enlever la régence à Anne de Beaujeu, se mit à la tête des mécontents. Ce qui le rendait surtout redoutable, c'est qu'il avait pour conseiller intime le comte de Dunois, esprit intrigant et rusé diplomate, qui exerça une grande influence sur les événements de cette époque. Obligé de s'exiler à Ast en Italie, à la suite du traité de Beaugency en 1485, le seigneur de Parthenay ne tarda pas à obtenir de la cour la permission de résider en Dauphiné. Du fond de sa retraite il entretint une correspondance active avec le duc d'Orléans, et parvint à organiser contre la régente un vaste complot dans lequel il fit entrer le duc de Bretagne, le duc de Lorraine, Maximilien d'Autriche, le comte d'Angoulême, le sire d'Albret, le gouverneur de la Guienne et autres personnages notables. Quand Dunois crut que le moment favorable pour agir était arrivé, il quitta secrètement le Dauphiné et se rendit dans sa ville de Parthenay. On était alors

(1) Dom Fonteneau, t. 20, p. 299.
(2) Idem.
(3) Thibaudeau, *Hist. du Poitou*, t. 2, p. 54.

au. mois de novembre 1486. Madame de Beaujeu et le jeune roi Charles VIII qui se trouvaient à Amboise furent très mécontents lorsqu'ils apprirent la fuite du comte de Dunois. Sa présence à Parthenay, ville voisine des marches de Bretagne, leur inspirait de justes alarmes. En effet, Dunois déployait la plus grande activité : il faisait réparer les fortifications de Parthenay, ramassait des vivres en abondance et levait des gens de guerre. Le roi lui ordonna de sortir de cette ville en lui laissant la faculté de se retirer dans son comté de Longueville en Normandie ; mais Dunois répondit que Parthenay était sa propriété, et qu'il y resterait malgré ses ordres. Cette attitude insolente et la fuite du duc d'Orléans en Bretagne (janvier 1487) éclairèrent la cour sur l'imminence du danger.

Le 9 février 1487, Charles VIII, accompagné de madame de Beaujeu, partit de Tours à la tête de forces imposantes et se dirigea par Poitiers vers la Guienne pour soumettre les rebelles de cette province. Dunois, qui d'abord avait craint une attaque, continua ses préparatifs de défense dans Parthenay, et envoya des courriers aux ducs de Bretagne et de Lorraine pour leur demander des secours et les engager à faire diversion pendant que le roi était occupé en Guienne. Mais, contre toute attente, l'expédition de Charles VIII fut aussi heureuse que rapide. Vers le milieu du mois de mars 1487, l'armée royale quittait Bordeaux et arrivait vers le 25 du même mois devant les murs de Parthenay, sous le commandement du maréchal de Gié et de Gilbert de Bourbon, comte de Montpensier. Informé de son approche, Dunois, qui n'avait point encore terminé ses travaux de défense et qui comprenait bien d'ailleurs l'inutilité de la résistance contre un ennemi supérieur en nombre, avait abandonné Parthenay et s'était enfui à Nantes auprès des ducs de Bretagne et d'Orléans, laissant le commandement de la place au sire de Joyeuse. En vain, le maréchal de Gié se mit à sa poursuite, il ne put l'atteindre et fut obligé de revenir sur ses pas. Le roi, qui suivait ses troupes de près, les rejoignit devant Parthenay le **28** mars. Le sire de Joyeuse n'attendait que ce moment pour capituler, car il ne voulait se rendre qu'à Charles VIII en personne. Le jour même de son arrivée, il lui remit la ville et le château de Parthenay après avoir obtenu de sa générosité le pardon de la garnison et la liberté de se retirer « les bagues sauves. » Charles VIII quitta Parthenay dans les premiers jours d'avril pour aller attaquer les rebelles en Bretagne ; mais, avant son départ, il y laissa des forces suffisantes pour s'en assurer la possession (1).

Cependant le comte de Dunois continuait à soutenir avec ardeur la cause des princes révoltés. Il prit notamment une part très active à la défense de Nantes contre l'armée royale. Charles VIII irrité con-

(1) *Histoire de Charles VIII*, par Guillaume de Jaligny; Paris, 1684. — *Hist. de Charles VIII*, par Varillas, t. Ier, p. 174 et s.; Paris, 1691. — Manuscrit de Joseph Aubert, de Parthenay. — *Hist. de France*, par Daniel.

fisqua tous ses domaines en accordant toutefois une pension à sa femme et à ses enfants : puis il ordonna de démanteler les fortifications de Parthenay. Le maréchal de Gié, chargé de cette opération, s'en acquitta avec zèle (juin 1487) (1).

Réfugié à la cour de Bretagne, Dunois ne cessa d'y jouir d'une haute influence. Ce fut lui qui reçut la mission de conduire une ambassade auprès de Charles VIII à Angers pour demander la conclusion d'un traité que la victoire des troupes royales à Saint-Aubin-du-Cormier avait rendu nécessaire (1488). Mais l'acte le plus important de sa vie, celui qui sans contredit lui fait le plus d'honneur, c'est la né-gociation du mariage d'Anne de Bretagne avec le roi Charles VIII. Pour arriver à ce résultat si heureux pour la France, il eut à surmonter les plus grands obstacles : ce fut le triomphe de son habileté. Mal-heureusement il n'eut pas le temps d'en jouir. La mort l'enleva subitement, le 25 novembre 1491, quelques jours avant la célébration du mariage qu'il avait préparé. Pour prix de cet immense service, le roi lui avait rendu tous ses biens.

François d'Orléans, comte de Dunois, seigneur de Parthenay, laissait trois fils : François II d'Orléans qui hérita de ses domaines, Jean, cardinal et évêque

---

(1) *Hist. de Charles VIII*, par Jaligny. — *Hist. de Charles VIII*, par Varillas. — Ces historiens prétendent que les murailles de Parthe-nay furent entièrement rasées; ils auraient dû dire qu'elles furent seulement démantelées, car les ruines qui subsistent encore sont bien antérieures au xve siècle.

d'Orléans, né à Parthenay en 1492 après la mort de son père, et Louis d'Orléans qui recueillit plus tard tout l'héritage de la famille (1). Sa veuve, Agnès de Savoie, ne mourut qu'en 1508.

Le lendemain du décès de François I<sup>er</sup> d'Orléans (26 novembre 1491), l'arrière-ban du Poitou était convoqué par Jacques de Beaumont, sénéchal de cette province. La guerre semblait alors imminente entre la France et l'Angleterre. Parmi les nombreux gentilshommes de Gâtine qui figurent sur les rôles de convocation, soit en qualité d'hommes d'armes, soit en qualité d'archers, nous remarquons Louis du Fouilloux, aïeul de Jacques du Fouilloux, le célèbre veneur; Jean Légier, seigneur de la Sauvagère et de Leigné; Jacques Rataut, sieur de Cursay, bailli de Gâtine depuis l'an 1465 environ; Guillaume Tutant et Nicolas Roigne, appartenant probablement tous les deux aux mêmes familles que Robert Tutant et Pierre Roigne, qui concoururent à la rédaction de la coutume du Poitou en 1417 (2).

(1) *Histoire généalog. de la maison de France*, par le P. Anselme, t. I<sup>er</sup>, p. 212 et s. — Manuscrit de Joseph Aubert, de Parthenay.

(2) *Rôles des bans et arrière-bans*; Poitiers, Jean Fleuriau, 1667. — Voici la liste complète des gentilshommes de Gâtine convoqués pour la montre de l'arrière-ban à Poitiers le 26 novembre 1491 : Guillaume Malemouche en archer; Louis du Fouilloux, sieur dudit lieu, en homme d'armes; Gauvain du Chillau en archer; Jean Aymer, id.; Charles du Chillau, id.; Philippe Goulart, id.; Mery Adam, id.; Tascheron Poirier, brigandinier; Lyon Pyzon, archer; François Grignon, id.; Jacques Viaut, id.; Jean de Champellois, sieur de Rouillé, en archer au lieu de son père qui est vieux : Jean Légier,

### Les LONGUEVILLE, seigneurs de Parthenay, depuis 1491 jusqu'aux guerres de religion.

Durant la première moitié du seizième siècle, l'histoire de Parthenay offre peu d'intérêt. Les Longueville, suivant en cela la tendance générale qui

sieur de la Sauvagère, archer; Louis Raouleau, id.; maistre Guillaume Thutant pour lui et Geoffroy, son père, archers, demeurant à Parthenay; Louis de Marconnay, sieur de la Mayré, homme d'armes; Archambault Rataut, sieur de la Vaut, id.; Jacques Rataut, sieur de Curzay, id.; Léon Pison de la Selle, archer; Guillaume de Neufchèze, 2 archers; Jean Jau, archer; Jean de la Mothe, id.; Léon de Luaius, id.; René Marcyrion, id.; Colas Berne, id., de Parthenay; Louis Grignon, id.; Louis Darot, id.; Jean Chauvin, id.; Claude Cadu, id.; Nicolas Roigne, id.; Jean de Brenezay, id.; Jacques des Francs, id.; Eustache Nouzillé a présenté son fils Pierre Nouzillé, archer; François de Longeville, archer; Artus Goulard, id.; Pierre du Pont pour Jacques du Pont, son père, qui est vieux; Guyot de Neuchèze, archer; Jacques Rouaut présenté en habillement de 2 archers, enjoint de faire un homme d'armes à la prochaine montre. Geoffroi de Mazière, sieur dudit lieu, archer; Geoffroi Guischard, sieur de la Cousdrelle, id.; Vincent Bonnet, sieur de la Chapelle-Bertrand, id.; Mathurin du Teil pour lui et Colas du Teil, demeurant ensemble, feront un archer; Thibaut Partenay, sieur du Reteil, archer; Thibaut Partenay, sieur d'Eruy, id. Les suivants faisaient partie de la garnison de Tiffauges : Jean Goulard, sieur de la Rejasse (châtell. de Vouvent); Colas Gorbeiller, Jean Chauvin, François Brethon, sieur de Pressec, 2 archers; Louis Butaut, archer; Mathurin de la Voyrie, id.; Pierre Barillon, id.; Colas de Neufchèze s'est présenté pour Michel de Neufchèze qui s'est deffailly. Guyot de Neufchèze, Jean Desfrancs, archer; Jean de Brenazay, chevalier, sieur de la Barbanche, archer; Guillaume de Brenazay, sieur de l'ingrimière; Guillaume Gillet pour Marguerite Maintrolle, veuve de feu Jacques du Teil et son fils; Jean Sapin pour J. Riche.

entraîne les grands seigneurs à la cour, résident rarement dans leur baronie. François II d'Orléans, premier duc de Longueville, seigneur de Parthenay, n'a laissé aucun souvenir de son passage en Gâtine. Mais il se distingua au service de Charles VIII et de Louis XII. Il accompagna ces deux monarques dans leurs expéditions d'Italie en 1495 et 1502. A la bataille d'Agnadel, il commandait l'arrière-garde. Nommé gouverneur de la Guienne, il prit part en cette qualité à l'expédition envoyée en Navarre au secours de Jean d'Albret contre les Espagnols (1512). Il mourut à Châteaudun le 12 février 1513 (1). Sa fille unique, Renée d'Orléans, ne tarda pas à le suivre au tombeau ( 23 mai 1515 ).

Le bailli de Gâtine, François Chapellain, et le procureur du seigneur de Parthenay, Jean Grignon, assistèrent à la publication solennelle de la Coutume du Poitou, qui eut lieu dans le couvent des frères mineurs de Poitiers au mois d'octobre 1514. Le travail des commissaires envoyés par le roi, pour la rédaction officielle de cette coutume, dut être singulièrement facilité par le recueil composé jadis à Parthenay en 1417, et imprimé dans la suite en 1486 (2).

Louis Ier d'Orléans, duc de Longueville, comte de Dunois, succéda à sa nièce, Renée d'Orléans, dans

(1) *Hist. généal.*, par le P. Anselme, t. 1er, p. 212 et suiv.
(2) *Hist. du Poitou*, par Thibaudeau, t. 2, p. 262 et 264. — Un exemplaire de cet imprimé de 1486 existe à la bibliothèque de Poitiers.

la baronie de Parthenay (1). Il avait assisté à la bataille d'Agnadel et avait été fait prisonnier à celle de
Guinegate sous Louis XII. Remis en liberté, moyennant une rançon de cent mille écus, il eut encore la
gloire de combattre à la célèbre journée de Marignan
qui inaugura d'une manière si brillante le règne de
François Ier (1515). Il mourut à Beaugency, le 1er
août 1516, laissant trois fils : Claude, Louis II et
François, marquis de Rhotelin. Claude d'Orléans
l'aîné, duc de Longueville, qui hérita de ses nombreuses baronies, périt glorieusement d'un coup de
mousquet au siége de Pavie, le 9 novembre 1524.
Il n'était âgé que de dix-sept ans (2).

Louis II, duc de Longueville, confia, vers l'an
1530, l'administration de Parthenay et de tous ses
domaines de Gâtine à Raoul de la Porte, écuyer,
seigneur de la Lunardière, dont les descendants devaient remplacer plus tard les Longueville à Parthenay (3). Raoul de la Porte était encore en possession
de son emploi en 1536, ainsi que cela résulte de son
compte de gestion rendu au mois de juin de cette
année (4). On peut se convaincre par ce fait de ce
que nous disions plus haut : les seigneurs de Parthenay abandonnent de plus en plus leurs domaines aux
soins de leurs intendants pour aller briller à la cour

(1) Manuscrit de Joseph Aubert, de Parthenay.
(2) *Histoire généalogique*, par le P. Anselme, t. Ier, pag. 242 et
suiv. — Manuscrit de Joseph Aubert, de Parthenay.
(3) Manuscrit de Joseph Aubert, de Parthenay.
(4) Bibl. imp. départ. des manuscrits, suppl. français, 1875.

ou verser généreusement leur sang sur les champs de bataille. Louis II mourut le 23 juin 1536 (1). Son fils, François III, lui succéda sous la tutelle de la duchesse de Longueville, sa mère, puis sous celle de Claude de Lorraine, duc de Guise, son grand-père (2). Il fut grand chambellan de France. Etant mort sans postérité en 1551, ce fut son cousin Léonor d'Orléans, duc de Longueville, qui hérita de la baronie de Parthenay. Léonor d'Orléans assista à la funeste bataille de Saint-Quentin où il fut fait prisonnier (1557). Il épousa Marie de Bourbon Saint-Paul (3).

La ville de Parthenay fut souvent désignée pour recevoir garnison de troupes royales. En 1535, une partie de la compagnie d'Antoine de Montpezat, sénéchal du Poitou, s'y trouvait logée (4). Au mois de mai 1540, on y plaça des gens d'armes de la compagnie du comte de Saint-Paul (5). Les habitants devaient loger les soldats et leur fournir des vivres aux prix fixés par les règlements; mais ce qu'il y avait de plus onéreux pour la ville, c'était l'obligation qu'on lui avait imposée de faire transporter chaque mois cent quintaux de foin à Chauvigny, où

---

(1) Journal de Guillaume le Riche.

(2) Manuscrit de Joseph Aubert. — Affiches du Poitou, année 1784, chron. des seig. de Parthenay.

(3) *Hist. généal.*, par le P. Anselme, t. 1er, p. 212 et suiv. — Joseph Aubert. — Affiches du Poitou.

(4) Journal de Guillaume le Riche.

(5) Idem.

un autre détachement de la compagnie du comte de Saint-Paul se trouvait en garnison. Cet état de choses était contraire aux prescriptions des ordonnances royales qui voulaient que les compagnies de gens d'armes fussent réparties de telle sorte que les habitants du pays n'eussent pas plus de six lieues à faire pour transporter les vivres et autres munitions nécessaires aux troupes. Les officiers et habitants de la ville de Parthenay firent présenter leurs réclamations à François Doyneau, lieutenant général de la sénéchaussée de Poitiers, par l'intermédiaire du procureur du roi Belluteau. Ils sollicitaient simplement la faveur de payer en argent la valeur des cent quintaux de foin, au lieu de les livrer en nature. François Doyneau répondit à leur requête en rendant, le 3 juillet 1540, une ordonnance par laquelle il remettait au sire de la Trémouille, gouverneur et lieutenant général du Poitou, spécialement chargé en vertu de ses fonctions de l'administration militaire, le soin de distribuer les gens d'armes dans leurs cantonnements et de pourvoir à leurs besoins, conformément aux prescriptions des ordonnances (1). Au mois de décembre 1544, Parthenay reçut une nouvelle garnison de neuf hommes d'armes et seize archers appartenant aux compagnies de du Bellay, sire de Langey, du comte de Brissac et du comte du Lude, gouverneur du Poitou, qui étaient alors cantonnées dans différentes villes de la province (2). Parfois les soldats commettaient

(1) Dom Fonteneau, t. 26, p. 647.
(2) Journal de Guillaume le Riche, p. 60 et 61, éd. de la Fontenelle.

des désordres graves qui excitaient de justes plaintes de la part des populations. Ce fut pour réprimer des faits de cette nature que le comte du Lude , gouverneur du Poitou, vint à Parthenay, au mois de janvier 1546, accompagné du procureur du roi et de plusieurs gentilshommes (1).

Le roi François I<sup>er</sup>, à son retour de la Rochelle où il était allé apaiser une révolte des habitants à l'occasion du nouvel impôt sur le sel , traversa la Gâtine et s'y arrêta quelques jours pour se livrer aux plaisirs de la 'chasse. Ce fut dans les bois de la Ferrière, non loin de Parthenay, contrée magnifique où il y avait du gibier en abondance , qu'eut lieu la chasse royale ( janvier 1543 ) (2).

A cette époque vivait en Gâtine un célèbre chasseur qui a rendu son nom impérissable par un traité remarquable sur *la vénerie* (3). Jacques du Fouilloux, fils d'Antoine du Fouilloux et de Guérine Taveau , naquit, en 1521, au manoir de ce nom, non loin de Parthenay. Ayant perdu de bonne heure son père et sa mère , il fut élevé au château de Liniers par son oncle et tuteur René de la Rochefoucault. Il y passa quinze années de sa jeunesse, s'adonnant à la chasse pour laquelle il montrait déjà une aptitude merveilleuse , sans négliger toutefois l'étude, ainsi que le

(1) Journal de Guillaume le Riche.
(2) Idem.
(3) Ce livre a été imprimé pour la première fois à Poitiers , en 1561, par les de Marnefz et Bouchetz frères ; il a eu de nombreuses éditions jusqu'à nos jours.

démontre l'instruction dont il a fait preuve dans son livre. Un jour, à l'âge de vingt ans, il s'échappa du château de son oncle, dont la surveillance était trop gênante pour son bouillant caractère, et courut se réfugier dans son domaine du Fouilloux en Gâtine. Ce pays, où il put s'abandonner dès lors librement à sa passion dominante, fut toujours son séjour de prédilection.

> Chère Gastine! avant la mort me donne
> Le coup du dart, qu'ingrat je t'abandonne.
>
> .  .  .  .  .  .  .  .  .  .  .  .  .  .
>
> Noble pays, qui sur toute la France
> Avez produit des filles d'excellence,

s'écrie-t-il avec enthousiasme dans son poème de l'adolescence ; car Jacques du Fouilloux était en même temps poète. C'était aussi un vert galant et un causeur plein d'esprit, menant joyeuse vie et saisissant avec empressement toutes les occasions de se divertir au milieu de ses nombreux amis. Les aventures comiques et le plus souvent grivoises dont il fut le héros sont innombrables : on en ferait un recueil très amusant; mais ce serait presque inutile. Elles sont restées profondément gravées dans le souvenir des habitants de la contrée, qui fut le théâtre des exploits libertins de *Monsieur du Fouilloux* (1).

---

(1) On rapporte qu'il avait cinquante enfants, tant « légitimes que bastards, dont il fist une compaignie qu'il mena au roy lorsqu'il fist son entrée à Poictiers. » Il n'y a qu'une petite rectification à faire à cette assertion, c'est qu'il n'eut sur ces cinquante enfants qu'un seul fils légitime.

Il disait « que la meilleure science que nous pouvons apprendre ( après la crainte de Dieu ) est se tenir ioyeux, usant d'honnestes exercices : entre lesquels il n'en avait trouvé aucun plus louable que l'art de vénerie. » Il fit, en effet, de cet art l'étude de toute sa vie, et c'est à sa longue expérience que les chasseurs et les naturalistes doivent ce curieux traité de *la Vénerie* où sont consignées avec beaucoup d'esprit et d'originalité des observations dont Buffon et Daubenton eux-mêmes n'ont pas dédaigné de profiter. Jacques du Fouilloux mourut le 5 août **1580**. Il avait épousé, en 1554, Jeanne Berthelot, fille de René Berthelot, lieutenant criminel de Poitiers (1).

La ville de Parthenay n'a jamais joui de priviléges aussi étendus que ceux dont Poitiers et Niort, par exemple, ont été en possession. Aucune charte de commune ne lui a été accordée comme à ces deux villes ; du moins nous n'en avons trouvé aucune trace. Cependant elle n'a pas été privée de toute liberté municipale. Ses habitants formaient une corporation jouissant du droit d'administrer librement ses affaires. Un procureur syndic, élu chaque année en assemblée générale, était chargé de percevoir les deniers de la ville, de veiller à leur emploi, et, à l'expiration de ses fonctions, il devait rendre un compte exact de sa gestion. Les habitants pouvaient se réunir, quand bon leur semblait, pour délibérer en commun

---

(1) *Mém. de la Société des Antiq. de l'Ouest*, t. 18, année 1850, p. 395 et suiv.

sur leurs intérêts et prendre les mesures qui leur paraissaient nécessaires. Ils étaient convoqués au son de la cloche municipale, à la requête du syndic (1). La défense et la police de la ville étaient confiées à une milice bourgeoise. On connaît l'importance des milices communales au moyen âge et les services qu'elles rendirent aux cités surtout pendant les guerres de religion. Les villes attachaient le plus grand prix au privilége de se garder elles-mêmes, et c'était toujours avec répugnance qu'elles recevaient des troupes royales dans leurs murailles. La ville de Parthenay ne jouissait point de cet avantage : on y plaça fré-

---

(1) L'ancienne cloche de la ville de Parthenay sert de timbre à l'horloge depuis le milieu du xviie siècle environ, époque à laquelle on la plaça pour cet usage sur la porte de la citadelle où elle est encore. Cependant nous ne pourrions affirmer si elle n'y fut placée qu'à ce moment, c'est-à-dire lors de l'établissement de l'horloge, ou si elle s'y trouvait déjà auparavant. La magnifique inscription en caractères gothiques et en rime gravée sur ses parois ne nous le dit pas ; mais elle nous apprend son âge et sa destination. La voici telle que M. Bonsergent, conservateur de la bibliothèque de Poitiers, a eu l'obligeance de nous la déchiffrer et de nous l'expliquer :

> On moys doctobre et en date
> Mil cccc l iiii
> Me firent refaire par uray
> Les habitans de Partenay.

Ainsi cette cloche n'est pas la première. La municipalité de Parthenay en possédait une autre avant l'année 1454. Cette révélation curieuse nous apprend un fait qui d'ailleurs ne semblait pas douteux, c'est que les habitants de Parthenay formaient une corporation, un corps de ville, jouissant de certains priviléges, bien antérieurement au xve siècle.

quemment des garnisons durant le cours du xvi<sup>e</sup> siècle; mais elle faisait tous ses efforts pour échapper à cette nécessité, et nous la verrons même, dans une certaine circonstance, fermer ses portes et refuser de recevoir les soldats qu'on lui envoyait. La milice bourgeoise de Parthenay, dont nous ignorons, du reste, l'organisation, exista jusqu'à la révolution (1). Les revenus de la ville de Parthenay étaient alors peu considérables. L'une de ses principales ressources consistait en droits de *barrage* perçus aux portes de la ville. Chaque année les barrages étaient mis en adjudication et affermés au plus offrant et dernier enchérisseur. Ainsi en 1562, par exemple, les droits de barrage de la porte du Sépulcre furent adjugés pour vingt-six livres, ceux de la porte Saint-Jacques pour vingt-huit livres, et ceux de la porte du Marchiou pour vingt-quatre livres. Les adjudicataires étaient tenus de faire fermer chaque soir les portes de la ville et de les entretenir de ferrures sous peine d'amende. On affermait également la pêche des douves : le prix d'adjudication s'éleva, pour la même année 1562, à la somme de cinquante-quatre livres (2).

Il ne nous est pas possible de préciser l'époque à laquelle remonte l'origine de l'ancienne constitution

---

(1) Les anciens registres de l'hôtel de ville mentionnent une dépense de 1393 livres faite en 1784 pour armer 36 hommes de milice bourgeoise, de fusils, bayonnettes, sabres et gibernes. C'était un sieur Guibert, armurier, qui avait fait ces fournitures.

(2) Archives de l'hôpital de Parthenay.

municipale de notre ville, ni de dire par qui elle fut établie. Mais si l'on examine ce qui s'est passé ailleurs, on peut avancer, sans être téméraire, qu'elle fut octroyée, selon toute vraisemblance, par un des anciens seigneurs de Parthenay, agissant soit de son propre mouvement, soit en vertu d'une convention conclue entre lui et les bourgeois. On admettra aussi, et cela sans difficulté, que la concession de cette charte communale, s'il est permis de lui donner ce nom, est très certainement antérieure au xve siècle, ainsi que le prouve péremptoirement l'inscription de l'ancienne cloche de la ville (voir plus haut). A cette époque, on le sait, toutes les autres cités étaient en possession de leurs franchises depuis fort longtemps. Il y a donc tout lieu de le croire; il faut remonter jusqu'au temps où les communes surgissaient de toutes parts, pour trouver la véritable origine des libertés municipales de Parthenay.

Quoi qu'il en soit, le premier syndic de cette ville, dont le nom nous soit parvenu, s'appelait maître Jean Dupond. Il exerça ses fonctions durant l'année 1561, et fut remplacé par maître André Nayrault, praticien, qui fut élu le 29 janvier 1562 (1).

C'est pendant l'administration de Nayrault qu'intervint la transaction qui termina le grand procès que la ville soutenait depuis plusieurs années contre la Maison-Dieu. Le prieuré de la Madeleine, on se le rappelle, avait été fondé en 1174 par Guillaume IV,

_____

(1) Archives de l'hôpital de Parthenay.

seigneur de Parthenay. Dans la suite une petite aumônerie ou hôpital , primitivement situé devant l'é-
glise du Sépulcre et dont le fondateur n'est pas connu,
avait été transféré et annexé au prieuré , à la demande des habitants et du consentement des anciens
prieurs. De nouveaux bâtiments furent alors construits près de l'église pour recevoir les malades , et
leur donner des soins (1); en sorte que depuis ce
temps-là , les religieux demeurèrent chargés de l'administration de cet hôpital, et les deux établissements
confondus n'en formèrent plus, pour ainsi dire, qu'un
seul. De là le nom de Maison–Dieu , par lequel on
désignait le plus souvent le prieuré de la Madeleine.
Outre les soins qu'ils prodiguaient aux malades , les
religieux avaient l'habitude de distribuer l'aumône
aux pauvres trois fois la semaine. Un premier procès fut intenté en 1545 par la ville , nous ne savons
en vertu de quel droit, à Pierre Fresniau , prieur de
la Maison–Dieu , pour le contraindre à faire plus
exactement cette aumône. Bientôt le syndic de Parthenay, dans l'intérêt des pauvres de la ville, fit
saisir tous les biens de la Maison–Dieu. Cette mesure,
qui semble avoir été amenée autant par l'esprit d'en-
vahissement de la municipalité que par la négligence
possible des religieux dans l'emploi des revenus de
leur bénéfice, occasionna un procès long et difficile qui
fut porté au parlement de Paris. La ville prétendait

(1) Une partie de ces bâtiments existent encore en face de la
Maison-Dieu. Ils servent aujourd'hui d'auberge.

que la Maison-Dieu n'était point un prieuré, mais qu'elle n'avait jamais été qu'un hôpital ou aumônerie dont elle réclamait maintenant l'administration en vertu des nouvelles ordonnances royales sur les hôpitaux. Jacques Duplessis, prieur de la Maison-Dieu, répondait que son bénéfice avait été fondé sous le titre de prieuré conventuel pur et simple; qu'un ancien hôpital y avait été annexé, il est vrai, mais que ces deux établissements étaient parfaitement distincts. En conséquence, il demandait la distraction des biens du prieuré de la Madeleine d'avec ceux de l'hôpital. Là était la vérité. Le parlement rendit un arrêt qui, avant de faire droit sur la distraction demandée, accordait au prieur, par provision, main-levée partielle de la saisie et délivrance des revenus nécessaires pour le service divin, l'entretien des religieux et les autres besoins du prieuré. Il nomma en même temps des commissaires qui durent se transporter sur les lieux pour prendre des informations sur l'état des revenus et des charges de l'établissement. Les commissaires arrivèrent à Parthenay au mois de mai 1562. Plusieurs conférences eurent lieu en leur présence, entre Jacques Duplessis, assisté de François Berland, sénéchal du prieuré, et les officiers de Parthenay, dont on sera peut-être bien aise de connaître les noms. C'étaient : Jean Rolland, lieutenant général du bailli de Gâtine; Jean Sabourin, assesseur du bailliage; François de Congnac, juge châtelain; Jacques Duvignault, son assesseur; François Garnier, procureur fiscal, et André Nayrault, syndic des habitants, as-

sisté de six notables, Guillaume Buignon, Pierre
Sabourin, François Chapelain, Jacques Dudoit, Pierre
Guillemard et Jean Duvignault. Après avoir entendu les dires des parties, pris des informations,
visité les lieux et examiné les papiers, les commissaires dressèrent procès-verbal de leurs opérations.
Mille livres tournois de revenus furent adjugées à
Jacques Duplessis pour subvenir aux besoins de son
prieuré. Le surplus des biens consistant en cinq métairies, la Boulaye, la Paillerie, les Violières, Doux
et le Bouchet, et en plusieurs rentes valant en tout
deux cents setiers de blé et deux cents livres, fut
abandonné à la ville. Les bâtiments, situés en face le
prieuré et destinés à recevoir les malades, furent avec
tout le mobilier, ainsi qu'une autre maison appelée la
*Cave*, rue de la Petite-Saulnerie, mis également à la
disposition de la ville. Quoique la décision des commissaires n'eût été rendue que par provision, néanmoins les parties l'acceptèrent à titre de transaction
définitive, et le procès ne fut pas poussé plus loin.
C'est ainsi que l'administration de l'hôpital, qui avait
été si longtemps confiée aux religieux du prieuré de
la Madeleine, passa entre les mains de l'autorité
municipale de Parthenay.

A la fin du xviie siècle, cet établissement ayant
pris une plus grande extension fut érigé en hôpital
général, ainsi que nous le verrons plus loin (1).

(1) Archives de l'hôpital de Parthenay. — Voici les noms des terres
qui demeurèrent la propriété du prieuré : la Bersandière produisant
50 setiers de blé, la Foye 40 setiers, la Thimarière 40 setiers,

18

# CHAPITRE VII.

## PARTHENAY PENDANT LES GUERRES DE RELIGION.

—

Le protestantisme, dont les funestes doctrines
devaient couvrir la France de sang et de ruines, fut

la métairie de la Maison-Dieu 30 setiers, une métairie à Fénéry 20
setiers, la Drounière 4 setiers, Guinégault 40 setiers, la Fraudière
50 setiers, Brézillon 80 setiers, des rentes et cens valant 110 setiers,
le moulin de la Quarte 50 livres, le moulin d'Airvault et des cens 50
livres, les vignes du Chillou 20 pipes de vin, les vignes de Guinégault
10 pipes de vin.

prêché pour la première fois à Poitiers par Calvin en
1533. Le réformateur réussit à y faire quelques pro-
sélytes de distinction, notamment Régnier, lieutenant
général de la sénéchaussée. Les disciples travaillèrent
avec zèle à répandre les doctrines du maître dans la
province (1) ; mais ce fut surtout à des prédicateurs
étrangers, la plupart gens sans aveu, parcourant en
secret les villes et les campagnes, que l'hérésie fut
redevable de ses plus grands succès. Un de ces no-
vateurs nommé Pivet, ayant été chassé de Niort où
il avait eu l'audace de prêcher en public le dimanche
des Rameaux 1559, se réfugia à Saint-Maixent. Là,
malgré les défenses du maire et des officiers de justice, il osa renouveler le même scandale sous les
halles de la ville le 26 mars, jour de Pâques. Il parvint
même à opérer plusieurs conversions. Obligé de s'en-
fuir pour échapper à un décret de prise de corps
rendu contre lui, l'audacieux Pivet ne tarda pas à
reparaître ; mais cette fois il se fit accompagner de
sectaires armés. Le prêche eut lieu à Azay-sur-Thouet,
à deux lieues de Parthenay, le dimanche après Pâques. Plusieurs personnes de Saint-Maixent y assistèrent (2). Malgré les efforts de tous ces prédicateurs
ambulants, les doctrines calvinistes eurent beaucoup
moins de succès à Parthenay et dans les environs que
dans certaines autres contrées du Poitou. La grande
majorité de la population de cette ville demeura fi-

(1) *Hist. du Poitou*, par Thibaudeau, t. 2, p. 285.
(2) Journal de Guillaume et de Michel le Riche, éd. de la Fontenelle.

dèle à la foi catholique. Cependant là comme ailleurs
l'erreur eut ses adhérents, principalement vers la
fin du xvi$^e$ siècle; mais elle ne parvint jamais à y
exercer la prépondérance.

Peu satisfaits de l'édit de janvier 1562 qui leur
accordait la liberté de se réunir en dehors des villes,
les protestants, dont le but fut toujours la ruine de
la religion catholique, firent appel aux armes et pré-
ludèrent à la guerre civile par des excès de tout
genre. A Thouars (1561), à Saint-Maixent (le jour
de la Fête-Dieu 1562), à Luçon (1562), et dans
beaucoup d'autres lieux, ils pillèrent les églises,
maltraitèrent ou chassèrent le clergé. Mais les actes
de violence et de brigandage les plus épouvantables
furent ceux que Sainte-Gemme et Grammont commirent à Poitiers à la tête de leurs bandes hérétiques,
le 26 mai 1562 et jours suivants (1). La ville de
Parthenay ne fut pas plus heureuse que les autres.
Au mois de juin de la même année, les huguenots
s'en étant rendus maîtres par surprise saccagèrent
horriblement les églises. Les vases sacrés, les ornements, en un mot, tous les objets précieux qu'ils
purent rencontrer, devinrent leur proie. Ils ne res-
pectèrent même pas les sépultures. La violation des
tombeaux de Guillaume Larchevêque et de son épouse
dans l'église de Sainte-Croix est vraisemblablement
leur œuvre, ainsi que nous l'avons démontré ailleurs
(voir plus haut). Le clergé catholique fut surtout

(1) *Hist. du Poitou*, par Thibaudeau, t. 2, p. 299 et suiv., éd. 1839.

l'objet de leur fureur, et les religieux cordeliers notamment eurent à souffrir de leur part les traitements les plus indignes (1).

La prise de Poitiers par le maréchal de Saint-An-
dré (1er août 1562) vint mettre enfin un terme aux
odieuses déprédations dont les catholiques de la province étaient depuis trop longtemps victimes. Les
protestants, vaincus sur tous les points, obtinrent
néanmoins la paix d'Amboise. Ce ne fut qu'une trève.
Le roi Charles IX en profita pour faire un long
voyage dans ses États. Au mois de septembre 1565,
il traversa la Gâtine tout entière. Le 20, après avoir
quitté Niort, il était allé dîner à Echiré, puis était
venu coucher à Champdeniers. Le 21, il dînait à une
petite métairie nommée Baubarre, passait devant
Parthenay sans s'y arrêter, et se rendait au château
de la Rochefaton où il devait passer la nuit. Ce château appartenait alors à Jean Pidoux. De là, le roi se
rendit à Oiron par Airvault (2).

Cependant les huguenots, malgré la paix, continuaient leurs brigandages dans le Bas-Poitou (3).
Mais ce fut surtout pendant l'année 1568 que la
guerre civile devint affreuse dans nos contrées. Le
prince de Condé et l'amiral Coligny venaient de se
réfugier à la Rochelle, ville presque entièrement protestante. D'Andelot, frère de l'amiral, étant parvenu

---

(1) Notes de M. Allard de la Resnière, qui m'ont été communiquées
par M. Allard, notaire à Parthenay.

(2) *Hist. du Poitou*, par Thibaudeau, t. 2, p. 311.

(3) *Idem*, t. 3, p. 518, 519, note, éd. 1839-1840.

à réunir des troupes en Normandie et en Bretagne, passa la Loire et se dirigea en Poitou pour opérer sa jonction avec eux. Le comte de Montgommery l'accompagnait. Les protestants reçurent un accueil favorable à Thouars, car Jeanne de Montmorency, femme du vicomte, avait embrassé l'hérésie. Il n'en fut point ainsi à Parthenay. Le capitaine Malo, qui commandait dans le château, se prépara à une vigoureuse résistance (octobre 1568). Malheureusement la ville était dépourvue d'artillerie, et ses fortifications déjà très anciennes n'avaient point été réparées depuis près d'un siècle. Ce fut ce qui causa sa perte. D'Andelot fit placer ses canons sur un coteau très élevé d'où l'on dominait une grande partie de la ville, et qui depuis cette époque porte le nom significatif de *Champ de la Batterie*. De cette position avantageuse il put foudroyer la place tout à son aise. Les boulets eurent bientôt pratiqué une brèche dans la muraille, à l'endroit même où se trouve la porte de la Brèche qui doit son origine et son nom à cet incident. Les défenseurs de Parthenay, incapables de répondre au feu de l'ennemi faute de canons, se virent contraints de céder à la supériorité des moyens d'attaque, et notre ville se trouva pour la seconde fois à la merci des hérétiques. D'Andelot usa peu généreusement de sa victoire : il fit pendre le brave Malo qui avait voulu continuer la résistance dans le château ; cruauté inutile qui, jointe à bien d'autres, devait provoquer nécessairement des représailles. L'amiral Coligny, qui venait de la Rochelle au devant

de son frère, le rallia dans les environs de Parthenay :
peut-être même contribua-t-il pour quelque chose à
la prise de cette ville. Ils dirigèrent aussitôt leurs
forces réunies contre Niort dont ils se rendirent
maîtres (1).

La guerre continua avec acharnement en Poitou
pendant toute l'année 1569. Parthenay, dont la défense avait été confiée au capitaine Allard, originaire
de cette ville et catholique dévoué, fut peut-être la
seule qui n'eût point à déplorer les scènes de carnage
et de destruction qui ensanglantèrent presque toutes
les autres villes de la province. Durant le siége de
Poitiers par l'amiral Coligny, d'Aunoux, qui commandait à Saint-Maixent, ayant reçu du duc de Guise
l'invitation pressante d'amener des renforts dans la
place, jeta ses canons dans un puits, choisit dans la
garnison six cents hommes d'élite et envoya le reste
avec ses bagages au capitaine Allard à Parthenay.
Quant à lui, il partit dans la nuit du 30 juillet 1569
et arriva en six heures à Poitiers, où il réussit à
s'introduire à travers les postes ennemis (2). Il paraît
que le capitaine Allard concourut à l'entrée de d'Au_
noux dans Poitiers en attaquant à l'improviste le
camp des protestants (3). Ce qu'il y a de certain,

(1) *Histoire des troubles*, par la Popelinière, p. 131, éd. 1573. —
*Hist. du calvinisme*, par Soulier. — *Notice sur Parthenay*, par le
baron Dupin, *Mém. de la Soc. des Ant. de France*, t. 3, p. 270.

(2) Journal de Michel le Riche. — *Hist. de d'Aubigné*.

(3) *Siége de Poitiers*, par Liberge, éd. ann. par Beauchet-Filleau,
1846, notes.

c'est qu'il rejoignit à la tête de toutes ses forces l'armée royale commandée par le duc d'Anjou devant
Châtellerault, et assista, le 3 octobre 1569, à la
célèbre bataille de Montcontour. Le seigneur de Parthenay, Léonor d'Orléans, duc de Longueville, eut
aussi l'honneur de combattre dans les rangs catholiques (1).

La veille de la bataille, l'amiral Coligny envoya
prier les princes de Condé et de Navarre, qui se
trouvaient depuis peu de jours à Parthenay, de venir se montrer à l'armée afin d'encourager les soldats
par leur présence. Ces princes, malgré leur extrême
jeunesse, se rendirent avec leur suite dans les plaines
où leur cause allait recevoir un si grave échec. Mais
il n'y demeurèrent pas longtemps. Peu d'heures avant
l'action, l'amiral, qui commençait à concevoir de
sérieuses inquiétudes sur l'issue de la lutte, les ren-
voya à Parthenay avec une nombreuse escorte. Cette
précaution ne fut pas inutile, car les protestants
éprouvèrent une déroute complète. Ils perdirent trois
mille lansquenets, quinze cents Français, trois cents
cavaliers, toute leur artillerie et leurs bagages. Le
duc d'Anjou avait détaché le capitaine Allard avec
ordre de se porter à marches forcées sur Parthenay
et d'occuper cette ville, à la tête de trois enseignes
de gens de pied, pour couper la retraite aux vaincus.
Mais l'amiral, voulant sauver son armée d'un plus
grand désastre, avait confié la même mission à l'Au-

(1) *Histoire généalogique*, par le P. Anselme, t. 1er, p. 242 et suiv.

bouinière de Chaillé. Ce capitaine accéléra tellement
sa marche qu'il arriva avant Allard à Parthenay, et
assura de cette manière la retraite des protestants.
Coligny, conduisant les débris de ses troupes, n'atteignit cette ville qu'à dix heures du soir, cinq heures après la bataille. Immédiatement il tint conseil
avec les princes et les autres chefs. On s'empressa
d'écrire à tous les partisans de la cause protestante
en France et à l'étranger pour leur demander des
secours et les inviter à reprendre courage. Puis, sans
perdre un temps précieux, les protestants, craignant
avec raison d'être poursuivis par l'armée royale, évacuèrent Parthenay sur les trois heures après minuit,
et prirent la route de Niort (1).

En effet, le duc d'Anjou, qui avait campé à Saint-
Généroux après sa victoire, ne tarda pas à arriver à
Parthenay, qu'il trouva abandonné par l'ennemi. Il
en confia de nouveau la garde au capitaine Allard,
et se dirigea sur Niort qui lui ouvrit ses portes le
8 octobre (2).

Le contre-coup des tristes événements de la nuit
du 24 août 1572 se fit ressentir à Parthenay le 3
septembre. Ce jour-là des désordres graves, dont les

(1) *Histoire des troubles*, par la Popelinière, p. 285. — *Histoires
de d'Aubigné*. — *Histoire du calvinisme*, par Soulier.

(2) *Histoire des troubles*, par la Popelinière, p. 293. — Depuis
cette époque, il n'est plus question du capitaine Allard, si ce n'est
dans un passage du journal de Michel le Riche où celui-ci nous apprend qu'au mois de septembre 1575 Allard se trouvait à Niort sous
les ordres du comte du Lude, gouverneur du Poitou.

détails ne sont pas connus, éclatèrent dans la ville et portèrent la frayeur jusqu'à Saint-Maixent. Les expressions employées par Michel le Riche pour constater cet événement prouvent clairement qu'il n'y eut point de Saint-Barthélemy. Mais à Parthenay comme ailleurs, les catholiques étaient exaspérés par les excès épouvantables des protestants ; ils n'avaient point oublié les pillages encore récents de 1562 et 1568. Aussi, d'après toutes les probabilités, dans un premier mouvement de colère, ils se seront levés en masse contre les calvinistes. Des collisions d'une certaine gravité, il est vrai, auront eu lieu, mais tout se sera borné à des scènes de *tumulte*, suivant l'expression de le Riche, sans qu'on ait eu à déplorer des massacres comme à Paris (1).

L'année suivante, le seigneur de Parthenay, Léonor d'Orléans, et le sire de la Châtaigneraye, son vassal, faisaient partie de l'armée royale qui assiégea la Rochelle sous le commandement du duc d'Anjou (1573). Léonor mourut peu de temps après à Blois au mois d'août 1573. Son fils aîné, Henri, duc de Longueville, hérita de la baronie de Parthenay (2).

Cependant le parti politique ou des malcontents,

(1) Journal de Michel le Riche. « le 3 septembre 1572 y eut une émotion et tumulte à Parthenay qui fut cause que plusieurs de cette ville de Saint-Maixent craignant qu'il en advint autant s'en allèrent ailleurs. »

(2) *Hist. généal.*, par le P. Anselme, t. 1er, p. 212 et suiv. — *Hist. des Chast.*, par Duchêne.

dirigé en Poitou par Jean de la Haye, lieutenant général de la sénéchaussée, conspirait avec les protestants pour s'emparer du gouvernement. Ceux-ci reprenaient même les armes, et, au mépris de la paix récemment conclue, s'emparaient par surprise de plusieurs villes. Le roi ordonna au duc de Montpensier de marcher contre eux. Le prince arriva à Parthenay, vers le 8 avril 1574, à la tête de trois mille hommes de pied et de quinze cents cavaliers. C'est là qu'il établit momentanément son quartier général. Avant d'ouvrir les hostilités, il envoya Strozzi auprès de la Noue, qui commandait les huguenots à la Rochelle, pour lui faire des propositions de paix. Mais il ne fut pas possible de s'arranger. Le 13 avril, il fit avertir les officiers de Saint-Maixent que les huguenots méditaient un coup de main sur leur ville, et qu'il leur envoyait une compagnie d'arquebusiers à cheval. Le lieutenant de Saint-Maixent, accompagné de plusieurs notables, partit aussitôt pour Parthenay, afin d'exposer au duc de Montpensier que Saint-Maixent n'avait pas besoin de ce secours pour se défendre. En route, il rencontra la compagnie d'arquebusiers, commandée par Puygaillard, qui, cédant à ses instances, se retira à Saint-Georges-de-Noiné en attendant la décision du duc de Montpensier. Le lieutenant de Saint-Maixent obtint ce qu'il demandait, et revint bientôt de Parthenay apportant à ses concitoyens des lettres flatteuses dans lesquelles le prince les félicitait de leur zèle pour le service du roi. Vers la fin du mois, le duc de Mont-

pensier fit mettre le siége devant Fontenay ; mais il
revint encore à Parthenay, car c'est là qu'il se trouvait lorsqu'arriva la nouvelle de la mort de Charles IX
( 30 mai 1574 ). La lettre qu'il écrivit alors aux
maire et échevins de Saint-Maixent, pour leur re-
commander de rester fidèles au nouveau souverain,
est datée *du camp de Parthenay* le 2 juin 1574; preuve
qu'il avait toujours dans cette ville son quartier général (1). Malgré les difficultés de la situation, il
n'en continua pas moins la guerre contre les protestants. Fontenay tomba en son pouvoir, le 17 septembre, après une assez longue résistance. Lusignan
ne tarda pas à éprouver le même sort.

Le comte du Lude, gouverneur du Poitou, envoya
à Parthenay, dans les premiers jours de juillet 1575,
le capitaine Bassin, à la tête de plusieurs compagnies, pour y tenir garnison. Mais les habitants refusèrent de le recevoir. Ils fermèrent leurs portes,
distribuèrent des sentinelles sur les murailles, et les
soldats furent obligés de se loger dans les faubourgs
et dans les environs. Dans ces temps de troubles et
de guerres civiles, les villes redoutaient le séjour des
troupes dans leurs murs, à quelque parti qu'elles appar-
tinssent ; car, comme le disaient les habitants de Poitiers dans leurs remontrances au roi Henri III, « entre
l'ami et l'ennemi, aux déportements de l'un et de
l'autre, nous ne connaissons point de différence (2).»

(1) Journal de Michel le Riche.
(2) *Histoire du Poitou*, par Thibaudeau, t. 3, p. 12.

Cette petite rébellion de la ville de Parthenay ne dura pas moins de quinze jours. A la fin, le comte du Lude, irrité, menaça les habitants d'aller faire ouvrir leurs portes à coups de canon. Ils s'empressèrent aussitôt de se soumettre, et, le 19 juillet, le capitaine Bassin entrait dans la ville avec ses compagnies (1).

Le duc d'Alençon, frère du roi et chef du parti politique qui venait de faire alliance ouverte avec le parti protestant, arriva à Parthenay, le 1er décembre 1575, à la tête de toutes ses forces, quelques jours seulement après la trève de six mois conclue entre lui et la reine-mère à Champigny-sur-Vède. Il en repartit le 5 décembre pour se rendre à Saint-Maixent, où ses troupes commirent beaucoup de désordres. Il est probable que de pareils excès avaient eu lieu à Parthenay, et c'est ce qui motiva peut-être la présence du comte du Lude dans cette ville le 13 décembre (2).

Le roi de Navarre, après son évasion de la cour de Henri III, passa à son tour à Parthenay dans les derniers jours de mai 1576. Cette fois encore les habitants furent sans doute victimes de la rapacité des soldats, car l'armée du prince, au rapport de le Riche, faisait beaucoup de mal partout où elle passait (3). L'année suivante, les protestants ayant repris les armes, le prince de Condé, dans une de ses

(1) Journal de Michel le Riche.
(2) Idem.
(3) Idem.

courses vers Thouars, traversa la Gâtine et logea à Hérisson le dimanche 3 mars 1577 (1).

De nouvelles déprédations furent commises en 1581 à Parthenay par la compagnie du sieur de Lancosme, qui y tenait alors garnison. Mais c'étaient surtout les habitants des campagnes que ces soldats indisciplinés pressuraient de la manière la plus intolérable. Ils s'installaient violemment chez eux, y vivaient à discrétion ; et, après les avoir bien rançonnés, ils les accablaient de mauvais traitements, disant qu'on ne leur payait pas leur solde. Ces excès demandaient une répression sévère. Au mois de décembre de cette année, le prévôt des maréchaux se transporta à Parthenay, fit saisir les coupables et les conduisit à Poitiers où l'on instruisit leur procès (2).

Aux calamités de la guerre se joignit le fléau des inondations. Dans la nuit du 8 au 9 décembre 1582, le Thouet sortit de son lit et causa sur tout son parcours les plus grands désastres. A Parthenay, les ponts de Saint–Paul et de Saint–Jacques furent emportés, les deux faubourgs en partie submergés, et presque tous les moulins et maisons situés sur les bords de la rivière entièrement renversés par le courant. Il y eut même plusieurs personnes surprises par le débordement qui trouvèrent la mort dans les eaux (3).

(1) Chronique du Langon dans les *Chroniques Fontenaisiennes* publiées par M. de la Fontenelle, p. 498.

(2) Journal de Michel le Riche.

(3) Idem.

Malgré le dernier traité de paix conclu à Fleix, les villes étaient sans cesse exposées à des attaques imprévues de la part de bandes d'aventuriers calvinistes qui ne cherchaient dans leurs expéditions que des occasions de pillage. Le 18 février 1584, une troupe d'arquebusiers, composée de quatre-vingts hommes environ, fit une tentative à main armée sur le château de Parthenay, espérant qu'il serait facile de s'en emparer par surprise. Cette entreprise hardie aurait réussi sans la vigilance et l'énergie des habitants qui se portèrent en masse sur le point menacé et repoussèrent les assaillants (1).

La mort du duc d'Alençon et la formation de la Ligue, qui en fut la conséquence, ranimèrent la guerre civile à peine éteinte, et lui donnèrent plus de vivacité que jamais. Rallié aux ligueurs par nécessité depuis le traité de Nemours (7 juillet 1585), le roi tourna toutes les forces de l'État contre les protestants. Le Poitou devint encore le théâtre des hostilités. Des ordres furent donnés à Poitiers pour établir des magasins d'approvisionnements dans cette ville, ainsi qu'à Parthenay, Saint-Maixent, Niort et Fontenay, car on dirigeait beaucoup de troupes sur cette province. Le duc de Montpensier y arriva bientôt à la tête de vingt-quatre enseignes de gens de pied, de dix-huit compagnies de gens d'armes et de six pièces de canon. Il était à Champigny dans les derniers jours du mois d'août 1585, et se préparait à se rendre à

(1) Journal de Michel le Riche.

Parthenay dont il voulait faire un centre d'opérations.
En apprenant la résolution du prince, les habitants
de cette ville, fort peu soucieux de supporter encore
une fois les charges d'une occupation militaire, dé-
putèrent auprès de lui le bailli de Gâtine, Jean Meschinet, et Jacques le Riche, avocat fiscal, pour le
supplier de vouloir bien les exempter de garnison.
Leur prière fut exaucée (1). Le duc de Montpensier
conduisit la guerre avec mollesse. Il n'en fut point
ainsi du prince de Condé, chef des protestants,
dont les efforts furent d'abord couronnés de succès.
Encouragé par ces heureux débuts, Condé résolut
d'entreprendre une expédition plus importante contre
Angers. Laissant donc le siége de Brouage qu'il avait
commencé, il traversa la Gâtine presque en courant, passa non loin de Parthenay, s'empara du château de Chiché, où il mit une petite garnison, et
arriva devant Angers le **20** octobre. On sait qu'il
éprouva un échec complet à la suite duquel il fut
obligé de se réfugier en Angleterre,

L'édit de Nemours avait enjoint aux protestants
de sortir du royaume dans le délai de six mois, s'ils
ne consentaient pas à rentrer dans la religion catholique. Un nouvel édit plus rigoureux, rendu au mois
d'octobre, réduisit ce délai à quinze jours. En Poitou,
beaucoup d'hérétiques intimidés se convertirent, mais
il y en eut plusieurs, notamment à Saint-Maixent, qui
préférèrent l'exil à l'abjuration. A Parthenay, très

(1) Journal de Michel le Riche.

peu de personnes poussèrent le fanatisme jusque-là :
un des magistrats de la ville, le juge châtelain, se
trouva au nombre de ceux qui s'obstinèrent à demeurer huguenots. Le nombre des abjurations, au
contraire, fut bien plus considérable : quarante-
quatre habitants renoncèrent à la religion prétendue
réformée pour revenir au catholicisme (novembre
1585) (1).

La guerre entreprise contre les protestants recommença l'année suivante. Le comte de Malicorne,
nouveau gouverneur du Poitou, faisait tous ses efforts
pour résister aux attaques continuelles de l'ennemi
et mettre les villes en état de défense. Au mois de
janvier 1586, il manda à Niort Jacques le Riche,
avocat fiscal de Parthenay, et Laurent Masson, sieur
de la Bouillanerie, pour leur donner ses ordres relativement aux mesures à prendre pour la sûreté de
cette ville. Cédant à leurs instances, il promit de ne
point envoyer de garnison à Parthenay, montrant
ainsi toute la confiance qu'il avait dans la fidélité et
le courage de ses habitants. Cependant, peu de temps
après, dans les premiers jours de mars, on jugea à
propos d'y envoyer deux compagnies de gens de pied
qui ne furent reçues dans la ville qu'avec difficulté (2).

Cette précaution semblait loin d'être inutile, car
les huguenots faisaient sans cesse des courses autour
des villes, cherchant à s'en emparer par surprise, et

(1) Journal de Michel le Riche.
(2) Idem.

Parthenay, notamment, faillit tomber en leur pouvoir dans la nuit du **29 avril 1586**. Ils avaient si bien pris leurs mesures qu'ils réussirent à se glisser au nombre de douze cents hommes jusque sous les murs de la ville sans éveiller l'attention des habitants ensevelis dans le plus profond sommeil. Il était deux heures du matin, et personne dans Parthenay ne soupçonnait l'imminence du danger. Les huguenots avaient résolu de pénétrer dans la ville par la porte du Sépulcre qui n'avait point de pont-levis et dont l'accès était par cela même plus facile. Il ne s'agissait plus que de forcer cette porte. Pour y parvenir, ils eurent recours au *pétard*, espèce de machine infernale semblable à un petit mortier, qui, en faisant explosion, devait briser la porte et ouvrir une issue aux assaillants. Mais le bruit causé par les travaux que nécessita le placement de cette machine réveilla quelques habitants. En un instant toute la ville fut sur pied ; les murailles se couvrirent de défenseurs, et les huguenots, chassés à coups d'arquebuse, se virent contraints de renoncer à leur entreprise. Ils se dirigèrent sur Saint-Loup et Airvault où ils ne furent pas plus heureux. On retrouva le pétard devant la porte du Sépulcre : il était chargé de dix livres de poudre. Les hérétiques n'avaient point eu le temps d'y mettre le feu. Un moment plus tard Parthenay devenait probablement leur proie (1). Tous les habitants rendirent à Dieu de solennelles actions de grâces

(1) Journal de Michel le Riche.

pour le remercier de les avoir préservé d'un si grand danger. Une immense procession fut spontanément organisée autour des murs de la ville. Depuis cette époque jusqu'à la révolution, une fête religieuse et patriotique, qu'on appelait la Procession du Pétard, a toujours eu lieu tous les ans le 29 avril, jour anniversaire de l'heureux événement dont elle avait pour but de perpétuer le souvenir. Elle se faisait aux frais de la municipalité (1).

M. de Malicorne, gouverneur du Poitou, vint à Parthenay dans les premiers jours de mai 1586 pour veiller à l'exécution de l'édit de Nemours. Il était accompagné de forces assez considérables parmi lesquelles étaient un détachement d'Albanais et les compagnies des sieurs de Villeluisant, d'Airvault, de Monsoreau et de la Châtaigneraye (2). Ces troupes n'y séjournèrent pas longtemps; mais il en vint bientôt de nouvelles. En effet, le maréchal de Biron, envoyé par Henri III contre les protestants et récemment arrivé en Poitou, passa à Parthenay, le 1er juillet 1586, à la tête de toute son armée. Il avait avec lui huit pièces d'artillerie qui n'entrèrent point en ville; elles furent laissées près de l'église de Parthenay-le-Vieux (3). Peu de temps après, Biron assiégeait

---

(1) Anciens registres des délibérations de l'hôtel de ville de Parthenay.

(2) Journal de Michel le Riche.

(3) Fragment du journal de Claude Charron. — Claude Charron, marchand fabricant d'étoffes de laine, né à Parthenay et habitant de cette ville, est l'auteur d'un journal historique dans le genre de celui

Marans défendu par le roi de Navarre, auquel il accorda une capitulation honorable. On sait qu'en agissant ainsi, il ne faisait que suivre la politique de Henri III qui au fond avait entrepris cette guerre avec répugnance.

La peste, ce fléau inséparable de la guerre, désola Parthenay aux mois de septembre et d'octobre. Les ravages qu'elle y exerça furent si grands que les habitants épouvantés désertaient en masse la ville pour aller habiter les campagnes environnantes, malgré le peu de sécurité dont on y jouissait dans ces temps de troubles (1).

L'année suivante (1587), le roi de Navarre recommença les hostilités par la prise de plusieurs places en Poitou. Saint-Maixent, notamment, tomba en son pouvoir le 12 mai sans opposer la moindre résistance. Cette nouvelle jeta l'alarme à Parthenay. Les habitants, sachant que les huguenots étaient si près d'eux, redoublèrent de vigilance et poussèrent la précaution jusqu'à tenir les portes de ville fermées jour et nuit, afin d'éviter toute surprise (2). Mais Parthenay ne fut point attaqué, et bientôt même le

de le Riche dont il fut le contemporain. Malheureusement ce journal est anéanti. Quelques fragments ont été retrouvés par hasard chez un marchand de tabac, sur la place des Bancs à Parthenay, par M. Allard de la Resnière. (Notes de M. Allard de la Resnière).

(1) Journal de Michel le Riche.

(2) Anciens registres de l'état civil existant à l'hôtel de ville de Parthenay; registres de la paroisse de Saint-Laurent contenant un acte de décès du 24 mai 1587 où il est fait mention de cette circonstance.

duc de Joyeuse délivra cette ville d'un dangereux voisinage en reprenant Saint-Maixent sur les huguenots ( juin 1587 ).

Parthenay courut de nouveaux dangers lorsque le roi de Navarre rentra en vainqueur dans les places dont il avait été expulsé l'année précédente. Notre ville avait alors pour gouverneur M. de Riaudière qui y commandait à la tête d'une compagnie (1588) (1). Elle servit de refuge au gouverneur du Poitou, Malicorne, lorsqu'il fut obligé de quitter Niort à la suite d'une capitulation honorable que voulut bien lui accorder le roi de Navarre ( 29 décembre 1588 ) (2). Malgré ce grave échec, Malicorne essaya de résister aux armes victorieuses des protestants : il les repoussa avec perte de Vouvent qu'ils avaient voulu prendre par escalade. On sait que cette petite place appartenait au seigneur de Parthenay. Les huguenots, dirigés par le capitaine Charbonnière, firent dans le même temps une nouvelle tentative pour se rendre maîtres de Parthenay; mais ils éprouvèrent encore une fois un échec complet (1589) (3).

L'assassinat du duc de Guise et l'alliance de Henri III avec le chef du parti protestant soulevèrent l'indignation de tous les catholiques. De toutes parts les villes s'insurgèrent et se prononcèrent pour la Ligue. Le représentant de l'autorité royale en Poitou,

(1) Anciens registres de l'état civil; registres de la paroisse de Saint-Laurent (hôtel de ville de Parthenay).

(2) *Histoire de Niort*, par Briquet, t. 1er, p. 331.

(3) *Histoire univer.*, par d'Aubigné. — Thibaudeau, t. 3, p. 71.

Malicorne, chassé honteusement de Poitiers, retourna à Parthenay dont il faisait sa résidence habituelle depuis la prise de Niort (mai 1589). Là au
moins il était en sûreté, car tout ce qu'il y avait de
catholiques dévoués dans la ville, imitant en cela
l'exemple des autres ligueurs de la province, l'avaient
abandonnée pour se rendre à Poitiers, centre général de la résistance (1). D'ailleurs le seigneur de Parthenay, Henri duc de Longueville, homme du parti
politique, était demeuré fidèle à Henri III au service
duquel il se distingua, notamment à Senlis où il mit
en déroute les troupes de la Ligue (mai 1589) (2).
Ses vassaux de Gâtine, quoiqu'il n'habitât point au
milieu d'eux, subissaient naturellement son influence,
ou plutôt celle de ses officiers, qui, étant à sa nomination, agissaient d'après ses vues et par conséquent
devaient se montrer tout disposés à retenir le pays
sous l'obéissance du roi. Parthenay, qui déjà avait
accueilli dans ses murs le gouverneur du Poitou, semblait donc une place toute choisie pour devenir momentanément, pendant les troubles, le siége de l'administration provinciale. Aussi Henri III, à la suite
de la révolte de Poitiers, s'empressa-t-il d'y trans-
férer le bureau des finances. Parmi les trésoriers alors
en fonctions, que cette circonstance amena dans notre
ville, était un homme célèbre, Scévole de Sainte-Mar-

(1) *Essai sur l'Hist. de la Ligue à Poitiers*, par M. Ouvré; *Mém.
de la Société des Antiq. de l'Ouest*, année 1854.
(2) *Histoire de la Ligue*, par V. de Chalambert, t. Ier, p. 270.

the, dont l'adresse et l'esprit conciliant amenèrent plus tard, en 1594, la soumission de Poitiers à Henri IV. Le présidial lui-même vint tenir pendant un instant ses séances à Parthenay (1). Quant à Malicorne, il y demeura jusqu'au rétablissement de la paix ; c'est de là qu'il donnait ses ordres et qu'il préparait ses expéditions pour combattre les ligueurs (2).

Ceux-ci continuaient à opposer la plus vive résistance aux royalistes, surtout depuis que la mort tragique de Henri III avait ouvert l'accès du trône à un prince huguenot. De Poitiers où ils avaient concentré toutes leurs forces, ils opéraient de fréquentes sorties contre les petites villes et châteaux forts environnants. Souvent ils poussaient leurs courses fort loin, et un jour ils tentèrent de s'emparer de Parthenay de vive force. Mais cette ville était en état de repousser l'ennemi, car Malicorne y avait placé une forte garnison. Les ligueurs échouèrent donc dans leur entreprise. Le bailli de Parthenay, Jean Meschinet, déploya dans cette circonstance beaucoup de courage et d'énergie. Il reçut deux arquebusades en combattant et contribua pour une grande part au succès de la défense. Henri IV, ne voulant pas laisser sans récompense la belle conduite de Jean Meschinet, lui accorda des let-

---

(1) *Essai sur l'Hist. de la Ligue à Poitiers*, par M. Ouvré. — Manuscrit de Joseph Aubert, de Parthenay. — *Hist. de Niort*, par Briquet, t. 1er, p. 338. — Le présidial fut ensuite transféré à Niort.

(2) Manuscrit de Joseph Aubert.

tres de noblesse, datées de Saumur, au mois de mars
1593 (1).

Le duc de Longueville donnait à ses officiers de
Gâtine l'exemple du dévouement à la cause royale.
Aussitôt après l'assassinat d'Henri III, il s'était rallié,
quoique catholique, au drapeau du roi de Navarre, à
condition toutefois que ce prince abjurerait le calvinisme. Il le servit avec distinction aux siéges de Paris, de Rouen, de Laon et en Picardie dont il était
gouverneur. Un malheureux accident mit un terme
à ses jours. Ayant été atteint d'un coup de mousquet
à Dourlens dans une salve tirée en son honneur, il
expira quelques jours après à Amiens des suites de
sa blessure (29 avril 1595). Son fils Henri II d'Orléans hérita de la baronie de Parthenay et de ses autres domaines (2).

La mise à exécution de l'édit de Nantes, si favorable aux protestants, rencontra de la résistance à
Parthenay, et y causa de graves désordres qui failli-
rent dégénérer en lutte à main armée. Il ne faut point
s'en étonner. « A l'exception de quelques politiques
indifférents, sinon hostiles à la cause de l'Église, il
n'y eut qu'une voix en France et dans la chrétienté
pour protester contre une mesure qui accordait à
l'hérésie non pas la tolérance seulement, mais une
position officielle et privilégiée, meilleure, à certains

---

(1) *Dictionnaire historique des familles de l'ancien Poitou*, par
MM. Beauchet-Filleau et de Chergé, t. 2, p. 388.

(2) *Hist. généal. de la maison de France*, par le P. Anselme,
t. 1er, p. 212 et suiv. — Manuscrit de Joseph Aubert.

égards , que celle faite à la religion catholique (1). »
Aussi lorsque les protestants de Parthenay, qui ne
constituaient d'ailleurs qu'une faible minorité , récla-
mèrent l'exercice public de leur religion, non pas
dans l'intérieur de la ville , ce qui eût été trop formellement contraire à l'édit , mais dans un des faubourgs, les catholiques manifestèrent hautement leur
mécontentement. Le terrain , dont les protestants
avaient fait choix pour ériger leur temple , était situé
entre le faubourg du Marchiou et le faubourg du
Sépulcre ; il dépendait de la seigneurie de Saint-Pardoux alors possédée par un calviniste, Pierre Allonneau. Celui-ci , en vertu de son droit de haute justice , s'était empressé d'obtenir l'autorisation de
faire exercer publiquement son culte dans toute
l'étendue de sa seigneurie où il avait fait en même
temps élection de domicile. De leur côté , le bailli de
Gâtine, Jean Meschinet , et les autres officiers de
Parthenay contestaient au sieur de Saint-Pardoux
son droit de haute justice sur le terrain désigné plus.
haut; et, en admettant même comme bien établi le
droit de Pierre Allonneau, ils invoquaient le texte de
l'édit royal en vertu duquel l'exercice de la religion
prétendue réformée était interdit dans la ville et
faubourgs de Parthenay. En conséquence , ils avaient
obtenu du lieutenant général de la sénéchaussée de
Poitiers , Louis de Sainte-Marthe , une défense ex-

(1) *Histoire de la Ligue*, par Victor de Chalambert, t. II , p. 470 ;
Paris , 1854.

presse de tolérer l'exercice du culte huguenot dans le lieu où le sieur de Saint-Pardoux prétendait avoir le droit de le permettre. Les protestants se montrèrent peu disposés à tenir compte de la décision du lieutenant général, laquelle, alléguaient-ils, avait été prise sans les entendre. Ils résolurent même de passer outre et de faire prêcher leurs ministres dans les faubourgs de Parthenay, persistant à soutenir qu'ils étaient dans leur droit. Mais les officiers de cette ville, chargés en vertu de leurs fonctions de faire observer les édits royaux, n'eurent pas plutôt appris leur projet, qu'ils y mirent formellement opposition. Les protestants résistèrent. Un débat très animé s'en suivit, les esprits s'échauffèrent et l'irritation ne faisant que croître, le sang aurait peut-être coulé sans la modération des catholiques qui, pour prévenir une lutte regrettable, consentirent à transiger avec leurs adversaires. Les catholiques, par l'organe de M⁰ Jean Meschinet, bailli de Gâtine, et de M⁰ Jean Cossin, avocat fiscal de Parthenay, délégués par eux à cet effet, proposèrent aux protestants, représentés par deux de leurs coreligionnaires, Nicolas Sabourin et Siméon Bonnet, trois endroits situés en dehors de la ville et des faubourgs, dans l'un desquels, à leur choix, on leur laisserait la liberté d'élever un temple et d'exercer leur culte. Les trois terrains désignés étaient le pré Coussotte, un champ dépendant de la Maladrerie et une ouche près de la fontaine de Prépouillet appartenant à un habitant de Parthenay, nommé Nicolas Esquot. Les protestants ayant choisi l'ouche de Prépouillet, et les catholiques ayant déclaré qu'ils approuvaient ce choix, le lieutenant général de Poitiers, Louis de Sainte-Marthe, sanctionna la transaction en lui donnant son approbation et ordonna de la mettre à exécution (15 décembre 1600) (1). Le temple protestant fut en effet construit à Prépouillet. Plus tard, à la révocation de l'édit de Nantes, il fut démoli, et l'emplacement qu'il occupait fut adjugé à l'hôpital de Parthenay en vertu d'une ordonnance rendue, le 30 mai 1686, par M. Foucault, intendant de la généralité de Poitiers (2).

Au seizième siècle, Parthenay était le chef-lieu d'une vaste élection composée de deux cents paroisses qu'on avait distraites des élections voisines de Niort, de Poitiers et de Thouars (3). On appelait autrefois élection une circonscription financière soumise à la juridiction de magistrats royaux nommés *élus* chargés de répartir les impôts et de juger les procès qui s'élevaient à cette occasion. Nous ignorons l'époque à laquelle fût créée l'élection de Parthenay. Ce qui est certain, c'est qu'elle existait en 1562, car Me Guillaume Buignon exerçait alors la charge d'élu à Parthenay (4). Dans les dernières années du seizième siècle, Pierre Guillemard était procureur du

(1) Dom Fonteneau, transaction entre les protestants et les catholiques de Parthenay.

(2) Archives de l'hôpital de Parthenay.

(3) Dom Fonteneau, t. 20, p. 368. — Man. de Joseph Aubert, de Parthenay.

(4) Archives de l'hôpital de Parthenay, transaction de 1562.

roi dans la même élection, et Nicolas Sabourin, receveur des tailles (1). L'élection de Parthenay fut supprimée par Henri IV vers l'an 1600; les paroisses dont elle se composait furent rendues à leurs anciennes circonscriptions de Poitiers et de Niort (2). La ville de Parthenay et les paroisses de l'est et du nord-est de la Gâtine, telles que Gourgé, Thénezay, la Ferrière, la Chapelle-Bertrand, furent attribuées à l'élection de Poitiers; les paroisses du sud et de l'ouest, telles que Secondigny, Saint–Pardoux, Hérisson, Allonne, revinrent à l'élection de Niort.

Pendant la minorité de Louis XIII, la ville de Parthenay fut momentanément soustraite à l'autorité royale. Le duc de Sully, gouverneur du Poitou, s'étant laissé entraîner dans la révolte de Condé, livra aux troupes de ce prince Parthenay, Saint–Maixent, Fontenay et d'autres places de la province (décembre 1615) (3). Bientôt le traité de Loudun mit un terme à cette guerre (mai 1616). Le duc de Longueville, seigneur de Parthenay, qui s'était jeté lui aussi dans les rangs des mécontents, assista avec Condé aux conférences de Loudun (4).

Peu de temps après, quelques difficultés qui sur-

(1) Notes de M. Allard de la Resnière. — Ce Nicolas Sabourin est le même que celui qui figure dans la transaction de 1600.

(2) Manuscrit de Joseph Aubert, de Parthenay.

(3) Essai sur l'Hist. de la ville de Poitiers depuis la fin de la Ligue jusqu'au min. de Richelieu, par M. Ouvré; *Mém. de la Soc. des Ant. de l'Ouest*, t. XXII, p. 491.

(4) *Hist. du Poitou*, par Thibaudeau, t. 3, p. 221, chap. XII.

vinrent entre le duc d'Epernon et les habitants de la
Rochelle, produisirent en Poitou et particulièrement
en Gâtine de nouvelles agitations d'une nature moins
grave que les précédentes, mais qui n'en causèrent
pas moins une certaine inquiétude au pouvoir royal.
M. de la Châtaigneraye, gouverneur de la ville et
du château de Parthenay, qui était alors absent,
avait laissé ses fonctions entre les mains de son lieutenant, François de Brémont, sieur de Balanzac et
de Vaudoré (1). Louis XIII adressa à ce dernier la
lettre suivante : « Mons. de Balanzac j'ai été bien
aise que le sieur de la Châtaigneraye vous ait laissé
en ma ville de Partenay pour y commander en son
absence, estimant que vous apporterez tout le soin,
affection et fidélité, que je saurais désirer pour conserver et maintenir mes sujets de la dite ville en repos
et tranquillité sous mon obéissance, dont j'ai bien
voulu vous faire celle-ci pour vous exhorter d'y
veiller d'autant plus soigneusement que je le juge
être important au bien de mon service et à la conservation de la dite ville, mesmement sur les avis
que j'ai des troupes de gens de guerre qui se font
sans mes commissions en ma province de Poitou et
ès environs de ma dite ville de Partenay, sous prétexte des différents qui sont entre mon cousin le duc
d'Espernon et mes sujets de la Rochelle, lesquelles

(1) Dom Fonteneau, t. 8. — Le sieur Sarouet avait précédé
M. de la Châtaigneraye dans le gouvernement de Parthenay (Joseph
Aubert).

encores que j'estime devoir être bientôt dissipés suivant l'ordre que j'y ai donné, néanmoins il est cependant à propos que vous preniez toujours soin de
la sûreté de la dite ville et ordonniez aux habitants
d'icelle ce qu'ils auront à faire sur ce sujet, afin
qu'il n'en puisse arriver inconvénient qui leur peut
apporter du trouble et de l'altération à mon dit service. Sur ce je prie Dieu, Mons. de Balanzac, qu'il
vous ait en sa sainte garde. Écrit à Paris, ce 16 octobre 1616. Louis (1). »

Les troubles, qui avaient motivé l'envoi de cette
lettre, s'apaisèrent rapidement et n'eurent aucune
suite fâcheuse. Il n'en fût point ainsi de la révolte
des huguenots qui éclata en 1621 à la suite de l'assemblée qu'ils tinrent à la Rochelle, où ils avaient
formé le projet de s'organiser en république indé-
pendante de l'État. Louis XIII marcha en personne
contre les rebelles. Après avoir passé par Saumur,
dont il ôta le gouvernement à Duplessis-Mornay, et
par Thouars où il reçut un accueil favorable du duc
de la Trémouille, il arriva à Parthenay le 19 mai
1621. Les habitants de cette ville lui firent une brillante et solennelle réception, et le roi séjourna quatre
jours au milieu d'eux, espérant toujours que les ducs
de Rohan et de Soubise, chefs des huguenots, lui
enverraient leur soumission. Mais voyant qu'il ne
restait plus que la voie des armes, il partit de Parthenay, mit une garnison dans Fontenay, et alla

(1) Archives départementales à la préfecture de Niort.

assiéger Saint-Jean-d'Angély, où le duc de Soubise fut contraint de capituler (1).

Louis XIII passa de nouveau à Parthenay, le 7 octobre 1627, en allant au siége de la Rochelle. Après la prise de cette ville, il retourna à Paris par la même route et coucha encore à Parthenay le 20 novembre 1628 (2).

L'homme à la persistance duquel on fut redevable de cette victoire signalée sur le calvinisme, ce fameux cardinal de Richelieu qui domina Louis XIII de toute la hauteur de son génie, était issu par sa mère d'une famille noble de Gâtine. Suzanne de la Porte, fille de François de la Porte, originaire de Parthenay, et épouse de François Duplessis de Richelieu, eut l'honneur de donner le jour à ce puissant ministre. Notre pays peut donc le réclamer à bon droit pour un de ses enfants. Bientôt, grâce à cet illustre protecteur et aux talents militaires de Charles de la Porte, maréchal de France, son cousin-germain, la famille la Porte-la-Meilleraye allait devenir l'une des premières du royaume. Elle remplaça les Longueville dans la baronie de Parthenay, en 1641, ainsi que nous l'expliquerons dans le chapitre suivant. Le cardinal de Richelieu, à son retour du Languedoc, au mois de novembre 1632, vint passer quelques jours en Gâtine dans la famille de sa mère. Pendant qu'il se trouvait à Parthenay, la ville de Poitiers lui en-

(1) *Histoire du Poitou*, par Thibaudeau, t. 3, p. 248.
(2) *Idem*, t. 3, p. 266 et 273.

voya des députés pour lui adresser les compliments
d'usage. Cet acte de déférence le flatta beaucoup, et
il en témoigna aux envoyés toute sa satisfaction (1).

Deux nouvelles maisons religieuses, l'une de capucins et l'autre d'ursulines furent fondées à Parthenay
au commencement du xviie siècle. Lorsque les capucins arrivèrent, en 1612, ils occupèrent provisoirement une petite maison qu'on leur donna dans le
faubourg du Sépulcre, et, comme ils n'avaient point
de chapelle, ils célébraient la messe dans l'église
paroissiale du Sépulcre. Les habitants de Parthenay,
à la charité desquels ils firent appel pour faire construire un établissement plus vaste et plus convenable, ne restèrent pas sourds à leurs prières. Une
quête eut lieu dans la ville sous le patronage des
notables et du sieur de Vivône, gouverneur de Parthenay (2). L'argent qu'elle produisit fut employé à
l'acquisition de plusieurs maisons, jardins et prés
situés dans le faubourg du Marchiou (1620). Là
s'éleva le nouveau monastère des capucins. Il sub-
sista jusqu'en 1780, époque à laquelle il fut supprimé faute de sujets, en vertu d'une décision du
chapitre général de l'ordre et d'un arrêt du conseil
d'État du 20 avril de la même année. Le religieux,
qui fut alors délégué à Parthenay pour faire vendre
au profit de son ordre le mobilier et les bâtiments

(1) *Hist. du Poitou*, par Thibaudeau, t. 3, p. 276.
(2) C'est le même que nous avons désigné plus haut sous le nom de
M. de la Châtaigneraye.

du monastère devenus inutiles, rencontra des difficultés inattendues dans l'accomplissement de sa mission. La municipalité prétendit que les capucins n'avaient point la propriété de leur couvent, parce qu'il leur avait été autrefois donné par les habitants de Parthenay, mais qu'ils en avaient seulement la jouissance précaire. En conséquence, elle forma opposition à la vente que venait de conclure le mandataire des capucins, et l'affaire fut portée au conseil d'État. Au fond la prétention de la ville était exorbitante et peu fondée ; mais elle aurait été bien aise de la faire admettre, car elle avait besoin d'un nouvel hôpital pour remplacer l'ancien devenu insuffisant, et les bâtiments du couvent des capucins lui paraissaient très propres à cet usage. Aussi demandait-elle par des conclusions subsidiaires qu'on lui reconnût au moins un droit de préférence pour l'acquisition de cet établissement. Le procès n'avait point encore reçu de solution, au mois de juin **1789**, lorsque survint la révolution qui trancha la question à sa manière en confisquant l'objet en litige (**1**).

Les ursulines, dont le but principal était l'éducation des jeunes filles, s'établirent à Parthenay en **1624**. Henri-Louis Chasteigner de la Roche-Pozay, évêque de Poitiers, et Henri II, duc de Longueville, seigneur de Parthenay, désirant favoriser l'établisse-

(1) Archives de l'hôpital de Parthenay. — Anciens registres des délibérations de l'hôtel de ville de Parthenay. — L'ancien couvent des capucins est aujourd'hui occupé par l'école normale.

ment d'un ordre si utile, leur donnèrent l'église paroissiale de Notre-Dame-de-la-Couldre. C'est auprès de cet édifice, illustré jadis par la conversion célèbre du duc d'Aquitaine, que fut construit le couvent des ursulines (1). Vendu nationalement à l'époque de la révolution, il fut rendu dans la suite à sa destination primitive, et aujourd'hui encore il est occupé par des religieuses qui y dirigent un pensionnat de jeunes filles.

Un établissement d'un autre genre, le collége, existait à Parthenay au commencement du XVIIe siècle. Son origine peut être placée dans la dernière moitié du seizième siècle. Il y avait autrefois, comme on sait, auprès des églises collégiales et cathédrales des écoles dirigées par l'un des chanoines spécialement chargé de ce soin et qu'on appelait écolâtre. Parmi les dignités du chapitre de Sainte-Croix de Parthenay, il y avait également celle d'écolâtre. Les seigneurs en avaient la collation. Or, l'écolâtrie de Sainte-Croix étant venue à vaquer, en **1561**, par la mort de Jean Martin, les habitants de Parthenay adressèrent au duc de Longueville, leur seigneur, une requête par laquelle ils lui demandaient d'appliquer la prébende attachée à cette dignité du chapitre à l'entretien d'un *régent et précepteur des écoles publiques de la ville, à l'imitation et exemple de l'ordon-*

---

(1) *Gallia Christiana*, t. II, p. 1207. La remarquable église de Notre-Dame-de-la-Couldre fut en partie démolie à la révolution. La façade qui a échappé à cet acte de vandalisme fait l'admiration de tous les archéologues.

*nance du roi faite à la remontrance des trois États et pu-*
*bliée en septembre dernier (1561), par laquelle est dit*
*que, aux églises collégiales et cathédrales de ce royaume,*
*l'une des prébendes ou revenu d'icelles sera affectée pour le*
*régent des écoles.* Le 29 janvier 1562, les notables,
réunis en assemblée pour délibérer sur les affaires
de la ville, nommèrent une commission de cinq membres, François de Congnac, Pierre Sabourin, François Chapelain et, en son absence, Adrien Pineau,
Mery Guillemard et François Joly qu'ils chargèrent
de présenter un *homme suffisant* pour être *régent*, d'en
obtenir la promotion du seigneur, en un mot, de
faire toutes les démarches nécessaires pour arriver à
la création d'une école publique. Il faut croire que
les tentatives des habitants de Parthenay, relativement à la prébende de l'écolâtrie de Sainte-Croix,
demeurèrent sans succès, car cette dignité du chapitre subsistait encore en 1686 (1). Cependant ils
n'en réussirent pas moins à fonder un collége. Les
gages du régent étaient payés par la ville. Jacques
Gentilleau, régent ou principal du collége en 1639,
est le premier dont nous connaissions le nom (2).
Au dix-huitième siècle, Lamarque, Rousseau et
Bernaudeau, tous trois prêtres, dirigèrent successivement le collége de Parthenay. Ce dernier exerçait
encore ses fonctions en 1792 (3).

(1) Archives de l'hôpital de Parthenay.
(2) Notes de M. Allard de la Resnière.
(3) Anciens registres des délibérations de l'hôtel de ville de Parthenay.

L'ordonnance royale de juillet 1626, inspirée par Richelieu, avait prescrit la destruction des forteresses de l'intérieur, afin de prévenir le retour des guerres civiles. Elle ne tarda pas à être mise à exécution dans notre province. Ainsi le château de Saint-Maixent fut rasé, par ordre de Louis XIII, après la prise de la Rochelle (1). En 1633, ce monarque fit également démolir le château d'Argenton, lorsqu'il y passa à son retour du Languedoc (2). C'est donc aussi à la même époque qu'il faut placer le démantellement des murs et du château de Parthenay, et nous ne nous tromperions peut-être pas en disant que cette œuvre de destruction fut accomplie sous les yeux même de Richelieu, lors de son passage dans notre ville, à la fin de l'année 1632. Depuis cette époque, le château de Parthenay a été abandonné, et ses ruines n'ont fait que s'accroître avec les années. Le capucin Joseph Aubert, qui vivait en 1693, affirme qu'il était encore assez bien conservé, et qu'on aurait pu facilement le remettre en état de défense.

(1) *Hist. de Niort*, par Briquet, . Ier, p. 377.
(2) Extrait de Robert du Dorat dans dom Fonteneau, t. 79.

# CHAPITRE VIII.

## LES LA PORTE-LA-MEILLERAYE, SEIGNEURS DE PARTHENAY.

---

### SOMMAIRE.

### Les LA PORTE depuis leur arrivée en Gâtine jusqu'au maréchal de la Meilleraye.

Les la Porte-la-Meilleraye descendent en ligne directe de Guillaume de la Porte, fils puîné d'un seigneur de Vezin en Anjou. Raoul de la Porte, écuyer, seigneur de la Lunardière, fils de Guillaume, fut envoyé à Parthenay à titre de gouverneur, vers l'an 1530, par Louis II, duc de Longueville, possesseur de cette baronie. Dès lors il se fixa en Gâtine

où sa haute position ne tarda pas à lui acquérir une
grande influence et une fortune considérable. Il
épousa Madeleine Chapelain, fille du seigneur de
Perdoudalle, petit château situé près de Parthenay,
et appelé depuis Chalandeau. De ce mariage naquirent trois fils et une fille : François de la Porte, Jean
de la Porte, prieur de la Maison–Dieu et de Parthenay–le–Vieux, et un autre plus jeune qui entra dans
l'état ecclésiastique. La fille fut mariée au seigneur
de la Tour Signy (1).

François de la Porte l'aîné, seigneur de la Lunardière, la Meilleraye, Boisliet et Villeneuve, quitta
de bonne heure la ville de Parthenay qui l'avait vu
naître, pour aller à Paris se livrer à l'étude de la
jurisprudence. Ses talents lui acquirent une réputation
justement méritée, et il exerça avec tant d'éclat la
profession d'avocat au parlement de Paris, qu'il fut
élevé par ses collègues à la dignité de bâtonnier.
Mornac, illustre avocat de son temps, en fait un
grand éloge. Ses relations étendues le mirent en rapport avec beaucoup d'hommes distingués, notamment avec le célèbre Dumoulin. Il fut même appelé,
dans une circonstance mémorable, à venger l'outrage que ce savant jurisconsulte reçut du premier
président Christophe de Thou. Un jour Dumoulin
plaidant au parlement, s'énonçait avec difficulté,
lorsque le premier président, impatienté, l'interrompit brusquement en lui imposant presque silence

(1) Manuscrit de Joseph Aubert, de Parthenay.

d'une façon fort désobligeante. Les avocats, se regardant tous comme offensés dans la personne de
leur confrère, résolurent de se plaindre à M. de Thou
lui-même, et chargèrent François de la Porte, leur
bâtonnier, de porter la parole. On connaît l'apos-
trophe très vive qu'il adressa au premier président :
« *Cùm hodiè Molinæum, collegam, verbo læseris, quid
abs te factum putes? Læsisti hominem doctiorem quàm
nunquàm eris.....* » Lorsqu'aujourd'hui vous avez of-
fensé par vos paroles Dumoulin, notre collègue, que
pensez-vous avoir fait? Vous avez blessé un homme
qui en sait plus que vous n'en saurez jamais, etc...
M. de Thou reconnut noblement son tort et s'excusa
de sa vivacité (1).

Parthenay produisit à la même époque un autre
jurisconsulte, Simon Pouvreau, dont le talent, moins
remarqué que celui de François de la Porte, n'en
fut peut-être pas moins solide. Simon Pouvreau, issu
d'une ancienne famille bourgeoise de Parthenay,
après avoir fait ses études à l'université de Poitiers,
se consacra dans cette ville aux luttes du barreau. Il
est l'auteur d'un recueil de jurisprudence intitulé :
*Sommaire d'arrestz donnez ès cours suprêmes de ce royaume
concernans les matières civiles et criminelles*, où la science
ne brille pas moins que la clarté. Cet ouvrage fut
imprimé à Poitiers en 1562 (2).

(1) *Hist. du Poitou*, par Thibaudeau, t. 2, p. 53. — *Dict. hist.
des familles de l'anc. Poitou*, par Beauchet-Filleau et de Chergé,
t. 2, p. 539. — *Biographie des Deux-Sèvres*, par Briquet, p. 92, 93.
(2) Un exempl. de l'ouvrage de Pouvreau existe à la bibliot. de Poit.

François de la Porte avait épousé en premières noces, le 26 mars 1548, Claude Bochard, fille d'Antoine Bochard, seigneur de Farinvilliers, conseiller au parlement de Paris, dont il eut Suzanne de la Porte, qui épousa François Duplessis de Richelieu, et donna le jour au fameux cardinal-ministre. Sa seconde femme, Madeleine Charles, fille de Nicolas Charles, seigneur du Plessis–Picquet, qu'il épousa le 28 avril 1559, le rendit père de cinq enfants : Charles Ier de la Porte, seigneur de la Lunardière et de la Meilleraye ; François de la Porte, seigneur de la Jobelinière ; Raoul de la Porte, seigneur de Boisliet ; Amador de la Porte, prieur de la Madeleine de la Maison–Dieu, chevalier de l'ordre de Malte, et Léonore de la Porte, qui épousa, en 1579, François de Chivré, seigneur du Plessis (1).

Dans les dernières années de sa vie, François de la Porte abandonna la capitale et la brillante position qu'il s'y était acquise, pour se retirer au château de la Meilleraye, près de Parthenay, qu'il possédait depuis peu de temps. Durant tout le quinzième siècle, cette terre avait appartenu à la famille de Liniers. En 1563, Marguerite de Maillé, veuve de Louis de Maraffin, en était propriétaire (2) ; c'est elle sans doute qui la vendit à la famille de la Porte (3). Fran-

(1) *Hist. généal. de la Maison de France*, par le P. Anselme, t. 4, p. 624 et suiv.

(2) Affiches du Poitou, année 1781, chronolog. des seigneurs de Parthenay.

(3) On ignore l'époque précise de l'acquisition de la Meilleraye par

çois de la Porte réunissait parfois à la Meilleraye ses
nombreux amis. Michel le Riche, avocat du roi au
siége de Saint-Maixent, raconte qu'il assista un jour
( 18 novembre 1584 ) à une de ces réunions d'élite.
Ce fut la dernière. Peu de jours après, François de
la Porte tomba malade et mourut à Parthenay le 19
janvier 1585. Il fut enterré dans l'église de Saint-
Laurent (1).

les la Porte. Le capucin Joseph Aubert, de Parthenay, nous apprend
que cette petite seigneurie fut achetée par Jean de la Porte, prieur de
la Maison-Dieu et de Parthenay-le-Vieux, frère de François de la
Porte, et il ajoute formellement que ce dernier fut seigneur de la
Meilleraye. Le père Anselme, dans son *Histoire généalogique*, prétend
au contraire que ce fut Charles Ier de la Porte, fils de François, qui
acheta la Meilleraye. Mais il commet évidemment une erreur. Aubert,
qui écrivait au xviie siècle, étant originaire de Parthenay où il ha-
bita toujours, et connaissant parfaitement l'histoire de la famille la
Porte, est bien plus compétent sur cette question purement locale.
Il faut donc admettre avec lui que François de la Porte fut véritablement seigneur de la Meilleraye, et que Jean de la Porte, son frère, en
fut l'acquéreur et la lui transmit. D'ailleurs le témoignage d'Aubert,
est confirmé par un passage du journal de Michel le Riche, contemporain et ami de François de la Porte. Quant à l'époque précise de
l'acquisition de la Meilleraye, on ne peut affirmer qu'une chose, c'est
qu'elle eut lieu postérieurement à 1563 et antérieurement à 1584.

(1) Voici le passage du journal de Michel le Riche qui a trait à cet
événement : « Le dimanche, 18 novembre 1584, j'allais à la Meilleraye
où était fort bonne compagnie. Alors M. de la Porte-la-Meilleraye
tomba malade d'une maladie qui lui continua jusqu'au 19 janvier suivant qu'il décéda à Parthenay où il fut mis en sépulture le lendemain
en l'église de Saint-Laurent. » M. de la Fontenelle prétend que c'est
Charles Ier de la Porte, fils de François, qui est désigné dans ce passage ; cela n'est pas possible. Michel le Riche entend évidemment
parler de François de la Porte lui-même, car Charles, qui devait
atteindre à peine ses 24 ans, en 1584, ne mourut que bien plus tard.

Charles Ier de la Porte, fils aîné de François, seigneur de la Lunardière et de la Meilleraye, gentilhomme ordinaire de la chambre du roi, épousa, le 16 mars 1596, Claude de Champlais, fille de François de Champlais. De ce mariage naquirent : Charles II de la Porte, duc de la Meilleraye, maréchal de France, et Madeleine de la Porte, abbesse de Chelles en 1645 (1).

Amador de la Porte, autre fils de François, entra dans l'ordre de Malte où il parvint aux premières dignités. Il devint, en effet, trésorier général de l'ordre, grand prieur de France, bailli de Morée, amiral des galions de Malte. Ces fonctions ne l'empêchèrent pas de rendre de nombreux services à la France, sa patrie. Au siége de la Rochelle, il commandait la flotte, et repoussa victorieusement les vaisseaux anglais qui voulaient pénétrer dans le port. Il fut ensuite nommé intendant général de la navigation, puis, en 1633, gouverneur de la Rochelle et de l'Aunis. Déjà, en 1619, il avait été investi du gouvernement d'Angers, et en 1626 de celui du Havre. Il mourut à Paris, le 31 octobre 1644, et fut inhumé au Temple.

**CHARLES II DE LA PORTE**, duc de la Meilleraye, grand maître de l'artillerie, maréchal de France, seigneur de Parthenay (1641-1664).

Charles II de la Porte, fils de Charles Ier de la

(1) *Hist. généal.*, par le P. Anselme, t. 4, p. 624 et suiv. — Joseph Aubert.

Porte, seigneur de la Meilleraye, naquit en **1602** à Parthenay ou au château de la Meilleraye (1). Elevé d'abord dans les principes du protestantisme, il ne tarda pas à les abjurer entre les mains du cardinal de Richelieu, son cousin-germain, qui lui avait enseigné avec soin les vérités du catholicisme (2). Il se destina de bonne heure à la profession des armes pour laquelle il avait un goût prononcé. Le cardinal de Richelieu, qui l'aimait beaucoup et qui avait su deviner ses talents militaires, l'entoura de sa puissante protection. Au siége de la Rochelle, en **1628**, le jeune Charles de la Porte commandait un régiment. Plein de courage et de présomption, il commit devant cette place une imprudence qui faillit lui devenir funeste. Ayant provoqué en duel la Cottencière-Bessay, gentilhomme protestant, réfugié à la Rochelle, la rencontre eut lieu au milieu d'une sortie de la garnison, afin de ne point donner l'éveil. Mais cette escapade ne put passer inaperçue. On sait avec quelle sévérité les duels étaient alors défendus. Traduit devant un conseil de guerre,

---

(1) Nous ne savons sur quoi s'appuie M. Briquet, dans sa biographie des Deux-Sèvres, pour avancer que Niort est la ville natale du maréchal de la Meilleraye. Rien ne semble justifier cette étrange assertion, puisque la famille la Porte a toujours habité la Gâtine, et principalement Parthenay et la Meilleraye. Rien ne justifie non plus l'assertion de M. Lebas (*Dict. encycl. de France*, t. 10, p. 14) prétendant qu'il est fils d'un apothicaire de Parthenay. La filiation du maréchal de la Meilleraye est fort bien établie dans l'ouvrage du P. Anselme.

(2) Elogium Caroli de la Porte ducis Melleræi auct. Claudio d'Argenson. August. Pictonum, 1664, in-8°

la Meilleraye fut condamné à la dégradation ; mais, grâce à la protection du cardinal, cette affaire n'eut aucune suite fâcheuse. Le jeune colonel reprit le commandement de son régiment, et fit oublier son indiscipline par la valeur avec laquelle il repoussa une sortie de la garnison rochelaise à la tête de 50 mousquetaires, sous les yeux même du maréchal de Bassompierre ( 11 avril 1628) (1).

Bientôt les deux campagnes du Piémont, entreprises en 1629 et 1630 pour secourir le duc de Mantoue menacé par les Espagnols et les Impériaux, lui offrirent l'occasion de se faire mieux connaître. Il se signala par son brillant courage à l'attaque du Pas-de-Suze (6 mars 1629) et au combat du pont de Carignan (août 1630). Dans l'intervalle de ces deux expéditions, il épousa, le 26 février 1630, Marie Ruzé d'Effiat, fille du maréchal d'Effiat. En 1632, il fut nommé gouverneur de la ville et du château de Nantes, et le roi le fit chevalier de ses ordres le 15 mai 1633 (2).

Elevé à la dignité éminente de grand maître de l'artillerie par lettres du 11 août 1632, le seigneur de la Meilleraye ne tarda pas à justifier ce choix flatteur par sa belle conduite au siége de la Mothe, dans la guerre contre le duc de Lorraine qui favorisait les rébellions de Gaston, frère du roi ( 1634 ). Mais

---

(1) Mémoires de Bassompierre.
(2) *Hist. généal. de la maison de France*, par le P. Anselme, t. IV, p. 624 et s., et t. VII, p. 519. — Le maréchal de la Meilleraye, par de la Fontenelle de Vaudoré.

il n'entra dans l'exercice de ses nouvelles fonctions que le 27 septembre 1634, jour où il prêta serment entre les mains du roi (1).

La guerre contre l'Espagne et l'Empire allait faire briller dans tout leur éclat les grandes qualités militaires de Charles de la Porte et son habileté dans l'art des siéges qui le fit surnommer le *Preneur de villes*. Dès le début des hostilités, il concourut au gain de la bataille d'Avein dans les Pays-Bas (20 mai 1635); puis, en sa qualité de grand maître de l'artillerie, commanda le siége de Louvain, qu'on fut obligé de lever le 4 juillet 1635. Nommé lieutenant général le 8 mai 1636, il servit sous les ordres du prince de Condé au siége de Dôle en Franche-Comté (juillet 1636). L'année suivante, il rendit de grands services à l'armée du cardinal de la Valette qui avait été chargé d'envahir le Hainaut. De concert avec lui, il emporta Bohain, Landrecies, Maubeuge, et reprit la Capelle dont les Espagnols et les Impériaux s'étaient emparés (1637). Au milieu de ces occupations guerrières, il contracta, le 20 mai 1637, une seconde union avec Marie de Cossé, fille de François de Cossé, duc de Brissac. Sa première femme était morte à Paris en 1633 (2).

En 1639, le commandement du corps d'armée destiné à attaquer l'Artois fut confié au seigneur de la Meilleraye. Le 20 mai, il investit l'importante forte-

(1) *Hist. généal.*, par le P. Anselme, t. IV et VII.
(2) *Idem.* — Le maréchal de la Meilleraye, par de la Fontenelle.

resse de Hesdin à la tête de vingt-cinq mille hommes
de pied, sept mille chevaux et trente pièces de canon.
Son premier soin fut de faire commencer une vaste
ligne de circonvallation, afin de se mettre à l'abri des
attaques du dehors. Puis, sans attendre la fin de cet
immense travail, il fit ouvrir la tranchée dès le 22 mai.
Les travaux du siége furent poussés avec tant de vigueur et d'habileté que la place, craignant d'être emportée d'assaut, se rendit au bout de six semaines (29
juin 1639). La prise de Hesdin couvrit de gloire le
grand maître de l'artillerie. Louis XIII, qui avait assisté à la fin du siége, le récompensa dignement en
le nommant maréchal de France. Ce fut sur la brèche même de la ville conquise que le roi, tenant une
canne à la main, lui conféra cette haute dignité :
« Je vous fais maréchal de France, dit-il; voilà le
bâton que je vous en donne ; les services que vous
m'avez rendus m'obligent à cela : vous continuerez
à me bien servir. » La Meilleraye ayant répondu qu'il
n'était pas digne de cet honneur; « trève de compliments, reprit le roi, je n'ai jamais fait un maréchal
de meilleur cœur que vous (30 juin). » Le 4 août
suivant, le nouveau maréchal battit les troupes du
marquis de Fuentès, et peu de temps après força le
château de Ruminghen en Flandre (1).

(1) *Le siége de Hesdin*, par messire Antoine de Ville, chevalier;
Lyon, 1639. Ce livre très curieux et très rare est dédié au maréchal
de la Meilleraye. Il m'a été communiqué par M. Bonsergent, conserv.
de la bibliot. de Poitiers, qui le possède. — Le maréchal la Meilleraye,

Le maréchal de la Meilleraye fut moins heureux au début de la campagne de 1640. Envoyé dans le Hainaut, il échoua devant Charlemont et Marienbourg (mai). Mais il prit bientôt une revanche éclatante. Ayant reçu l'ordre d'aller se joindre aux maréchaux de Chaulnes et de Châtillon pour assiéger Arras, il concourut énergiquement à la prise de cette place importante sur les Espagnols. Après un siége laborieux de deux mois, Arras se rendit le 9 août 1640 ; la Meilleraye et les autres chefs y firent une entrée solennelle à la tête de l'armée française. L'année suivante, conformément aux ordres de Richelieu, il continua la conquête de l'Artois et enleva successivement aux Espagnols Aire (26 juillet 1641), la Bassée, Lens et Bapaume (18 septembre) (1).

La campagne de Roussillon ajouta un nouveau lustre à sa gloire. Chargé du commandement de l'armée destinée à reconquérir cette province sur les Espagnols, il s'empara d'abord de Collioure le 10 avril 1642, et assiégea, conjointement avec le maréchal de Schomberg, l'importante ville de Perpignan, qui ne se rendit que le 9 septembre 1642 après une longue résistance. Il prit ensuite Salces (29 septembre), et soumit tout le reste du Roussillon (2).

Le maréchal de la Meilleraye acheta, le 14 juin

par de la Fontenelle. — *Biographie des Deux-Sèvres*, par Briquet. — *Hist. généal.*, par le P. Anselme, t. IV et VII. — Joseph Aubert. — *Hist. de France*, par Henri Martin.

(1) Idem.
(2) Idem.

1641, à Henri II, duc de Longueville, la baronie de Parthenay et les autres châtellenies dont il était possesseur en Gâtine. Cette acquisition lui coûta trois cent mille livres (1). Déjà, en 1637, il avait acquis la seigneurie de Saint-Maixent (2). Il acheta également la châtellenie de Secondigny (3) érigée en comté et détachée des terres de Parthenay depuis la dernière moitié du xvi^e siècle, époque à laquelle elle appartenait au maréchal de Cossé (4). Au commencement du xvii^e siècle, Louis Gouffier d'Oiron en était possesseur (5). Ainsi de simples vassaux de Parthenay qu'ils étaient naguère, les la Porte-la-Meilleraye devinrent subitement maîtres de tous les domaines possédés jadis par les Larchevêque.

La mort de Richelieu (4 décembre 1642) ne changea point la position et n'ébranla nullement le crédit du maréchal de la Meilleraye. L'adroit ministre avant d'expirer avait recommandé son cousin au cardinal de Mazarin qui devait lui succéder dans l'administration de l'État. Le maréchal de la Meilleraye resta donc en faveur sous le nouveau règne qui commençait, et une nouvelle dignité, le gouvernement de Bretagne, lui fut conférée au mois de dé-

(1) Manuscrit de Joseph Aubert. — *Hist. du Poitou*, par Thibaudeau, t. 2, p. 52.

(2) Pièces manuscrites faisant suite à la collection de dom Fonteneau (bibl. de Poitiers).

(3) Joseph Aubert.

(4) Journal manuscrit de Michel le Riche, année 1578.

(5) Thibaudeau, t. 2, p. 181.

cembre 1643, pendant qu'il se trouvait à Nantes, dont il était déjà gouverneur (1).

La guerre qui se poursuivait plus vivement que jamais contre l'Espagne et l'Empire le rappela bientôt sur les champs de bataille. Envoyé en qualité de lieutenant général à l'armée des Pays-Bas, sous les ordres du duc d'Orléans, il s'empara de Gravelines, dont il avait dirigé le siége avec beaucoup d'habileté ( 28 juillet 1644 ). Rentré un moment en France, il vient à Nantes où il fonde l'Hôtel-Dieu (14 mars 1646), puis il va rejoindre presque aussitôt la grande armée à la tête de laquelle le duc d'Enghien et le duc d'Orléans se préparent à envahir les Pays-Bas. Dans cette expédition, il concourut efficacement à la prise de Courtray (28 juin 1646) et de Mardick (25 août). Il ne quitta le théâtre des hostilités que pour aller prendre part ailleurs à de nouveaux combats et remporter de nouveaux triomphes. Envoyé en Italie avec le maréchal Duplessis-Praslin pour enlever aux Espagnols plusieurs places maritimes, il accomplit dignement sa mission en s'emparant de Piombino en Toscane (9 octobre 1646), et de Porto-Longone dans l'île d'Elbe ( 29 octobre 1646 ) (2).

Pendant les troubles de la Fronde, le maréchal de la Meilleraye demeura fidèle au pouvoir. Il fut un moment surintendant des finances. A la journée des

(1) Le maréchal de la Meilleraye, par de la Fontenelle.
(2) *Hist. généal.*, par le P. Anselme, t. IV et VII. — Le maréchal de la Meilleraye, par de la Fontenelle. — *Biographie des Deux-Sèvres*, par Briquet. — *Hist. de France*, par H. Martin.

barricades ( 26 août 1648 ) , il fut d'abord employé comme négociateur auprès de la multitude par la reine Anne d'Autriche. Obligé ensuite de protéger la cour contre l'insurrection , il montra beaucoup de fermeté sans pouvoir néanmoins opposer une résistance sérieuse aux révoltés , à cause du nombre insuffisant de troupes placées sous ses ordres. La régente lui donna aussi la mission de signer le traité de Rueil (11 mars 1649) (1). En 1650, il fut envoyé en Poitou contre le prince de Marsillac , gouverneur de cette province , qui s'était laissé entraîner dans les rangs des frondeurs. Les rebelles se dispersèrent à son approche (2). Il alla ensuite réprimer les mouvements de la Guienne, et assiégea Bordeaux sous les yeux même de la cour, du jeune roi et de Mazarin. Les frondeurs, après quelque résistance, finirent par lui ouvrir les portes de la ville.

Lorsque l'attitude plus menaçante de la Fronde eût contraint Mazarin de se réfugier en Allemagne ( 1651 ), le maréchal de la Meilleraye se retira momentanément dans ses domaines de Gâtine. Le 9 juillet 1651, nous le voyons avec la duchesse Marie de Cossé , son épouse, tenir sur les fonts du baptême, dans l'église de Sainte-Croix de Parthenay, le fils de Jean Clabat , bailli de Gâtine. Ce magistrat avait épousé Françoise de la Porte , parente du maréchal (3).

---

(1) Le maréchal de la Meilleraye, par de la Fontenelle.
(2) *Hist. du Poitou*, par Thibaudeau, t. 3, p. 311.
(3) Registres de l'état civil de la paroisse de Sainte-Croix (hôtel de

Depuis cette époque jusqu'à sa mort, le maréchal de la Meilleraye, que le poids des années et les fatigues de la guerre avaient beaucoup affaibli, ne prit aucune part aux événements militaires. En 1661, il reçut Louis XIV à Nantes en qualité de gouverneur de la ville. Le grand roi, voulant noblement récompenser les services de Charles de la Porte et réaliser en même temps l'intention qu'en avait autrefois manifestée Louis XIII, érigea en duché-pairie, par lettres patentes du mois de décembre 1663, les terres de Parthenay et de la Gâtine, sous le nom de duché de la Meilleraye (1). Le nouveau pair ne jouit pas longtemps de l'insigne dignité qui formait en quelque sorte le couronnement de toutes celles qu'on lui avait prodigué pendant le cours de sa brillante carrière. Il mourut à Paris, à l'Arsenal, le 8 février 1664, âgé de 62 ans. Son corps, inhumé provisoirement dans l'église des Jésuites de la rue Saint-Antoine, fut transporté plus tard à Parthenay, et déposé, par ordre du duc de Mazarin, son fils, dans le chœur de l'église de Sainte-Croix, le 24 mai 1681. La sépulture eut lieu sous la surveillance du sieur Benoît, chapelain du château de la Meilleraye, qui avait été chargé du soin de remettre le corps entre les mains des chanoines de Sainte-Croix (2). Le tombeau en

ville de Parthenay). — Nous ignorons le degré de parenté qui unissait Françoise de la Porte au maréchal.

(1) Joseph Aubert, de Parthenay.— *Hist. généal.*, du P. Anselme, t. 4, p. 624 et suiv. — Thibaudeau, t. 2, p. 54.

(2) Inventaire des titres du trésor de Sainte-Croix. — *Hist. du*

marbre noir, qu'on érigea à l'illustre défunt, fut enlevé de l'église à l'époque de la révolution, et les cendres jetées au vent. Après la restauration du culte, il fut remis à la même place qu'il occupait autrefois (1).

Vers le milieu du xvii^e siècle, des malversations très préjudiciables aux intérêts de Parthenay furent commises par les collecteurs des tailles de cette ville, de concert avec plusieurs notables. La ville de Parthenay, dont les ressources étaient fort minimes, jouissait alors d'un droit connu sous le nom de *chiquet*, consistant dans la perception d'un dixième sur le vin vendu en détail. Le *chiquet*, dans la pos—

*Poitou*, par Thibaudeau, t. 2, p. 54. — *Hist. généal.*, du P. Anselme, t. 4, p. 624 et suiv. — Le maréchal de la Meilleraye, par de la Fontenelle.

(1) Le tombeau du maréchal de la Meilleraye a été enlevé de nouveau du milieu du chœur de Sainte-Croix et relégué dans un coin de l'église en 1853. Ce déplacement est très regrettable. En effet, ce monument, qui se composait d'une magnifique table de marbre noir longue de 2 mètres 36 centimètres et reposant sur six pieds également en marbre, n'était point indigne de figurer à la place d'honneur qu'il occupait. Il indiquait par sa position l'endroit même où fut inhumé le maréchal, et rappelait continuellement à l'esprit le souvenir de cet homme éminent et de sa famille, dont la mémoire doit être particulièrement chère à l'église de Sainte-Croix qu'elle combla de bienfaits. Espérons qu'il sera promptement rétabli dans le seul lieu qui lui convienne, et qu'on ne le laissera pas plus longtemps dans une place indigne de lui. Espérons aussi que la ville de Parthenay, à l'exemple des autres cités, qui presque toutes ont honoré par un monument la mémoire de leurs grands hommes, élevera une statue au vainqueur d'Hesdin, d'Arras et de Perpignan, montrant par là qu'elle est fière d'un de ses plus illustres enfants.

session duquel Parthenay avait été maintenu par arrêt du conseil du 7 janvier 1634 (1) , ne lui avait été accordé qu'à la condition d'en employer le produit à des dépenses d'utilité publique , telles que le paiement des gages du *maître d'école* , l'entretien du pavé, de l'horloge et des murailles de ville. Mais , « contre l'intention de sa majesté, porte la requête, la majeure partie de ces fonds sont , par l'avis des riches et aisés habitants, employés à autre usage et passent entre les mains des collecteurs des tailles , comme il est arrivé la présente année ( 1659 ) qu'il leur a été donné une somme de 300 livres. Les riches , par ce moyen, n'ont eu presque rien à payer pour la taille, ayant eu soin de faire nommer des collecteurs à leur dévotion, de telle sorte que plus de quarante d'entre eux, dont les moindres ont plus de 800 livres de rente , et dont quelques-uns ont même deux , trois, quatre mille livres de rente, ne sont taxés qu'à 10, 15, 20 et 30 livres au plus , tandis que le reste des habitants est si surchargé qu'ils sont contraints de mendier leur vie, le tout à cause du divertissement que l'on fait des deniers dudit *chiquet*, d'où il est résulté que le collége est sans régent, faute de gages suffisants, que les murailles de la ville tombent en ruines, que le pavé est tout dégradé, quoiqu'il y ait des ressources suffisantes pour faire face à ces dépenses, ledit dixain

---

(1) Anciens registres des délibérations de l'hôtel de ville de Parthenay.

étant affermé plus de 800 écus, outre le loyer considérable des douves et fossés de la ville et le droit de barrage (1). » Ces abus demandaient une répression prompte et sévère. Les trésoriers généraux de France à Poitiers firent assigner devant eux les collecteurs des tailles de Parthenay, pour prononcer contre eux les peines qu'ils avaient encourues ( 1659 ) (2). Depuis cette époque, ces faits regrettables ne se renouvelèrent plus.

### ARMAND-CHARLES DE LA PORTE, duc de Mazarin et de la Meilleraye, seigneur de Parthenay (1664-1713).

Armand-Charles de la Porte, duc de Mazarin et de la Meilleraye, fils du maréchal de la Meilleraye et de Marie Ruzé d'Effiat, sa première femme, naquit en 1633. Il hérita de la haute considération et des riches emplois dont jouissait son père, et lui succéda notamment dans la charge de grand maître de l'artillerie; mais il s'en démit bientôt en faveur du duc du Lude en 1669. Il épousa, le 28 février 1661, la belle Hortense Mancini, nièce du cardinal Mazarin; union brillante qui lui procura une immense fortune. Mazarin, qui aimait beaucoup la famille la Porte et qui avait fait tous ses efforts pour faire réussir ce mariage, institua les nouveaux époux ses héritiers et légataires universels, à la condition de prendre son nom et ses armes. Bientôt la mort

(1) Archives de la Vienne à Poitiers.
(2) Idem.

du cardinal-ministre ( 9 mars 1661 ) vint mettre le marquis de la Meilleraye en possession d'une fortune de 28 millions. Depuis ce moment, lui et ses descendants ont toujours porté le nom de ducs de Mazarin (1).

Le maréchal de la Meilleraye s'était vivement opposé au mariage de son fils, malgré les avantages de toutes sortes qu'il présentait. Il disait *que tant de biens lui faisaient peur, et que leur immensité accablerait un jour sa famille* (2). Ses pressentiments étaient malheureusement trop bien fondés. Le duc de Mazarin, privé de tout avantage physique, d'un caractère singulier et d'une humeur bizarre, entièrement adonné aux pratiques d'une piété sincère, mais mal entendue, ne tarda pas à déplaire à une femme vive et légère, comblée de tous les dons de la nature, et dont les goûts et les habitudes de vie étaient en opposition complète avec les siens. Après six années de mariage, pendant lesquelles elle vécut en parfaite intelligence avec son mari, Hortense Mancini conçut presque subitement pour lui une aversion profonde, qu'on attribua, peut-être avec quelque raison, aux suggestions du duc de Nevers son frère, mais qui n'était au fond que le résultat de l'inclination qu'elle avait conçue pour un jeune seigneur des plus galants et

(1) *Hist. généal.*, par le P. Anselme, t. IV et VIII. — Joseph Aubert. — *Hist. du Poitou*, par Thibaudeau, t. 2, p. 54. — *Dict. historique*, par une société de gens de lettres, t. VI, p. 134, 135; Paris, 1789.

(2) *Dict. hist.*, idem, t. VI, p. 134, 135.

des mieux faits de la cour. Ne sachant quel prétexte invoquer pour abandonner la maison conjugale, elle forma d'abord une demande en séparation de biens, qui ne réussit pas ( 1666 ). C'est alors que Madame de Mazarin, ne pouvant plus supporter les liens d'une union qui devenait chaque jour plus insupportable pour elle, résolut d'employer un moyen plus décisif, mais en revanche fort compromettant pour son honneur. Dans la nuit du 13 au 14 juin 1667, elle sortit secrètement du palais Mazarin, déguisée en habit d'homme; et, grâce à une escorte qui l'attendait à l'hôtel de Nevers et aux relais que son frère avait fait préparer, elle put gagner rapidement la frontière, en compagnie du chevalier de R**, son amant. Après avoir voyagé quelque temps en Italie, elle finit par se retirer en Angleterre, où elle mena la vie la plus scandaleuse, ne rougissant même pas de faire de sa maison un rendez-vous de joueurs et de libertins. Le spirituel Saint-Evremont devint l'un de ses courtisans les plus assidus. Quoiqu'en ait dit Madame de Sévigné, que la justification d'Hortense Mancini était dans la figure de son époux (1), sa conduite n'en fut pas moins coupable aux yeux de la morale. Cependant, malgré les graves reproches qu'il avait à lui faire, le duc de Mazarin se montra disposé à lui pardonner. En 1688, il la fit solliciter de revenir près de lui; mais, ses prières étant demeurées inutiles, il lui intenta un procès, qui, après un chaleu-

(1) Lettre de Madame de Sévigné à sa fille, du 27 février 1674.

reux plaidoyer de M<sup>e</sup> Erard , son avocat, se termina
par un arrêt condamnant la belle Hortense à rejoindre
son époux au bout de six mois. Mais elle se souciait
fort peu des ordres de la justice : la petite cour qu'elle
s'était formée en Angleterre lui plaisait beaucoup
mieux que la compagnie du duc de Mazarin. Elle
persista donc à y demeurer jusqu'à sa mort, qui
arriva le 2 juillet 1699 (1).

Le duc de Mazarin, qui jouissait d'un grand crédit
auprès du roi Louis XIV, aurait pu parvenir aux plus
hautes dignités de l'État. Outre la charge de grand
maître de l'artillerie , dont il n'était plus revêtu depuis 1669 , on lui avait donné le gouvernement de
l'Alsace. Mais il avait peu d'ambition. Il finit par
abandonner tout à fait la cour pour se retirer à la
Meilleraye, au milieu de ses domaines de Gâtine , où
il passa les trente dernières années de sa vie. Par ses
soins , le vieux château de la Meilleraye , ancien pa-
trimoine de sa famille , fut abattu , et sur ses ruines
s'éleva une splendide demeure digne d'un pair de
France. Ce magnifique château , dont on peut voir
encore les restes non loin de Parthenay, était précédé
de deux grandes cours. Dans la première se trouvaient les écuries et les autres servitudes formant
deux pavillons à droite et à gauche. La seconde était
ornée de deux grands bassins bordés d'arbres. Puis

(1) Plaidoyers de M. Érard , 7<sup>e</sup> et 8<sup>e</sup> plaidoyers; Paris, 1734.
Communiqués par M. Bonsergent. — *Dict. hist. des fam. de l'anc.
Poitou* , par Beauchet-Filleau et de Chergé, t. II, p. 540. — *Dict.
hist.*, par une société de gens de lettres, t. 6 , p. 134, 135, 1789.

venait la cour d'honneur dans laquelle on entrait par
un pont jeté sur de larges fossés remplis d'eau. Les
bâtiments du château l'environnaient de toutes parts,
excepté en avant où l'on avait placé une balustrade
en pierre sur le bord du fossé. Tout le château était
construit en pierres de taille et couvert en ardoises.
Il contenait de nombreux et brillants appartements.
Au-dessus de la grande porte d'entrée se trouvait placée la statue en marbre du cardinal de Richelieu. Le
jardin, situé derrière le château, en était séparé par
les fossés; un pont les mettait en communication. L'o-
rangerie, l'une des plus vastes et des plus belles du
royaume, ne contenait pas moins de 104 pieds d'o-
rangers. Une forge à fer, appartenant aux ducs de la
Meilleraye, était située tout près de leur demeure,
à l'entrée des bois (1). De grandes avenues condui-
saient aux vastes forêts de la Saisine et de la Meilleraye, dépendances magnifiques qui faisaient du
château, que nous venons de décrire, une habitation
presque royale (2).

(1) Vers le milieu du xviiie siècle, on la transporta dans la paroisse
de la Peyrate, sur les bords du Thouet, où elle existe encore aujour-
d'hui sous le nom de forge de la Meilleraye.

(2) Manuscrit de Joseph Aubert, de Parthenay, 1693. — État et
estimation du duché de la Meilleraye imprimé en 1775 (archives de la
préfect. de Niort). — La forêt de la Meilleraye contenait alors 763
arpents divisés en 12 coupes à l'usage de la forge à fer. — Le château
de la Meilleraye, dont il subsiste encore des ruines assez considérables,
fut vendu nationalement à l'époque de la Révolution. Dès lors, il fut
voué à la destruction. Depuis près d'un demi-siècle, on l'a exploité
comme une carrière, et beaucoup de maisons modernes ont été con-

Le duc de Mazarin, dont la piété nous est connue, accorda des pensions aux chanoines de Sainte-Croix (1). Il paraît que cette église lui doit le beau retable grec orné de quatre colonnes en marbre d'ordre corinthien, qui garnissait naguère encore tout le fond de l'abside principale (2). Des restaurations peu intelligentes furent exécutées à la même époque dans l'église de Sainte-Croix. Les deux petites absides furent allongées et mises en communication avec celle du milieu au moyen de deux grandes arcades en plein cintre. Une sacristie fut construite à côté de l'abside de gauche. Mais ce qu'il y eût de regrettable, c'est que ces travaux nécessitèrent la suppression de quatre fenêtres, qui, avec les trois autres encore subsistantes, répandaient des flots de lumière dans la grande abside. Les entailles profondes que l'on pratiqua dans les piliers du chœur pour placer la clôture des chanoines furent aussi très maladroites, car elles produisent un effet des plus disgracieux. Ces réparations ont été faites vraisemblablement de 1665 à 1668 (3).

struites avec des matériaux qui en proviennent. La tête de la statue du cardinal de Richelieu, brisée pendant la révolution, a servi quelque temps de poids de tournebroche dans une maison de Parthenay.

(1) Inventaire des titres du trésor de Sainte-Croix.

(2) Ce retable très remarquable en son genre, mais peu en harmonie avec l'édifice qui est tout entier de style roman, a été enlevé en 1853, ce qui a dégagé les gracieux faisceaux de colonnettes qui ornent l'abside.

(3) L'inventaire du trésor de Sainte-Croix place la construction de la sacristie à l'année 1665; or, comme ce bâtiment n'a pu être élevé

Un événement grave et inattendu vint troubler tout à coup le duc de Mazarin dans la possession de la baronie de Parthenay. L'abbé d'Orléans, dernier héritier mâle des Longueville, anciens seigneurs de Parthenay, étant mort le 4 février 1694, un arrêt du conseil du 9 mars suivant déclara la baronie de Parthenay réunie au domaine de la couronne. Cet arrêt n'était que la mise à exécution de la clause de réversion à la couronne à défaut de mâles, insérée dans la donation de 1458, souscrite autrefois par Charles VII au profit du comte de Dunois, tige de la maison de Longueville. Comme c'était précisément à cette famille que les la Porte-la-Meilleraye avaient acheté la baronie de Parthenay et les autres terres de Gâtine, le duc de Mazarin s'empressa d'intenter une action en garantie à la duchesse de Nemours, sœur et héritière de l'abbé d'Orléans. Madame de Nemours forma opposition à l'arrêt du conseil. Elle soutint que les terres de Parthenay avaient appartenu à la maison de Longueville, à titre de propriété patrimoniale, indépendamment de la donation royale de 1458. Elle invoqua aussi, à l'appui de sa demande, des lettres patentes de 1641, par lesquelles Louis XIII avait cédé au duc de Longueville tous ses droits sur Parthenay, même ceux de réversion, à défaut de

qu'au moment de l'allongement des petites absides, c'est donc à cette époque qu'ont dû commencer les travaux. La date de 1668 qu'on pouvait voir inscrite sur la voûte du chœur, avant que les peintures murales faites dans ces dernières années ne vinssent en dérober la vue, indiquait probablement l'époque de leur achèvement.

mâles. De son côté, le directeur du domaine prétendit avec raison, que la famille de Longueville n'avait
jamais possédé les terres en litige qu'en vertu de la
donation faite par Charles VII, et que les lettres de
Louis XIII ne pouvaient produire d'effet, le domaine
de la couronne étant inaliénable à quelque titre que
ce fut. Un arrêt du conseil, du 28 février 1696, re-
jeta l'opposition de Madame de Nemours et ordonna
l'exécution de celui du 9 mars 1694. En conséquence, la baronie de Parthenay et les châtellenies
de Béceleuf, Coudray–Salbart, Vouvent et Mervent
furent réunies au domaine royal. Un siége royal fut
créé à Parthenay en 1698 à la place de la justice
seigneuriale. Une gruerie ou juridiction des eaux et
forêts y fut également établie (1).

Cependant le duc de Mazarin ne pouvait consentir
à se laisser ainsi dépouiller. Il continua à poursuivre
en garantie la duchesse de Nemours, et parvint enfin
à obtenir du parlement de Paris un arrêt, en date du
26 janvier 1705, qui la condamnait à lui payer la
somme de 300,000 livres, prix de vente des terres
de Parthenay. Obligée de s'exécuter, la duchesse de
Nemours, par contrat du 16 décembre 1706, céda
au roi, en échange de la baronie de Parthenay, ses
terres de Noyelles, Hyermont, Conteville et Mesnil.
Puis, des lettres patentes ayant ratifié cet échange,
il fut décidé que la baronie de Parthenay serait ren–

---

(1) *Hist. du Poitou,* par Thibaudeau, t. 2, p. 52-55. — Revue
anglo-française, t. 1er, p. 229.

due au duc de Mazarin, et réunie au duché de la Meilleraye, comme auparavant. En conséquence, le siége royal et la gruerie de Parthenay furent supprimés et le bailliage ducal rétabli. La mort de la duchesse de Nemours, survenue en **1707**, retarda l'exécution de ces mesures. Ce ne fut qu'en **1710** que les choses furent remises définitivement dans l'état où elles étaient avant 1694 (1).

Armand-Charles de la Porte, duc de Mazarin, mourut, peu de temps après la fin de ce long procès, au château de la Meilleraye, le 9 novembre **1713**, âgé de **82** ans. Son corps fut apporté à Paris et inhumé dans la chapelle du collége des Quatre-Nations. Il laissa quatre enfants : Paul-Jules de la Porte, son successeur; Marie-Charlotte de la Porte, qui épousa le marquis de Richelieu, comte d'Agenois; Marie-Anne de la Porte, abbesse du Lys en **1698**, et Marie-Olympe de la Porte, épouse de Louis-Christophe Gigault, marquis de Bellefonds, colonel du régiment Royal-Comtois infanterie, mort de ses blessures, à la bataille de Steinkerque, le 3 août 1692 (2).

Depuis sa sécularisation en **1562**, l'hôpital de Par-

---

(1) *Hist. du Poitou*, par Thibaudeau, t. 2, p. 52-55. — Factum imprimé pour le duc de Mazarin. — Commission pour procéder à l'évaluation des domaines échangés entre sa majesté et feu dame de Nemours, 1741. — Vouvent et Mervent, n'ayant pas été compris dans l'échange de 1706, demeurèrent au domaine royal.

(2) *Hist. généal.*, par le P. Anselme, t. 4. — *Dict. hist. des fam. de l'anc. Poitou*, par Beauchet-Filleau et de Chergé, t. 2.

thenay avait toujours été administré par les officiers de la ville et du bailliage, auxquels était adjoint un receveur nommé tous les ans dans l'assemblée des notables. En 1678, le duc de Mazarin, de concert avec l'évêque de Poitiers, organisa une nouvelle commission administrative, qui, sous le nom de *Bureau de charité*, devait se composer, non-seulement des officiers de la ville et du bailliage, mais encore de plusieurs autres personnes, tant ecclésiastiques que laïques, choisies parmi les habitants de la ville. Comme le vieux bâtiment, que l'hôpital occupait encore devant la Maison-Dieu, était fort incommode et trop éloigné du centre de la ville, on l'abandonna et on en transféra le mobilier dans une maison de la rue du Bourg-Belay, appelée la maison de Frauze (1). Pierre Leroy de Moré, prévôt de Saint-Laurent, agissant au nom du syndic et de la ville de Parthenay, en avait fait l'acquisition, le 25 septembre 1684, moyennant la somme de 1,900 livres fournie par le duc de Mazarin. Ce nouveau local ne paraissant pas encore suffisant, l'hôpital fut définitivement établi dans une maison de la rue de la Citadelle, donnée, le 27 décembre 1686, par Armand Clabat, seigneur du Chillou, fils de Jean Clabat, ancien bailli de Gâtine (2). Son installation était entière-

---

(1) Archives de l'hôpital de Parthenay. — Cette maison a été pendant longtemps un hôtel connu sous le nom d'hôtel du Cheval-Blanc.

(2) Archives de l'hôpital de Parthenay. — C'est là que se trouve encore l'hôpital. La donation d'Armand Clabat fut faite à condition qu'on dirait dans la chapelle six messes basses annuelles, à perpétuité,

ment terminée en 1696, car, le 29 septembre de cette année, la chapelle fut bénite par René Paistrault, curé et chanoine de Sainte-Croix (1).

Les revenus de l'hôpital avaient tellement augmenté, soit par suite de donations, soit par la réunion d'anciennes aumônes qui se faisaient dans la ville, telles que le trezain de Saint-Jean, que les habitants de Parthenay conçurent le projet de le faire ériger en hôpital général. Le duc de Mazarin voulut favoriser de tous ses efforts l'accomplissement de ce dessein. Le 28 mars 1685, il autorisa la réunion de toutes les aumônes fondées par les seigneurs de Parthenay, ses prédécesseurs. Dans le même but, le prévôt de Saint-Laurent, Leroy de Moré, consentit, le 1er avril 1685, à réunir à la dotation de l'hôpital les 57 setiers de blé que sa prévôté distribuait tous les ans aux pauvres depuis un temps immémorial. Enfin, les notables, convoqués au son de la cloche, suivant l'antique usage, se réunirent, le 11 avril 1685, dans l'auditoire de Parthenay, en présence du bailli, Michel Picault, et de ses lieutenants Antoine Leigné et Pierre Pinau, pour délibérer sur les mesures à prendre à cet égard. Là on voyait : Jacques-François Chaboceau et Jean Olivier, l'un avocat, l'autre procureur de la duché-pairie; Nicolas Baudoin, Charles Thibaut,

et une grande messe à Sainte-Croix, pour le repos des âmes de ses père et mère.

(1) Archives de l'hôpital de Parthenay. — Une nouvelle chapelle fut inaugurée, le 30 août 1771, par Jean Poignand de Lorgère, doyen de Sainte-Croix. C'est celle qui existe aujourd'hui.

François Chaboceau, François Baudoin, avocats; Jacques Proust, Michel Baudoin, Jean et Michel Taffoireau, Pierre et Barthélemy Boidin, Ézéchiel Augier, Jean Cassin, Nicolas Texier, procureurs; François Baudoin, Barthélemy Marchant, prêtre, Jacques Jarry, Louis Ayrault, Jacques Brangier, Nicolas Albert, Louis Chossé, Jacques Caunier, Pierre Cadet, Antoine Féry, Jean Pineau, Pierre Mignon, prêtre, Antoine Sorin, Jean Denis, Jean Gilbert, Louis Poinot, Jacques Vidy, Jacques Boureau, et autres *faisant la plus grande et saine partie des manans et habitans de cette ville.* L'assemblée, sur la proposition de Pierre Bon, syndic de Parthenay, décida qu'on ferait les démarches nécessaires pour obtenir de sa majesté des lettres patentes érigeant l'hôpital en hôpital général. En effet, après les formalités d'usage, Louis XIV, au mois de mars **1687**, accorda les lettres patentes demandées. Elles portaient que toutes les aumônes générales et autres fondations pieuses existant dans la ville et châtellenie de Parthenay seraient réunies à la dotation de l'hôpital, à la charge d'y recevoir les pauvres des localités où se faisaient ces aumônes, tout aussi bien que ceux de la ville. Elles contenaient également les statuts et règlements intérieurs. Cette mesure ne tarda pas à produire de bons résultats. Bientôt les revenus de l'hôpital, qui s'élevaient alors à **1,017** livres et **210** setiers de blé, prirent un accroissement considérable. Un arrêt du conseil, du **18 mars 1693**, rendu en vertu des lettres patentes de **1687**, condamna le prieur commendataire de Parthenay-le-

Vieux, Jean-Baptiste de Brilhac, à délivrer annuellement aux administrateurs 80 setiers de blé, valeur
de l'aumône qui se distribuait trois fois la semaine
à son prieuré. D'autres lettres patentes, du mois de
décembre 1695, mirent l'hôpital en possession des
biens de la Maladrerie de Parthenay et de l'aumônerie de Gourgé. L'ordre de Notre-Dame-du-Mont-
Carmel et de Saint-Lazare, qui jouissait de ces deux
établissements depuis l'édit de 1672, venait d'en
être dépouillé par l'édit de 1693 (1). Plus tard, un
décret de l'évêque de Poitiers, du 5 novembre 1787,
confirmé par des lettres patentes du mois de février
1788, supprima la Maison-Dieu et réunit les biens
de cet ancien prieuré à l'hôpital de Parthenay, pour
en jouir partiellement à la mort du second des trois
religieux existants (2). La commission administrative
de l'hôpital, se sentant incapable de faire donner par
elle-même des soins suffisants aux malades, introduisit une amélioration salutaire dont elle dut se féli-
citer. En 1722, elle fit venir deux sœurs de la Société
de Saint-Thomas de Villeneuve, Marie Lory et Anne
Grézil d'Auverger, auxquelles elle confia le soin des
malades, tout en se réservant la surveillance géné-

(1) Archives de l'hôpital de Parthenay. — La Maladrerie, on le
sait, était autrefois administrée par des chapelains.

(2) Anc. reg. des dél. de l'hôtel de ville de Parthenay. — Depuis
1720, le prieuré de la Madeleine de la Maison-Dieu dépendait des
clercs séculiers de la doctrine chrétienne du collège de Brives-la-Gail-
larde, qui en étaient devenus prieurs perpétuels commendataires.

rale. Depuis cette époque jusqu'en **1792**, l'hôpital a toujours été dirigé par des religieuses de cet ordre (**1**).

L'établissement des filles de l'Union-Chrétienne à Parthenay est dû à l'initiative du prévôt de Saint-Laurent, Leroy de Moré. Ce fut lui qui, le premier, en **1686**, en amena deux dans notre ville, Louise de Genoillé et Madeleine Lallemand. Les habitants consentirent d'abord sans difficulté à leur installation, et ils n'eurent pas lieu de s'en repentir, car elles firent beaucoup de bien dans le pays. On sait que la congrégation de l'Union-Chrétienne se vouait spécialement à l'éducation des jeunes filles protestantes nouvellement converties au catholicisme. Mais lorsque parurent les lettres patentes du mois de février **1688**, qui confirmaient l'établissement de ces religieuses à Parthenay, des obstacles imprévus surgirent. Le prévôt de Saint-Laurent, soit de son propre mouvement, soit à la demande des religieuses qu'il protégeait, avait fait insérer dans les lettres patentes un article qui leur attribuait la direction des malades de l'hôpital. Les notables, qui tenaient beaucoup à conserver l'administration de cette institution de bienfaisance, se montrèrent fort irrités. Aussi, dans leur assemblée du **29 avril 1688**, ils déclarèrent s'opposer sans réserve, non-seulement à l'exécution de l'article qui les blessait tant, mais encore à l'établissement des filles de l'Union-Chrétienne à Parthenay. Le duc de Mazarin approuva d'abord cette

(1) Archives de l'hôpital de Parthenay.

résistance ; mais , vaincu par les sollicitations du prévôt de Saint-Laurent qui était très influent près de lui , il finit par ordonner à ses officiers de Parthenay de laisser la congrégation s'établir dans la ville. Toutefois , par sa lettre du 26 février 1692, il enjoignit de maintenir l'opposition qu'on avait mise à l'exécution de l'article relatif à l'hôpital. Se conformant à ces instructions , les notables , à la requête du syndic Nicolas Texier, se réunirent, le 15 mars 1692, pour délibérer. Voici leurs noms : Michel Picault, bailli du duché de la Meilleraye ; Pierre Quinoy, lieutenant général ; François Chaboceau et Jean Olivier, avocat et procureur ducaux ; Martin Berger, maître-école de Sainte-Croix ; Jean-Jacques-René Paistrault , chanoine de Sainte–Croix ; Antoine Babin, Pierre Mignon et Claude Dubois, prêtres, curé et chanoines de Saint-Laurent ; Jean Olivier, curé de Saint-Jean ; François Audebrant, curé de Notre-Dame-de-la-Couldre ; Nicolas Baudoin, Jacques Poignand , François Chaboceau, Philippe Turquand , Pierre Esquot, avocats ; Pierre Boidin et Jean Cassin, procureurs ; François Proust, apothicaire ; Jean Thibaut, Isaac Thibaut, Henri Garnier, Jacques Biget , Louis Picard , Jacques Allonneau , François Baudoin, Charles Guillon , Louis Poinot, Pierre Trinchot. Ils consentirent à l'établissement des dames de l'Union-Chrétienne , à condition qu'elles n'auraient point la direction de l'hôpital. Celles-ci, de leur côté, y renoncèrent formellement. Dès lors elles purent s'installer sans difficulté à Parthenay. Leur couvent et leur chapelle furent construits près de la porte de l'Horloge, le long du mur de la citadelle (1).

### Derniers ducs de la Meilleraye, seigneurs de Parthenay (1713-1776).

Paul-Jules de la Porte-Mazarin, duc de Mazarin et de la Meilleraye, seigneur de Parthenay, comte de Secondigny, gouverneur de Port-Louis, du Blavet, d'Hennebon et de Quimperlé, succéda à son père, Armand-Charles de la Porte, en 1713. Il était né le 25 janvier 1666. Il épousa, le 15 novembre 1685, Félicie-Charlotte-Armande de Durfort, fille de Henri de Durfort, duc de Duras, maréchal de France. Jules de la Porte se signala dans les armées de Louis XIV : il assista à la prise de Namur, et se fit remarquer par son courage aux batailles de Steinkerque (1692) et de Nerwinde (1693). Il fut même blessé dans cette dernière journée. Il eut quatre enfants : deux moururent en bas-âge ; les deux autres furent Guy-Paul-Jules de la Porte, son successeur, et Armande–Félice de la Porte, qui épousa, en 1709, Louis de Maillé, marquis de Nesle (2).

_____

(1) Archives de l'hôpital de Parthenay. — L'ancien couvent de l'Union-Chrétienne forme aujourd'hui la sous-préfecture. La chapelle est démolie depuis la révolution, sauf une partie qui a servi pendant longtemps de salle de spectacle et qui doit bientôt disparaître. Ce monument n'avait, du reste, rien de remarquable.

(2) Manuscrit de Joseph Aubert, de Parthenay. — _Hist. généal._, par le P. Anselme, t. 4.

Guy–Paul–Jules de la Porte-Mazarin, duc de Mazarin et de la Meilleraye, seigneur de Parthenay, né en 1701, épousa, en 1717, Louise-Françoise de Rohan, fille d'Hercule-Mériadec, duc de Rohan-Rohan. Il mourut le 30 janvier 1738 ne laissant qu'une fille, Charlotte-Antoinette de la Porte, qui avait épousé, en 1733, Emmanuel-Félicité de Durfort, duc de Duras, colonel du régiment de Duras infanterie (1).

Charlotte de la Porte était veuve depuis plus de deux ans lorsque mourut son père. Elle-même ne tarda pas à descendre au tombeau, ne laissant qu'une fille mineure, Louise-Jeanne de Durfort de Duras, duchesse de Mazarin. Des lettres de la chancellerie, des 12 mars 1738 et 7 juillet 1739, déclarèrent cette jeune fille seule héritière, sous bénéfice d'inventaire, de Guy-Paul-Jules de la Porte (2).

Louise–Jeanne de Durfort de Duras, duchesse de Mazarin et de la Meilleraye, baronne de Parthenay, épousa Marie-Guy d'Aumont, qui devint, par ce mariage, duc de Mazarin. Mais son héritage ne tarda pas à lui être disputé par les dames de Maillé, ses parentes. Deux arrêts du parlement, des 23 février et 18 août 1758, déclarèrent propriétaires par indivis du duché de la Meilleraye et baronie de Parthenay, Jeanne de Durfort de Duras, duchesse de Mazarin,

(1) *Dict. hist. des fam. de l'anc. Poitou,* par Beauchet-Filleau et de Chergé.

(2) Dom Fonteneau. t. 44, p. 179.

épouse du marquis d'Aumont ; Adélaïde de Maillé, épouse du duc de Lauraguais ; Félicité de Maillé, épouse du marquis de Flavacourt, et Pauline de Maillé, épouse de Félix de Vintimille (1). Cet état de choses a existé jusqu'en 1776, époque à laquelle le comte d'Artois acheta le duché de la Meilleraye. Ce sont ces derniers héritiers des ducs de la Meilleraye qui firent reconstruire à Parthenay, vers l'année 1760 environ, les halles, le palais de justice et les prisons. Ces bâtiments n'ont point changé de destination, et c'est encore dans l'ancien auditoire du bailliage ducal que le tribunal de première instance tient ses audiences (2).

Nous avons dit plus haut que les intérêts de la ville de Parthenay étaient confiés à la direction d'un syndic élu chaque année par les notables et administrant d'après leurs délibérations. Cette institution municipale, dont l'origine était si ancienne, tomba, comme toutes les autres, devant l'édit royal du mois d'août 1692, qui créait des offices de maires perpétuels, conseillers de sa majesté, dans toutes les villes du royaume. Ainsi disparaissait le principe d'élection, dernier vestige des libertés municipales du moyen âge, devant la centralisation administrative. « En mettant à l'enchère ces offices devenus royaux et parés du titre de conseillers du roi, on avait spéculé

(1) Affiches du Poitou, année 1781, chronologie des seig. de Parthenay.

(2) État et estimation du duché de la Meilleraye imprimé en 1775.

d'une part sur la passion des riches familles bourgeoises pour les charges héréditaires, de l'autre sur l'attachement des villes à leurs franchises immémoriales..... » « Les villes grandes ou petites se firent un devoir et un point d'honneur du rachat de leurs priviléges; au prix de sacrifices onéreux, elles devinrent adjudicataires de la majeure partie des offices nouvellement créés (1). » La ville de Parthenay n'était point assez riche pour s'imposer un tel sacrifice, et d'ailleurs ses institutions municipales étaient loin d'avoir l'importance qu'avaient celles de beaucoup d'autres villes. Le dernier syndic, Nicolas Texier, qui était en charge en 1692, fut donc remplacé par un maire perpétuel, Josias-Charles Olivier, sieur de la Chûtelière, conseiller du roi (2). On conserva néanmoins le titre de syndic, mais celui qui en était revêtu n'était plus que le receveur des deniers de la ville.

A partir de 1724 environ jusqu'en 1765, la charge de maire resta vacante, personne ne s'étant présenté, sans doute, pour acheter cet office. Durant cet intervalle, les fonctions d'officiers municipaux furent remplies par les officiers du bailliage, c'est-à-dire par le bailli, le lieutenant général, le lieutenant particulier, le procureur ducal et l'avocat ducal, assistés du

(1) *Essai sur l'histoire du Tiers-État*, par Aug. Thierry, t. 2, p. 24.

(2) Mémoire Mst sur le Poitou, par M. de Maupeou d'Ableige, 1698, art. élection de Poitiers (bibl. imp.). — Archives de l'hôpital de Parthenay.

greffier du siége faisant les fonctions de secrétaire de la maison de ville, et d'un syndic-receveur. Le secrétaire recevait 15 livres de gages, et le syndic-receveur 30 livres. Leur administration fut signalée par une réforme heureuse dans la répartition de la taille, qu'ils parvinrent à obtenir du roi Louis XV. On n'a pas oublié les abus et les détournements commis à Parthenay dans le dernier siècle (voir plus haut). Depuis cette époque, la taille et les autres impôts n'avaient été guère mieux répartis. Ces injustices criantes avaient suscité des haines très vives parmi les habitants, et beaucoup d'entre eux, écrasés par l'impôt, abandonnèrent la ville pour aller fixer ailleurs leur résidence. Une situation si déplorable avait amené, comme conséquence naturelle, sinon la ruine des fabriques de draps de laine et de droguets, du moins un grand ralentissement dans cette précieuse industrie qui faisait la richesse de Parthenay depuis plusieurs siècles. Pour ramener la prospérité et la paix dans la ville, les habitants réunis en assemblée générale, le 20 janvier 1749, reconnurent qu'il n'y avait rien de mieux à faire que de supplier sa majesté de convertir la taille arbitraire de Parthenay en une taille fixe, dont le recouvrement s'opérerait au moyen de droits perçus aux portes de la ville sur les denrées et marchandises, d'après un tarif déterminé. Ce tarif, qui ne contenait pas moins de 289 articles, fut en effet fixé et approuvé par tous les habitants dans leurs assemblées des 27, 31 janvier et 6 février 1749. La requête, adressée au roi par les officiers municipaux, fut bien accueillie. Un arrêt du conseil d'État, du 24 juin 1749, ordonna qu'à partir du 1er octobre suivant, les impositions de la ville et faubourgs de Parthenay seraient converties en droits fixes levés conformément au tarif adopté sur toutes les denrées et marchandises. Il fut décidé que, si la recette dépassait le montant de la taille, l'excédant serait employé aux besoins de la ville, mais qu'au contraire, si elle ne l'atteignait pas, le déficit serait comblé par une capitation à laquelle seraient soumis tous les habitants. Quant aux moyens d'exécution, la perception des droits du tarif devait être donnée à l'adjudication par les officiers municipaux, et l'adjudicataire devait être tenu de verser entre les mains du receveur des tailles la somme à laquelle s'élevaient les impositions de la ville. En 1767, le prix du bail courant était de 18,375 livres (1).

Dans les premières années du xviiie siècle, la population de Parthenay avait subi proportionnellement la diminution qui se fit sentir à cette époque dans toute l'étendue du royaume. Elle descendit au chiffre de 780 feux, c'est-à-dire à 3,120 âmes environ (2). Mais, vers l'année 1750, elle remonta à son chiffre à peu près habituel de 850 feux, c'est-à-dire à 3,400 âmes environ (3). Aujourd'hui la ville de Parthenay,

(1) Anciens registres des délibérations de l'hôtel de ville de Parthenay.

(2) Nouveau dénombrement du royaume par généralités ; Paris, Saugrain, 1720.

(3) Carte alphabétique du Poitou, Mst qui m'a été communiqué par

en y comprenant les faubourgs, compte environ 5,000 habitants.

Les édits royaux du mois d'août 1764 et du mois de mai 1765 réorganisèrent la municipalité de Parthenay. Elle devait se composer d'un maire, de deux échevins et de dix notables nommés dans l'assemblée générale. Leurs fonctions étaient fort restreintes : elles devaient se borner à l'administration des *affaires économiques* de la ville. Quant à la police, elle rentrait dans les attributions des officiers du bailliage, ainsi que cela fut décidé en 1769, à l'occasion d'un conflit qui éclata entre les deux autorités. La première réunion du nouveau corps de ville eut lieu le 25 juillet 1765. Voici les noms de ceux qui le composaient : Gentilz, maire de Parthenay; Esquot et Baraton, échevins; Turquand-Duparc, procureur ducal; Verrière, Bernaudeau, Lemoyne, Ferry, Cornuau, Petit, Marchand, Richard et Poignand de la Salinière, notables. Pierre Andrieux était syndic-receveur. Le 6 mai 1766, le corps de ville décida qu'il tiendrait ses séances tous les quinze jours dans la salle de la *maison de ville* (1). Ce vieil édifice avait changé de desti-

M. Bonsergent, conservateur de la bibliothèque de Poitiers, auquel il appartient.

(1) Anciens registres des délibérations de l'hôtel de ville de Parthenay. — L'ancien hôtel de ville, dont plusieurs personnes ont conservé le souvenir, était un monument d'architecture gothique. Il devait remonter probablement au xve siècle. Il fut abandonné en 1792 parce qu'il était tout délabré, et resta inhabité jusqu'en 1820 environ, époque à laquelle il fut reconstruit tel qu'il existe aujourd'hui. C'est

nation depuis un certain temps. En effet, on l'avait
affecté au logement des officiers des troupes royales
en garnison à Parthenay. Une inscription en vers la-
tins, composée en leur honneur par un habitant de la
ville, dont on ignore le nom, fut gravée en 1751 au
sommet du pignon de sa façade :

Deposuit tandem clypeum bellator et hastam
Mars, optata diù pax adest ; hostis abest.
Laurigeri redière duces ducibusque reversis
Has ædes procerum provida cura dedit,
Incola cum liber vectigal solvere cæpit
Undique, vos, cives prospera fata juvant (1).

Les soldats de la garnison logeaient dans les deux
casernes de Ferrole et du Cerf appartenant à la ville.
En 1766, c'était un détachement du régiment de
Provence qui tenait garnison à Parthenay; en 1770,
c'était un escadron du régiment de Bourgogne (2).

Jean-Baptiste Esquot, premier échevin, succéda à
Gentilz dans les fonctions de maire. Il fut nommé par
brevet du roi du 28 janvier 1769, et prêta serment le
15 février entre les mains de Aimery Ayrault, bailli
de Parthenay. Les échevins, de la Salinière et de
Sauzay, et les notables de la maison commune, Petit,
de Talhouet, Barrion, Coyreau des Loges, Verrière,

durant cet intervalle que les bureaux de la mairie occupèrent une ancienne maison située près de la sous-préfecture, et que l'on a démolie il y a trois ans.

(1) Affiches du Poitou, année 1781.
(2) Anc. reg. des délibérations de l'hôtel de ville de Parthenay.

Bernaudeau et Marchand approuvèrent ce choix. Il fut remplacé, en 1774, par Pierre-Paul Allonneau qui demeura maire jusqu'à la révolution. Leur administration ne fut signalée par aucun acte remarquable (1).

La duchesse de Duras, de Mazarin et de la Meilleraye, et les autres propriétaires par indivis de la baronie de Parthenay, la vendirent au comte d'Artois, en 1776, pour la somme de 1,400,000 livres. Les revenus du duché de la Meilleraye s'élevaient alors à 51,768 livres (2). Le comte d'Artois aliéna plusieurs parties de ses nouveaux domaines de Gâtine, notamment Coudray-Salbart et Béceleuf. Il engagea également, par acte du 25 février 1780, le domaine et comté de Secondigny à madame Catherine d'Arot, moyennant 6,300 livres de rente annuelle, ce qui fut confirmé par arrêt du conseil du 11 juillet 1780 (3). Le comte d'Artois fut le dernier seigneur de Parthenay. La révolution, après l'avoir contraint de quitter la France, le dépouilla de ses biens.

Lors de la formation des assemblées provinciales et des assemblées d'élections créées dans toutes les généralités par l'édit de 1787, plusieurs notables de Parthenay furent désignés pour faire partie de l'as-

(1) Anc. reg. des dél. de l'hôtel de ville de Parthenay.
(2) État et estimation du duché de la Meilleraye, 1775 (arch. de Niort).
(3) Manuscrit communiqué par M. Bonsergent. — Le comté de Secondigny avait été de nouveau réuni au domaine de la couronne pendant le xviiie siècle.

semblée de l'élection de Poitiers, dans la circonscription de laquelle notre ville était comprise. M. de
la Haye, curé de Saint-Laurent, représentait le
clergé; M. Giraudeau de Germond, avocat ducal à
Parthenay, et M. Allard, avocat, procureur du roi de
la maison de ville, représentaient le tiers-état (1).
Parmi les questions qui furent agitées dans l'assemblée provinciale réunie à Poitiers, au mois de novembre 1787, deux intéressaient plus particulièrement la
ville de Parthenay : les réparations des routes de
Poitiers à Nantes et de Saint-Maixent à Thouars, et
la canalisation du Thouet. Vu l'urgence des premiers
travaux, l'assemblée décida que des ateliers de construction seraient placés pour l'année 1788 sur ces
voies de communication (2). Quant au second projet
qui consistait à rendre le Thouet navigable depuis
Parthenay jusqu'à la Loire, l'assemblée chargea sa
commission intermédiaire de le mettre à l'étude (3);
mais la révolution interrompit brusquement son
œuvre.

(1) *Hist. du Poitou*, par Thibaudeau, t. 3, p. 489 et 490, éd.
1839-1840.

(2) Ces deux routes étaient bien déjà tracées ; mais elles se trouvaient dans le plus mauvais état. Ce n'est que depuis 1830 que Parthenay a l'avantage de jouir de routes magnifiques qui le mettent en
communication avec tous les points importants du département des
Deux-Sèvres et des départements voisins.

(3) *Hist. du Poitou*, par Thibaudeau, t. 3, p. 501, 503.

# LA RÉVOLUTION.

—

Nous croyons devoir nous arrêter ici en présence de graves événements encore trop rapprochés de nous pour être appréciés avec une entière liberté d'esprit. Il n'est jamais permis de sacrifier les droits de la vérité et de transiger avec les vrais principes. En racontant ces jours d'illusion, d'entraînement et de passions politiques, l'impartialité de l'histoire pourrait devenir cruellement blessante pour des noms encore vivants. Nous allons donc nous contenter d'enregistrer sommairement, selon l'ordre chronologique, les principaux faits de la période révolutionnaire.

En vertu des décrets de l'Assemblée constituante, des 26 février et 4 mars 1790, qui divisent la France en départements, districts et cantons, la ville de Parthenay est érigée en chef-lieu de district. Auparavant elle était le chef-lieu d'une subdélégation contenant 51 paroisses (1).

L'Assemblée n'avait point encore désigné le chef-lieu du département des Deux-Sèvres, mais elle avait décidé provisoirement que l'administration départementale siégerait alternativement à Niort, à Saint-Maixent et à Parthenay, car ces trois villes se disputaient vivement l'honneur de tenir le premier rang. M. Augustin Chasteau, procureur à Parthenay, soutient avec feu les intérêts de sa ville natale, et fait valoir dans plusieurs brochures les droits très sérieux que lui donne sa position centrale dans le département. Malgré ses efforts, malgré un vote favorable à Parthenay, émis le 9 août 1790 par les administrateurs du département, Niort l'emporte. Un décret, du 16 septembre 1790, désigne cette ville pour être le chef-lieu des Deux-Sèvres (2).

M. Chasteau est élu président de l'administration départementale. Parmi les membres qui la composent, on remarque deux habitants de Parthenay,

(1) Les subdélégués relevaient de l'intendant de la province ; leurs fonctions étaient à peu près semblables à celles de nos sous-préfets actuels. Un des derniers subdélégués de Parthenay a été M. Armand-Charles Chaboceau en 1766 et 1767.

(2) *Hist. de l'adm. sup. des Deux-Sèvres depuis* 1790, par M. Jules Richard, avocat, t. 1er.

MM. Sionneau et Sauzeau, avocats. Homme doux et généralement estimé, partisan de la monarchie constitutionnelle et ennemi de l'anarchie, M. Chasteau, dans le cours de ses fonctions comme président du département, ne craint pas de combattre les tendances démagogiques du club de Niort et du journal des Deux–Sèvres. Au mois de septembre 1791, il est élu député à l'Assemblée législative à une majorité de 227 voix sur 300 votants (1).

Le tribunal de district de Parthenay, institué en vertu de la loi du 24 août 1790, est composé de la manière suivante : MM. Michel–Ange Allard, président; Louis Sionneau, Paul Allonneau et Jérôme Ayrault, juges; André de la Fargue, commissaire du roi, et Jean-Baptiste Guilhaud, greffier. Installation des nouveaux juges le 22 décembre 1790 : le président, le commissaire du roi et Joseph Gaby, l'un des hommes de loi, prononcent chacun un discours. Les hommes de loi et les huissiers prêtent le serment d'être fidèles à la nation, à la loi et au roi, et de maintenir la constitution décrétée par l'Assemblée et acceptée par le roi. Au mois de novembre 1792, la composition du tribunal est modifiée de la manière suivante : MM. Sionneau, président; Bouchet, Ayrault, Allard et Allonneau juges; Thibaut, commissaire national (2).

---

(1) *Hist. de l'adm. sup. des Deux-Sèvres depuis* 1790, par M. Jules Richard, avocat, t. 1er.

(2) Anciens registres d'audience du greffe du tribunal de Parthenay.

23

L'administration du district de Parthenay se compose en 1791 de MM. Bastard père, Supervielle, Bouchet, administrateurs; Ardouin, procureur-syndic: Hamelin et Bonnin, secrétaires. Plus tard, en l'an II (1794), voici quelle était la composition du directoire du district : MM. Guillon, président; Lériget, Gaby, Hamelin, Supervielle, agent national; Bonnin, secrétaire.

M. Allard est élu maire de Parthenay au mois de février 1790. Il est remplacé au mois de novembre de la même année par M. Étienne Rivet, ancien chanoine de Sainte-Croix. La municipalité se composait alors de la manière suivante : MM. Rivet, maire; Boutet, Cornuau, Picard, Guillon, Pineau, Chaigneau, Taffoireau, Bouchet, officiers municipaux; Gautier, Bernardeau aîné, Pruel, Teilleux aîné, Teilleux jeune, Cornuau-Poynot, Barbau, Baudet, Louis Guionnet, Pain–Maingotière et Macé, notables formant le conseil général de la commune; Giraudeau, procureur de la commune; Ledain, secrétaire–greffier (1).

Le 29 mai 1791, le conseil autorise l'établissement d'une caisse patriotique : on fait imprimer pour quinze mille livres de bons, dont 5,000 de 20 sols, 5,000 de 40 sols et 5,000 de 60 sols (2).

M. Rivet, ayant été nommé vicaire de l'évêque

—M. Ayrault, nommé juge à la révolution, occupait déjà des fonctions judiciaires. Il fut le dernier bailli de Parthenay.

(1) Registres des délibérations de l'hôtel de ville de Parthenay.

(2) Idem.

constitutionnel des Deux-Sèvres, se démet de ses fonctions de maire le 14 juin 1791. M. Bazile, curé de Saint-Jacques, est élu à sa place le 26 juin; mais il demande un délai pour accepter (1).

MM. Boutet et Bouchet, officiers municipaux, et Giraudeau, procureur de la commune, sont délégués par le conseil pour se transporter dans les couvents des Ursulines et des dames de l'Union-Chrétienne, afin de faire mettre à exécution l'art. 3 du décret du 22 mars 1791, qui oblige toute personne chargée d'instruction publique de prêter le serment civique. Arrivés au couvent de l'Union-Chrétienne, le 25 juin 1791, les commissaires obtiennent, sans trop de difficultés, des religieuses le serment d'être fidèles à la nation, à la loi et au roi. Mais les administrateurs du directoire du district, accompagnés d'un détachement de garde nationale, étant survenus en cet instant et ayant voulu faire ajouter à la formule du serment l'obligation de reconnaître l'évêque constitutionnel des Deux-Sèvres, les religieuses refusent formellement de le prêter dans cette forme, et demandent au surplus à quitter leur maison et à vivre librement. Le procureur-syndic leur ordonne alors d'évacuer le couvent dans quinze jours et fait apposer les scellés. Les commissaires se transportent ensuite au couvent des Ursulines. Ces religieuses, loin d'imiter la conduite courageuse des dames de l'Union-Chrétienne, prêtent le serment schismatique

(1) Registres des délibérations de l'hôtel de ville de Parthenay.

qui leur est demandé avec l'enthousiasme le plus chaud et la manifestation du patriotisme le plus pur, dit le procès-verbal (1).

M. Bazile ayant refusé les fonctions de maire, M. Giraudeau est élu à sa place le 10 juillet 1791, et M. Baudoin est nommé procureur de la commune.

Un arrêté de la municipalité du 18 août 1791 ordonne qu'il sera fabriqué 2,000 cartouches pour la garde nationale.

Le 25 août 1791, les dames le Chapelier, la Guionnais, Jeanne Clémenceau et Marguerite Desjars, religieuses de la congrégation de Saint-Thomas de Villeneuve, déclarent qu'elles ont l'intention de quitter l'hôpital de Parthenay dans le délai de six mois, en vertu de l'art. 19 du titre 2 de la loi du 14 octobre 1790. La municipalité leur donne acte de cette déclaration (2).

Proclamation de la Constitution, le 16 octobre 1791, sur la place de l'Hôtel-de-Ville. Toutes les autorités constituées se rendent ensuite avec la garde nationale à l'église de Saint-Laurent pour assister au chant d'un *Te Deum*. Le maire monte en chaire et prononce un discours. Le soir, un feu de joie est allumé sur la place du marché (3).

Renouvellement de la municipalité le 14 novembre 1791. M. Giraudeau est réélu maire; MM. Mous-

(1) Registres des délibérations de l'hôtel de ville de Parthenay.
(2) Idem.
(3) Idem.

set, Jallay, Teilleux jeune et Cornuau-Poynot sont
nommés officiers municipaux ; M. Ayrault de la
Touillère est élu procureur de la commune. Les membres du conseil sont : MM. de la Fargue, commissaire du roi, Mignonneau aîné, chirurgien, Racommet, orfèvre, Allard, juge, Boutet, marchand,
Sionneau, juge, Gaby, curé, Baudry, boulanger,
Lory, teinturier, Thibaut, suppléant, Vincent, fabricant (1).

Le 3 décembre 1791, le conseil, vu le mauvais
état de l'hôtel de ville, demande au directoire du
district un autre local pour ses séances. Le directoire y
met de la lenteur et du mauvais vouloir : la municipalité s'adresse à l'administration départementale.
Duchastel, administrateur du département, est envoyé
à Parthenay pour examiner cette affaire (2).

Le 12 février 1792, le conseil décide qu'on écrira
à la commission administrative des affaires du comte
d'Artois, pour lui proposer de traiter de la vente des
halles, prisons, palais de justice et boucheries qui
appartiennent à ce prince, après avoir obtenu l'autorisation préalable du directoire du département. Le
conseil décide également le même jour qu'on enjoin-
dra aux propriétaires des jardins attenant aux remparts de ville non compris dans l'abandon de 1749,
de s'entendre avec la municipalité pour se charger
de l'entretien de ces murailles, aux mêmes condi-

(1) Registres des délibérations de l'hôtel de ville de Parthenay.
(2) Idem.

tions que celles acceptées autrefois par les personnes qui obtinrent cette concession en 1749 ; faute de quoi, les propriétaires seraient tenus de faire clore leurs jardins d'un mur ordinaire construit à une certaine distance des murs de ville (1).

Le 30 mars 1792, après communication d'une lettre du procureur-syndic du district relative au séquestre des biens des émigrés, « le corps municipal arrête qu'il sera pourvu à la conservation desdits biens, tant meubles qu'immeubles, et reconnaissant dans le ressort de cette municipalité MM. Chouppes, Châteigner, Cossin, Desfrancs, y domiciliés ordinairement et maintenant émigrés, suivant la voix publique, il sera pris, dans le plus court délai, les précautions nécessaires pour la sûreté des meubles qui garnissent leurs maisons, soit en y apposant les scellés, soit en en faisant une description, de laquelle opération le bureau demeurera chargé (2). »

Le 20 août 1792, le conseil arrête qu'il tiendra désormais ses séances dans une partie des bâtiments de l'Union-Chrétienne (3).

Le 6 décembre 1792, installation d'une nouvelle municipalité. Voici sa composition : MM. Jean Ardouin, maire; Chaboceau, Boutet, Guy Guillon, Racommet, Jarry, Cornuau, officiers municipaux ; Allard, Sionneau, Berthonneau, Bazile, Bouchet,

(1) Registres des délibérations de l'hôtel de ville de Parthenay.
(2) Idem.
(3) Idem.

Dru aîné, Thibaut, Macé jeune, Lory, Gaby, Poyrault, Pruel, Gautier aîné, Genay, Lahaye, Ayrault, Picard aîné, notables du conseil.

Le 22 décembre 1792, le conseil décide que les officiers municipaux se transporteront dans toutes les églises pour enlever les registres d'état civil et les porter aux archives de la municipalité.

Un décret de la Convention du 1er janvier 1793 supprime toutes les paroisses de Parthenay, à l'exception de celle de Saint-Laurent (1).

Un arrêté du conseil du 7 janvier 1793 décide que les meubles, effets et vases ou autres objets en or ou en argent, servant au culte dans les églises supprimées, seront transportés à la municipalité pour être remis au directoire du district (2).

Constitution civile du clergé (1790). Dans l'archiprêtré de Parthenay, deux curés seulement restent fidèles à l'Église; ils refusent le serment schismatique et sont obligés de s'exiler en Espagne pour se soustraire à la persécution. Ce sont : MM. Allard, chanoine, curé de la collégiale de Sainte-Croix, et Bastard, alors curé d'Oroux, et, après le concordat, successivement curé de Mazière et de Saint-Laurent de Parthenay. Tous les autres, entraînés par l'autorité et l'exemple du curé de Saint-Laurent d'alors, ont la faiblesse de prêter le serment constitutionnel. Deux deviennent vicaires épiscopaux, l'un de l'évê-

(1) Reg. des délib. de l'hôtel de ville de Parthenay.
(2) Idem.— L'église de Ste-Croix fut conservée à titre de succursale.

que schismatique de Saint-Maixent, et l'autre de celui de Nantes. Trois ou quatre s'oublient jusqu'à contracter un mariage sacrilége.

Voici les noms des curés constitutionnels de Parthenay en 1792 : MM. Delahaye, curé de Saint-Laurent ; Mousset, curé de Saint-Jean ; Mauricet, curé du Sépulcre ; Poignand, curé de Notre-Dame-de-la-Couldre ; Bazile, curé de Saint-Jacques ; Gaby, curé de Saint-Paul, et Porcher, curé de Châtillon.

Formation des clubs. Organisation de la Société des Amis de la Constitution de Parthenay. Trois commissaires, MM. Leféron, Robert et Gaby, sont chargés d'en dresser les statuts et règlements. L'ouverture de la Société a lieu le 14 août 1791. Elle tient ses séances trois fois la semaine, le mardi, le vendredi et le dimanche dans la vaste église des Cordeliers confisquée par la révolution. Voici le préambule imprimé en tête des règlements : on y remarquera cette phraséologie pompeuse et enthousiaste qui est le caractère dominant de tous les écrits de cette époque :

« Les droits de l'homme, reconnus et consacrés par un décret immortel; les droits de l'homme sur lesquels reposent la liberté, la sûreté des personnes et des propriétés, sont attaqués de toutes parts par les ennemis du bien public. L'égalité qu'ils établissent, parmi les êtres que l'Auteur suprême créa à son image, blesse l'orgueil et la vanité de ce que nous appelions ci-devant *grands* et de cette caste privilégiée ci-devant connue sous le nom de *nobles.*

L'indignation qu'ils ont conçue contre l'égalité qui les rapproche trop de la nature, et qui leur fait connaître leur néant politique, les porte aux excès les plus criminels. La plupart sans religion et sans mœurs, avant les effets de notre heureuse constitution, fondée sur les droits sacrés et imprescriptibles de l'homme, arborent aujourd'hui l'étendard du plus dangereux et du plus cruel fanatisme. Les calomnies les plus atroces ont été les premières armes dont ils se sont servi contre nos augustes représentants. Trop faibles avec cette arme que l'esprit éclairé repousse avec mépris, ils se sont ligués avec les ci-devant chefs de notre religion, liés par leur naissance et par leur intérêt personnel, pour faire cause commune. A l'instant des instructions soi-disant pastorales, accompagnées de promesses éphémères, des mandements incendiaires sont répandus dans les villes avec profusion, même dans les campagnes et dans les cloîtres... Le bouleversement paraît général, la cause d'un Dieu de paix était en danger, et partout on se disposait à répandre jusqu'à la dernière goutte de son sang pour la soutenir. Mais la fermeté de nos augustes représentants, leur déclaration de n'avoir voulu ni pu toucher aux dogmes de la religion, qu'ils ont seulement rappelée à sa pureté primitive ; les instructions des corps administratifs, dictées par la sagesse la plus consommée ; les lumières de la philosophie, et encore plus les calomnies, les fourberies des lâches athlètes qui se sont présentés pour soutenir une cause qu'ils disaient toute divine, ont bientôt dévoilé leurs indignes ma-

nœuvres et fait tomber le masque sous lequel ils
cachaient leur figure hypocrite.

» Le désordre, il est vrai, a régné dans quelques
parties de la France, mais plus des trois quarts s'en
sont garantis. C'est avec une bien douce satisfaction
que nous voyons le district de Parthenay, gouverné
par des prêtres sages et éclairés, allier à la vrai morale évangélique les principes de la constitution nouvelle, qui assurent la félicité publique.

» Les dangers dont l'État était menacé par la ca-
bale des ci-devant grands qui cherchaient à faire
revivre l'ancien régime, par le fanatisme des prêtres
réfractaires qui obstruaient par des instructions perfides et des prédications incendiaires, les sources
d'une paix générale, ont réveillé le patriotisme de
tous les gens de bien, des véritables citoyens, qui,
dans presque toutes les villes, ont formé des Sociétés
des Amis de la Constitution, qui se sont vouées à
combattre les erreurs, et à mettre les citoyens en
garde contre les insinuations des malintentionnés.

» Admirateurs de leurs généreux efforts, nous
partagions de cœur et d'esprit leurs utiles travaux.
Environnés de moins d'écueils, et vivants dans une
parfaite sécurité, par la bonne conduite des habitants de
ce district, qui aiment et chérissent les lois, les citoyens
de Parthenay n'ont point formé de Société particulière
d'Amis de la Constitution. Il n'en auraient pas eu
besoin, puisque toute la ville n'en formait qu'une,
animée du même esprit et du même zèle ; mais les
idées se communiquaient au dehors individuellement

et l'esprit général ne se manifestant pas avec toute l'énergie qui convient à un peuple libre, les citoyens de Parthenay se sont réunis pour former une société d'amis dont le principe et le plus cher des devoirs sera de maintenir notre sublime constitution, en unissant leurs veilles et leurs travaux à ceux de toutes les autres sociétés.

» La calomnie ni le flambeau du fanatisme portés dans les villes et dans les campagnes n'ont pu faire réussir les ennemis du bien public dans leur sinistre projet. Aujourd'hui ils nous menacent et nous font menacer par des ennemis étrangers. Mais qu'ils tremblent les perfides, et qu'ils ne prennent pas pour base cette cruelle devise : Divise pour régner. L'union a été jurée par les quatre-vingt-trois départements. Ce serment est inviolable et deviendra immortel dans le cœur de tous les amis de la liberté ; il se perpétuera dans nos descendants et chez les races futures. Tous diront : plutôt mourir que de devenir esclave. Tel est l'esprit des citoyens de Parthenay.

» Mais comme il ne serait pas suffisant d'opposer la force à la force, et qu'elle deviendrait presque nulle sans les secours pécuniaires ; considérant que ces secours ne peuvent être fournis que par une juste répartition sur tous les individus qui composent l'empire français ; que le nouveau mode décrété par l'Assemblée nationale embarrasse considérablement la majeure partie des habitants des campagnes, les citoyens de Parthenay se proposent et prennent l'engagement d'aider de leurs conseils tous ceux qui en auront besoin, de se transporter sur les campagnes pour travailler, de concert avec messieurs les officiers municipaux et autres commissaires adjoints, au travail préparatoire, à l'imposition foncière et mobilière ; de porter la morale civique et un beaume consolateur dans l'esprit de ceux que des discours perfides et insidieux auraient pu inquiéter ou égarer : puissent des vues aussi pures déconcerter les projets des perfides ennemis du bien public ! puisse la société voir réunir dans son sein tous ceux qui ont été égarés, soit par des promesses insidieuses, soit par le fanatisme, et compter pour frères et pour amis tous les citoyens de l'empire français. »

Voici maintenant la liste des membres de la Société des Amis de la Constitution :

Messieurs :

Sionneau, président, juge.
Désanneaux, chirurgien.
Dru aîné.
Caunier aîné.
Gaby, curé.
Andrieux, marchand.
Jarry, orfèvre,
Robert, ci-devant contrôleur des aides.
Deguil, huissier.
Thibeau-Olivier.
Leféron aîné.
Bernard-Parenteau.
Racommet, orfèvre.
Desfrancs, officier de la garde nationale.
Leféron, avoué.
Bernard–Leféron.
Ardouin, procureur-syndic.
Taffoireau fils.
Hamelin, secrétaire au district.
Chauveau, chef de bureau.
Bonnin, secrétaire du district.
Lériget-Clozau.
Manceau, bourgeois.
Bouchet, médecin.
Gabard, horloger.

Boismenest, huissier.

Mignault jeune.

Bazille, curé.

Allard, président du tribunal.

Roy jeune.

Cornuaud, avoué.

Guérinau fils.

Ayraut, avoué.

Proust.

Chaigneau, homme de loi.

Thibault-Roux.

Marc Caulnier.

Genay, marchand.

Boulleau, huissier.

Taffoireau, capitaine.

Girard, huissier.

Louis Auriault, tanneur.

Nivaux.

Lacour jeune.

Genay, capitaine des volti-
geurs.

Louis Bellion.

Dorré, chapelier.

Guilhaud, greffier.

Lorfray aîné.

François Laury.

Thibault, suppléant.

Gaby, homme de loi.

Pineau, officier municipal.

Cadet aîné, tanneur.

Roy aîné

Bastard fils.

Carré, poêlier.

Giraudeau, maire.

Louis Picard, marchand.

Hubélin, commis du district.

Delafargue, commissaire du
roi.

Bastard père, administrateur.

Ferry, curé de la Ferrière.

Santerre-Deschamps.

Vincent, sergent des grenadiers.

Guy Guillon, marchand.

Mignoneau aîné.

Mignoneau jeune.

Olivier fils.

Coireau, médecin.

Chaboceau, trésorier.

Pruel, chirurgien.

Teilleux jeune.

Petit aîné.

Petit, adjudant.

Cornuaud-Poinot.

Lorfray jeune.

Baudoin, procureur de la
commune.

Supervielle, administrateur.

Pain-Maingottière.

Bontemps, traiteur.

Biget, capitaine.

Chabirant.

Bonnet-Grelé fils.

Bisson, huissier.

Picard, bourgeois.

Cornuaud-Guibault.

Thibault-Lucet.

Thibault fils, marchand.

Savard.

Cornuaud, officier municipal.

Bessé, commis.

Ledain, greffier municipal.

Crespau.

Bouchet, administrateur.

Guy Bonnet.

Bonnin, huissier à Allonne.

P.-P. Boutet, officier municipal.

Airault-Latouillère.

Rageau, d'Azay.

Mouchard, de Secondigny.

R.-P. Poignand, L.

Porcher, prêtre.

Mauricet, curé du Tallus.

Verrière, avoué.

Guérinau fils, de Vausse-roux.

Moine fils.

Allonneau, juge du tribunal.

Brémand, marchand.

Gilbert, juge de paix (1).

Plantation de l'arbre de la liberté sur la place de l'Hôtel-de-Ville, le 25 mai 1792. Toutes les autorités constituées assistent à cette cérémonie du haut d'une estrade (2).

Pillage du château de la Meilleraye. Violation du tombeau du maréchal de la Meilleraye dans l'église de Sainte-Croix ; ses cendres sont indignement dispersées. La table de marbre qui surmontait sa sépulture est transportée sur le plan du château.

Formation des bataillons de volontaires. Lors de la formation du premier bataillon des Deux-Sèvres, au mois de septembre 1791, un avocat de Parthenay, Louis-Hyacinthe Léféron, dont la carrière militaire devait être si courte et si brillante, s'engage comme volontaire et est nommé capitaine de la première

(1) Règl. et statuts de la Soc. des Amis de la Const. de la ville de Parthenay, imp. à Niort par Lefranc-Elies.

(2) Registres de l'hôtel de ville de Parthenay.

compagnie. Envoyé à l'armée du Nord au commencement de la campagne de Belgique, en 1792, il se
fait remarquer par son courage à la bataille de Jem-
mapes ( 6 novembre 1792 ). Nommé lieutenant-colonel, il prend le commandement du bataillon à la
place de M. Rouget-Lafosse de Niort, tué dans cette
glorieuse journée. Pendant le siége de Valenciennes,
dont il est chargé de diriger la défense en second, il
se distingue par son énergie et ses talents militaires. Sorti de Valenciennes en vertu d'une capitulation mémorable, il est élevé au grade de général de
brigade, et part avec son bataillon pour l'armée des
Pyrénées-Occidentales ( 1793 ). Là encore, la réputation de Leféron ne fait que grandir : il gagne l'estime particulière du général Moncey, et son nom est
aussi vénéré dans l'armée que celui de Latour-d'Auvergne. Après la paix avec l'Espagne ( 1795 ), il est
dirigé en Vendée, mais il refuse noblement de combattre contre ses compatriotes, et obtient l'honneur
d'être envoyé à l'armée d'Italie sous les ordres du
général Bonaparte. Le premier bataillon des Deux-
Sèvres qui le suit partout est incorporé dans différentes divisions. Quant à lui, il reçoit le commandement de la 5e demi-brigade d'infanterie de ligne
à Milan, et prend part à l'expédition du Tyrol dans
la division du général Baraguey-d'Hilliers. A la
suite de cette campagne, et après la répression de la
révolte du pays vénitien, le général Baraguey-
d'Hilliers lui confie le commandement de Venise.
Au bout de huit mois, Leféron quitte cette ville

pour reparaître sur les champs de bataille. Après
le traité de Campo-Formio, il est placé en can-
tonnement à Ferrare (1797); mais les hostilités
ne tardent pas à reprendre. Une bataille est livrée
devant Vérone le 6 germinal an VII (mars 1799) :
Leféron, qui fait partie de la division d'avant-garde
aux ordres du général Delmas, traverse toute l'armée autrichienne avec son impétuosité ordinaire et
arrive jusque sous les murs de la ville. Tout à coup
la retraite sonne, Leféron, abandonné à lui-même,
charge une seconde fois à la tête de sa demi-brigade,
s'ouvre encore un passage à travers les rangs ennemis et parvient enfin à se dégager. Mais, atteint
d'un coup de feu à la tête, il est obligé de se faire
porter sur un brancard à l'arrière-garde, car l'armée française bat en retraite, et il ne veut pas rester
au pouvoir de l'ennemi. Enfin, il succombe, accablé
de fatigues et de chagrins, à Fénestrelle, petite ville
de Piémont, le 6 floréal an VII (mai 1799), âgé
de 33 ans (1).

Organisation du deuxième bataillon des Deux-
Sèvres en 1792. Parmi les volontaires de Parthenay
faisant partie de ce bataillon, on doit citer : Auger,
Bastard, Philippon, Pernaudeau, Brotier, Passebon,
Violleau, Caillon, Coulais, Rivière et Cave. Ces onze
braves meurent courageusement sous les murs de

---

(1) Éloge funèbre des braves du départ. des Deux-Sèvres morts
pour la patrie, prononcé à Niort, le 24 floréal an XI, par le général
Dufresse.

Bouchain en voulant sauver leur commandant, Ga-
briel Proust de Niort, qui venait de tomber couvert
de blessures entre les mains de l'ennemi (12 septembre 1793) (1).

Le troisième bataillon des Deux-Sèvres, formé en
1792 et 1793, est envoyé à l'armée des Pyrénées-
Occidentales. Au mois de ventôse an III (mars 1795),
il est à Tolosa, que les Français viennent d'enlever
à l'Espagne. Faisons connaître quelques-uns de ses
chefs dont plusieurs sont originaires de Parthenay :
Prunier, chef de bataillon; Élie-Alexis Dru, capitaine-
adjudant-major; Estavare, sous-lieutenant; Lévê-
que, sergent-major; Boursier, quartier-maître;
Leboiteux, sergent; Chaigneau, caporal-fourrier. Le
troisième bataillon est envoyé à l'armée d'Italie et
incorporé dans la 63e demi-brigade, 6e division. Il
est à Venise au mois de fructidor an V (septembre
1797). Ses principaux chefs, membres de son conseil d'administration, sont alors : Montmorand, chef
de bataillon; Dru, capitaine de grenadiers; Bouet,
capitaine; Demonteau, Gautier, Labarrière, Péan.

Premiers mouvements de la Vendée. Au mois
d'août 1792, un rassemblement de paysans vient
attaquer Bressuire. Cette nouvelle répand l'alarme à
Parthenay. La municipalité fait réparer les portes de
la ville et clore la brèche qui existait depuis longtemps dans la muraille d'enceinte, à l'extrémité de

(1) Eloge funèbre des braves du département des Deux-Sèvres
morts pour la patrie, prononcé à Niort, le 21 floréal an XI, par le
général Dufresse.

24

la rue de Gaudineau (1). Bientôt arrivent à Parthenay les gardes nationales de Niort, de Saint-Maixent,
de la Mothe–Saint–Héraye qui marchent au secours
de Bressuire. La garde nationale de Parthenay se
joint à elles. Combat des Moulins-Cornet aux portes
même de Bressuire, le 24 août 1792. Odieuses
cruautés commises par les républicains après la victoire (2).

Après la proclamation de la république (21 septembre 1792), les administrateurs du district de
Parthenay envoient à la Convention une adresse
pleine d'enthousiasme et d'exaltation dans laquelle
ils « remercient l'Assemblée de son généreux début,
l'excitent à marcher du même pas vers le terme de
ses travaux, à juger sans hésiter le tyran qui nous
a trahis, et à donner à la France une constitution
libre (3). »

Les électeurs des Deux–Sèvres, convoqués à Parthenay, par un décret du 19 octobre 1792, pour
nommer de nouveaux administrateurs du département, choisissent deux habitants de notre ville,
M. Sauzeau, déjà membre de la précédente administration, et M. Guilhaud, greffier du tribunal, tous
deux fervents républicains (4).

---

(1) Registres de l'hôtel de ville.

(2) *Histoire de la Vendée militaire*, par Crétineau-Joly, t. 1er,
p. 24, 2e éd. — *Hist. de Niort*, par Briquet, t. 2, p. 27.

(3) *Hist. de l'administ. supér. du départ. des Deux-Sèvres*, par
Richard, t. 1er, p. 144, note.

(4) Idem, p. 136, 137.

Guerres de la Vendée (1793). On l'a dit bien souvent, et c'est là un fait unanimement reconnu, la Vendée ne se serait jamais insurgée, si la révolution avait su respecter l'exercice du culte catholique. Malgré leur attachement à la royauté et à ce qu'on appelait l'ancien régime, nos populations rurales auraient subi à contre cœur, sans doute, mais enfin avec résignation et patience, le gouvernement démocratique, et jamais la noblesse n'aurait pu provoquer parmi elles un soulèvement sérieux. Mais la révolution, essentiellement irréligieuse et despotique, en voulant leur imposer le schisme, les poussa à la résistance. Voilà la véritable cause de cette lutte prodigieuse, que l'empereur Napoléon 1er appelait une lutte de géants.

Beaucoup de paroisses de la Gâtine prirent part à cette héroïque protestation. La ville de Parthenay, par sa position sur les frontières du pays insurgé, était destinée à tomber tour à tour au pouvoir des républicains et des Vendéens. Les étonnantes victoires des paysans royalistes portaient la terreur parmi les administrateurs des districts et les membres des municipalités, tous ennemis jurés du mouvement contre-révolutionnaire. Le jour même de l'évacuation de Bressuire par le général Quétineau et de l'occupation de cette ville par les Vendéens (3 mai 1793), MM. de Lescure et de la Rochejacquelein parurent tout à coup en vue de Parthenay à la tête d'une petite troupe. L'alarme se répandit aussitôt parmi les habitants ; mais c'était une fausse attaque qui avait pour but de

cacher la marche de l'armée vendéenne sur Thouars.
Les deux chefs royalistes ne tardèrent pas à disparaître et à rejoindre leurs compagnons (1).

L'administration départementale effrayée porta
toute son attention sur Parthenay et se mit en mesure d'y envoyer des forces considérables. En attendant elle en confia provisoirement la défense à Bou-
chet-Martigny, l'un de ses membres (2). Mais déjà
Thouars est emporté d'assaut (7 mai), et les Vendéens
victorieux marchent sur Parthenay sous les ordres de
Lescure, la Rochejacquelein, Cathelineau, d'Elbée et
Marigny. La garnison républicaine, presque toute
composée de compagnies de volontaires, ne songea
même pas à la résistance : elle évacua promptement
la ville. Toutes les autorités, les membres du district
et du tribunal, les officiers municipaux prirent également la fuite et se dispersèrent de différents côtés.
Trois administrateurs du district, MM. Giraudeau-
Germond, Bastard fils et Supervielle, avaient fait
charger sur deux charrettes les papiers de l'administration et les avaient accompagné à Niort. L'armée
vendéenne occupa donc Parthenay sans combattre
le 9 mai 1793. Les généraux déclarèrent dans une
proclamation qu'ils n'avaient pris les armes que pour
rétablir la religion catholique et le trône de Louis XVII.
Au bout de deux jours, ils quittèrent Parthenay et se

(1) Mémoires de Madame de la Rochejacquelein.
(2) *Hist. de l'administ. supér. du départ. des Deux-Sèvres*, par
Richard.

dirigèrent sur la Châtaigneraye, dont ils se rendirent maîtres après un brillant combat (13 mai) (1).

La victoire des républicains à Fontenay (16 mai) leur rendit l'espérance. Ils occupèrent de nouveau Parthenay, la Châtaigneraye et Thouars (2). Mais une nouvelle série de revers ne tarda pas à venir les accabler. Les Vendéens, successivement vainqueurs à Fontenay (25 mai), à Vihiers, à Doué et à Montreuil, emportent Saumur, le 10 juin, avec un courage extraordinaire. Pendant que la grande armée royaliste poursuit le cours de ses succès sur les rives de la Loire, un détachement de paysans, commandé par Baudry du Plessy et Delafargue, se présente le 14 juin devant Parthenay, et fait parvenir aux habitants la lettre suivante :

« A trois quarts de lieue de Parthenay, en plein champ, le 14 juin 1793, l'an 1er du règne de Louis XVII.

» Messieurs, frères et amis, habitants catholiques de la ville de Parthenay, nous vous prévenons que nous sommes les soldats des armées catholiques et royalistes, en assez grand nombre pour reconquérir votre ville, et que si vous faites la moindre résistance elle sera réduite en cendre avant que la journée finisse. Pour vous donner des preuves de notre loyauté

---

(1) *Hist. de Niort*, par Briquet, t. 2, p. 67, 68. — *Hist. de l'administ. supér. du départ. des Deux-Sèvres*, par Richard. — Mémoires de Madame de la Rochejacquelein. — Anciens registres du tribunal de Parthenay.

(2) *Hist. de Niort*, par Briquet, t. 2, p. 76.

et modération, qui ont toujours été les guides que nous avons suivis, nous vous faisons passer quatre imprimés émanés du conseil supérieur provisoire d'administration séant à Châtillon–sur–Sèvre. La réponse que nous attendons de vous nous guidera dans la marche que nous aurons à tenir à votre égard.

» Nous avons l'honneur d'être avec les sentiments les plus distingués, Messieurs les habitants de la ville de Parthenay, vos très humbles et très obéissants serviteurs.

» *Les commandants des armées catholique et royaliste*,
 » BAUDRY DU PLESSY, commandant en chef; PH. DELAFARGUE (1). »

On ignore la réponse de la ville à cette sommation, car cet événement secondaire n'a laissé aucune trace dans l'histoire des guerres de la Vendée, et il existe une lacune assez considérable dans les registres de la municipalité de l'année 1793. Mais il est probable que Parthenay, abandonné par une grande partie de ses habitants et dénué de forces militaires, envoya sa soumission aux Vendéens et ne chercha à leur opposer aucune résistance (2).

Cependant la Convention faisait des efforts désespérés pour venir à bout de cette redoutable insurrection. Une armée venait d'être organisée à Niort

---

(1) Pièces contre-révolutionnaires publiées par B. Fillon.

(2) Le registre de l'année 1793 contient la mention suivante : « Nota : les délibérations du conseil depuis le 5 février 1793 ont été portées sur un registre provisoire. » Ce registre a été égaré, en sorte qu'il existe une lacune qui s'étend jusqu'au 10 frimaire an II.

par les soins du général Biron. Son avant-garde campait à Saint-Maixent sous les ordres de Westermann. Le 19 juin, Biron lui ordonne de se porter sur Parthenay. Le moment était bien choisi pour opérer une diversion. Toutes les forces vendéennes se dirigeaient en ce moment sur Nantes, dont elles allaient tenter l'attaque, et cette partie du Bocage se trouvait dépourvue de défenseurs. A la nouvelle du danger, M. de Lescure, à peine rétabli d'une blessure reçue à la prise de Saumur, cherche à arrêter le mouvement des républicains. De son château de Clisson, il invite tous les paysans qui restent encore dans la contrée à se joindre à lui et à se rendre, le 24 juin, à Parthenay qu'il veut essayer de défendre contre l'ennemi. Voici l'un des ordres expédiés par lui dans les paroisses environnantes :

« Au nom de la religion catholique et du roi, il est recommandé aux habitants de la paroisse de Mervent de se rendre dans le plus grand nombre et avec le plus d'armes possible à Parthenay, le 24 juin 1793, à neuf heures du matin. C'est le dernier coup qui nous reste à frapper pour la tranquillité du pays. Ainsi nous ne doutons pas que tout le monde ne s'y porte avec le plus grand zèle. A Clisson, ce 20 juin 1793.

» LESCURE, DE LA MARSONNIÈRE, DEMONDION,
le chevalier DE BEAUREPAIRE (1). »

Les paysans furent fidèles au rendez-vous. Le 24

---

(1) Pièces contre-révolutionnaires publiées par B. Fillon.

juin M. de Lescure, accompagné des chevaliers de Beauvolliers et de Beaurepaire et de M. de Baugé, occupa Parthenay à la tête de quelques milliers d'hommes. Il fut bientôt rejoint dans la journée par M. Girard de Beaurepaire qui amenait 150 cavaliers. Comme on s'attendait à être attaqué par Westermann qui se trouvait à Saint–Maixent on prit toutes les mesures désirables pour se mettre à l'abri d'une surprise. M. de Baugé et le chevalier de Beaurepaire firent murer toutes les portes de la ville, excepté celles de Saint–Jacques et du Marchiou. Deux pièces de canon furent mises en batterie à cette dernière; on y plaça des factionnaires et un poste avancé; enfin on convint que d'heure en heure il partirait une patrouille qui ferait une lieue, puis reviendrait, de façon qu'il y en aurait toujours une dehors. Malheureusement M. Girard de Beaurepaire, chargé de veiller à l'exécution de ces mesures, s'endormit imprudemment, et la patrouille de minuit ne sortit pas. Ce fut ce qui causa la perte des Vendéens. Westermann, qui était parti de Saint-Maixent à quatre heures du soir, à la tête de 1,200 hommes, arriva au même instant et parvint jusqu'à la porte du Marchiou sans être aperçu. Les factionnaires sont massacrés et la batterie enlevée. Dès lors ce ne fut plus qu'un carnage. Les Vendéens, surpris dans leur sommeil, tombent sous les coups de leurs ennemis en voulant fuir; leurs cadavres jonchent les rues de notre ville. M. de Baugé, réveillé par le tumulte, court à la porte du Marchiou, mais il n'était plus temps; elle était au pouvoir des bleus. Une balle lui casse la jambe ; cependant, grâce à l'obscurité, il n'est point reconnu et parvient à s'échapper. Arrivé au bord de la rivière, il essuie une décharge qui ne lui fait aucun mal ; il lance son cheval dans l'eau ; une seconde décharge tue le cheval sans l'atteindre encore. Enfin, les Vendéens qui étaient sur l'autre bord parviennent à le retirer et à le mettre hors de danger. Pendant ce temps-là, M. de Lescure, qui avait couché avec M. de Baugé (1), s'échappait à grand'peine par une poterne du château. Il opéra sa retraite sur Amailloux sans être inquiété, puis de là gagna Châtillon avec M. de la Rochejacquelein qui revenait de Saumur en ce moment (2).

Westermann n'occupa Parthenay que quelques heures. Il s'empressa d'aller chercher du renfort à Saint-Maixent, car il avait l'intention de pénétrer plus avant dans le Bocage. Il reparut à Parthenay, le 1er juillet, à la tête d'une forte division. Les Vendéens, qui étaient rentrés de nouveau dans cette ville, l'évacuèrent à son approche. Après avoir recruté dans la ville tous les hommes en état de porter les armes, Westermann ouvrit la campagne par l'incendie du village d'Amailloux et du château de Clisson. C'est le commencement des incendies et des

(1) Ces deux généraux vendéens logèrent dans une maison de la rue Tête-de-Cheval où se trouve actuellement le bureau d'enregistrement.

(2) Mémoires de Madame de la Rochejacquelein. — *Histoire de la Vendée militaire*, par Crétineau-Joly, t. 1er, p. 166, 167.

atrocités républicaines. Westermann, déjà tristement célèbre par ses exploits sanguinaires du 10 août, inaugura dans la Vendée cet épouvantable système de dévastations et de massacre qui ne servit qu'à doubler l'énergie des héroïques paysans de l'Ouest. D'abord victorieux sur les hauteurs du Moulin-aux-Chèvres ( 3 juillet ), il est attaqué bientôt avec fureur devant Châtillon par l'armée vendéenne. Après deux heures d'une lutte affreuse, les deux tiers de son armée sont anéantis et le reste fuit en désordre sur Bressuire ( 5 juillet ). La bataille de Châtillon fut fatale aux patriotes de Parthenay. Deux cent soixante-quinze volontaires de cette ville ou des environs furent tués ou faits prisonniers par les Vendéens. La nouvelle de ce désastre y répandit la consternation. Bientôt on vit arriver Westermann avec les faibles débris de ses troupes ( 6 juillet ). Deux mille hommes, envoyés de Niort à son secours par le général Chalbos, l'attendaient à Parthenay. Westermann trouva également dans notre ville deux représentants en mission, Bourdon de l'Oise et Goupilleau, qui l'interrogèrent sur les causes de sa défaite. Il l'attribua à la trahison du lieutenant-colonel de sa légion, Caire, et fit arrêter aussitôt cet officier. C'était à la brillante valeur des Vendéens qu'il fallait s'en prendre (1).

Westermann quitta Parthenay le 7 juillet, et continua sa retraite sur Saint-Maixent. La population,

(1) *Hist. de Niort*, par Briquet, t. 2. — *Hist. de l'admin. sup. du départ. des Deux-Sèvres*, par Richard, t. 1er, p. 236.

presque tout entière, saisie de frayeur, et croyant
voir paraître à chaque instant les Vendéens victorieux, abandonna ses foyers; la ville demeura quelque temps déserte. L'administration départementale,
affligée des maux de Parthenay, envoya M. Guilhaud,
l'un de ses membres, en mission dans cette ville
pour distribuer des secours et prendre des mesures
de défense. Il était muni d'un arrêté des représentants Goupilleau et Auguis, dont voici la teneur :
« Considérant que la ville de Parthenay a été plusieurs fois prise et pillée par les rebelles ; que le
général Westermann, lors de son passage en cette
place, emmena avec lui tous les citoyens en état de
porter les armes ; qu'ils ont tous été tués ou faits
prisonniers dans la journée du 5 de ce mois ; que les
femmes et les enfants qui restent à Parthenay sont
dépourvus de tous moyens de subsistances et de ressources pour s'en procurer, autorisons l'administration à faire délivrer aux citoyens de Parthenay quelques secours provisoires qui puissent les garantir de
la famine. » Aussitôt l'administration départementale s'était empressée de voter une indemnité de
30 sous par jour, à compter du 5 juillet, pour les
femmes et les vieillards, et de 10 sous pour les enfants. M. Guilhaud, arrivé dans notre ville, fit exécuter avec zèle ces mesures : sur son ordre, M. Chaboceau, payeur du district, distribua six mille livres
aux habitants (1).

(1) *Hist. de l'ad. sup. du départ. des Deux-Sèvres*, par Richard,
t. 1er, p. 235, 236.

Mais à peine le premier moment de terreur était-
il passé que les Vendéens reparurent de nouveau à
Parthenay sous les ordres de M. de Lescure. On était
alors dans les premiers jours du mois d'août. Les
généraux royalistes « avaient défendu aux paysans
de conduire des bestiaux au marché dans les villes
qui n'étaient point au pouvoir des Vendéens. M. de
Lescure sut que, malgré cet ordre, les marchés de
Parthenay étaient fort bien approvisionnés, il y fit
une excursion, et tous les bestiaux qui étaient en
vente furent saisis et envoyés à Châtillon. Il courut
ce jour-là un assez grand danger : il passait dans une
rue causant avec M. de Marsanges, à la tête de
quelques cavaliers ; un gendarme qui était à cheval
caché derrière la porte d'une cour la fit ouvrir brusquement et lui tira un coup de pistolet presque à
bout portant : la balle passa entre lui et M. de Marsanges ; les cavaliers tuèrent le gendarme qui s'en-
fuyait au galop. On avait fait depuis quelque temps
une proclamation pour annoncer aux républicains
qu'on userait toujours d'exactes représailles. Parthenay devait, suivant cet ordre, être brûlé, puisque
plusieurs de ses habitants avaient suivi Westermann
lorsqu'il avait allumé les premiers incendies. M. de
Lescure assembla les habitants et leur dit : « Vous
êtes bien heureux que ce soit moi qui prenne votre
ville, car, suivant notre proclamation, je devrais y
mettre le feu ; mais, comme vous l'attribueriez à
une vengeance personnelle pour l'incendie de Clisson,
je vous fais grâce. » Toutefois il emmena en otage

deux femmes des administrateurs et parut disposé à fermer les yeux sur le pillage quoiqu'il y répugnât beaucoup. Quelques soldats en profitèrent pour faire du dégât dans plusieurs maisons ; mais aucune violence ne fut faite à personne, au point qu'une femme ayant été tuée par hasard à sa fenêtre, les Vendéens s'en montrèrent désespérés et donnèrent mille francs à sa famille. La proclamation sur les représailles ne fut jamais exécutée (1). » Bel exemple de modération donné par ces héros qu'on ne rougissait pas d'appeler des brigands.

A l'exception d'un engagement sans importance qui eut lieu, le 28 août 1793, presqu'aux portes de Parthenay, entre les paysans de M. de Lescure et les forces des généraux Rey et Burat, les hostilités se concentrèrent sur un autre théâtre, et notre ville commença à respirer. Les habitants rentrèrent peu à peu dans leurs demeures, et les autorités, dispersées depuis le mois de mai, reprirent leurs fonctions à la fin d'octobre (2). Mais les maux des populations rurales étaient loin d'être à leur terme. C'est à cette époque que commencent les épouvantables dévastations des colonnes infernales qui seront une honte éternelle pour la république.

Formation des camps de Largeasse et de Chiché ( 1794 ). « L'étendue du camp de Chiché était d'un

(1) Mémoires de madame de la Rochejacquelein.
(2) *Histoire de Niort*, par Briquet, t. 2. — Registres d'audiences du tribunal de Parthenay.

quart de lieue. Il avait pour retranchements des fossés profonds, et renfermait quatre mille hommes sous le commandement du capitaine Legros. Le général Macors avait tracé le plan du camp de Largeasse. Les retranchements en étaient faits avec plus d'art que ceux du camp de Chiché; mais ils avaient moins d'étendue et ne renfermaient que trois mille hommes sous le commandement du capitaine Spital. Les Vendéens s'approchèrent plusieurs fois du camp de Largeasse, sans jamais oser l'attaquer (1). »

Le 24 frimaire an II (décembre 1793), « le conseil a arrêté que le coffre en plomb où était le ci-devant duc de la Meilleraye, lequel a été extrait du tombeau où il était placé en l'église de Sainte-Croix, sera pareillement envoyé à ce district pour servir à terrasser les ennemis de la république (2). » Un autre arrêté du même jour ordonne de transporter au district l'argenterie et les cloches des églises; les citoyens Lory et Macé sont chargés de son exécution (3).

Le 15 nivôse an II (1794), « le conseil en appréciant la sagesse et les lumières que le citoyen représentant (Lequinio) a développé dans son adresse (du 1er nivôse) aux citoyens de ce territoire; considérant que le moyen le plus sûr de consolider

(1) *Histoire de Niort*, par Briquet, t. 2, p. 147.
(2) Regist. des délibérat. de l'hôtel de ville de Parthenay.
(3) Regist. des délibérations de l'hôtel de ville de Parthenay — La relique de la vraie croix échappa à la spoliation, grâce à un des commissaires qui la conserva jusqu'à la restauration du culte, époque à laquelle il la rendit à l'église de Sainte-Croix.

promptement notre liberté par l'instruction est de transformer les temples, qui furent si longtemps ceux du mensonge et de la superstition, en temples de lumière et de vérité; considérant que le seul temple qui doit exister à l'avenir est celui où l'on prêchera les principes de la raison et de la fraternité, ainsi que la pure vérité; considérant que toutes les villes de la république à la hauteur de notre révolution ont déjà renversé de dessus les autels les idoles de la superstition et du mensonge pour y placer le génie de la liberté; considérant que tout citoyen peut désormais rendre ses hommages à l'Éternel de la manière qu'il lui plaît, et exercer son culte en particulier où bon lui semble,

» A arrêté à l'unanimité, l'agent national entendu, que de suite toutes les portes des églises et chapelles de cette commune seront fermées et interdites pour tous les cultes, ne devant servir que pour l'utilité publique; qu'en conséquence toutes les cloches seront descendues dans le plus bref délai, et que les vases d'argent et effets, tant en cuivre que fer, ainsi que tous les linges, ornements et autres effets existants dans lesdites églises, seront, avec lesdites cloches, envoyés à l'administration de ce district pour être employés plus convenablement pour le bien de la patrie; que les citoyens Macé et Lory, notables, seront invités, par suite de la commission que leur a donné le conseil le 24 frimaire dernier, de faire descendre lesdites cloches et de surveiller l'envoi qu'ils en feront faire à l'administration de ce district avec les autres effets desdites églises (1). »

Autre arrêté du 13 pluviôse an II ordonnant la destruction des halles de boucheries (2).

Arrêté du 3 ventôse an II qui ordonne le changement des noms des rues. Ainsi le faubourg Saint-Paul prend le nom de canton du Bonnet-Rouge, la rue Morin celui de rue Ça-ira; la porte Saint-Jacques celui de porte Révolutionnaire, le faubourg Saint-Jacques celui de canton des Sans-Culottes, etc., etc. (3).

Un arrêté de la municipalité du 1er messidor an II désigne l'église des Cordeliers pour servir de temple de l'Être suprême et pour célébrer les décades (4).

La Convention envoie dans l'ouest le régicide Ingrand avec mission d'y faire mettre à exécution la loi du 14 frimaire an II (4 décembre 1793) sur la réorganisation des autorités constituées. Le représentant devait épurer toutes les administrations, c'est-à-dire destituer tous les fonctionnaires qui ne se recommanderaient pas à la confiance de la république par leur exaltation révolutionnaire. Arrivé à Parthenay au mois de floréal an II (mai 1794), Ingrand procéda immédiatement à l'épuration du tribunal en présence de la société populaire réunie dans l'ancienne église des Cordeliers. Par arrêté du 13 floréal an II, il décida que le tribunal de Parthenay serait composé ainsi qu'il suit : les citoyens Louis Sionneau maintenu dans

(1) Reg. des délib. de l'hôtel de ville de Parthenay.
(2) Idem.
(3) Idem.
(4) Idem.

la présidence, Louis Caunier aîné, marchand épicier,
juge, à la place d'Olivier; Nicolas Biget aîné, juge,
en remplacement d'Allard nommé maire ; Pierre Lorfray aîné, juge, en remplacement d'Allonneau ; Joseph Deschamps, de Bressuire, ci-devant médecin,
juge, à la place d'Ayrault. Thibaut fut maintenu
commissaire national, et Bouchet, ci-devant juge, dut
remplacer Hamelin dans les fonctions de greffier.
Les juges suppléants furent : Rousseau, agriculteur;
François Baudet, Petit, ci-devant juge de paix d'A-
mailloux, et Cornuau-Poynot (1).

Le représentant Lofficial, en mission près de
l'armée et dans les départements de l'ouest, rend à
Parthenay un arrêté, en date du 21 prairial an III,
par lequel il réorganise le tribunal de district et la
municipalité. Les nouveaux juges sont : les citoyens
Allard, actuellement maire ; Thibaut, commissaire
national; Gaby, administrateur du directoire du district ; Deschamps, déjà juge ; Petit, juge de paix
d'Amailloux. Bouchet, greffier, est nommé commissaire national, et Baudet le remplace au greffe. Les
juges suppléants sont : Baudoin, notaire; Pineau,
notaire; Rousseau-Laspoix, Ardouin, notaire. Installation du nouveau tribunal le 25 prairial an III (2).

La municipalité est composée de la manière suivante : MM. Boutet, maire ; Taffoireau, Louis-Char-
les Chaboceau, Guy Guillon, Joseph Cornuau, Joseph-

(1) Anc. reg. d'aud. du tribunal de Parthenay.
(2) Idem.

Marie Coireau, Adrien Teilleux, Sébastien Pruel, Jacques Macé, formant le corps municipal ; Berthonneau, Cornuau-Bourreau, Hervé Gautier, François Lory, Vergier, Guionnet, Joseph Florisson, Louis Jarry, Jean Achard, Louis Auriau, Bouleau, Thibaut, Crespeau, Maupillier, Bernard-Leféron, Chabirand, Biget, formant le conseil général de la commune ; Louis Caunier aîné, procureur de la commune (1).

Suppression du tribunal de district de Parthenay en vertu de la constitution de l'an III qui n'en conserve qu'un seul par département.

Arrestation de la diligence de Parthenay à Saint-Maixent le 7 floréal an VII (2).

La constitution de l'an VIII rétablit les tribunaux d'arrondissements. Celui de Parthenay est ainsi composé : MM. Charles-Augustin Fribault, président ; Louis Sionneau et Sauzeau, juges ; Olivier et Joseph Gaby, suppléants ; Michel-Ange Allard, commissaire du gouvernement ; Baptiste Taffoireau, greffier. Les nouveaux juges sont installés le 18 prairial an VIII par M. André Charbonneau, premier sous-préfet de Parthenay (3).

Un arrêté du préfet des Deux-Sèvres, rendu le 3 fructidor an VIII en exécution de l'art. 15 de la loi du 28 pluviôse an VIII, nomme membres du conseil

---

(1) Reg. des délibér. de l'hôtel de ville de Parthenay.

(2) *Histoire de l'administration supérieure du département des Deux-Sèvres*, par Richard.

(3) Anc. reg. d'aud. du tribun. de Parthenay.

municipal de Parthenay les citoyens dont les noms suivent : Prudent Baudoin, notaire, Jarry, orfèvre, Pruel, chirurgien, Louis Sionneau, juge, Chasteau, juge de paix, Gaby, juge suppléant, Supervielle, juge de paix, Michel-Ange Allard, commissaire du gouvernement, Bouchet, avoué, Andrieux aîné, propriétaire, Antoine Taffoireau, médecin, Poisbeau, propriétaire, Thibaut, assesseur, Olivier Gaby aîné, Santerre-Deschamps, négociant, Cornuau, commis, Guilmot, aubergiste, Gautier, propriétaire, Marie Guillon-Pallinière, Jouffrault, de Voutegon (1).

(1) Reg. des délibér. de l'hôtel de ville.

FIN.

# LISTE DES BAILLIS

ET AUTRES OFFICIERS DE JUSTICE DE PARTHENAY

OU DE GATINE.

—

| | |
|---|---|
| Goscelin, *judicans leges*, | vers l'an 1070 |
| Geoffroy du Quairay, bailli du seigneur de Parthenay, | 1287 |
| Adam Dize, châtelain et receveur du seigneur de Parthenay audit lieu, et gouverneur de sa juridiction en Gâtine, | 1337 |
| Jean de l'Aubertière, bailli de Gâtine, | 1417 |
| Jean de la Chaussée, bailli de Gâtine, | 1419-1440 |
| Pierre Roigne, bailli de Gâtine, | 1446 |
| Nicolas Girault, procureur général du seigneur de Parthenay, | 1450 |
| Jacques Rataut, écuyer, bailli de Gâtine, | 1465 |
| Jean Martineau, bachelier en lois, châtelain de Parthenay pour Rataut, | 1465 |
| Chauvin, licencié en lois, lieutenant général du bailli de Gâtine, | 1473 |
| Jacques Cossin, lieutenant général du bailli de Gâtine, | 1494 |
| François Chapelain, bailli de Gâtine, | 1514 |
| Jean Grignon, procureur du seigneur de Parthenay, | 1514 |

Antoine Rataut, seigneur de Curzay, bailli
de Gâtine,                                                        1524

Jean Rolland, licencié ès lois, lieutenant
général du bailli de Gâtine,                              1562-1579

François Garnier, procureur fiscal,                      1562

Balthazar Jarno, seigneur de Nantilly, bailli
de Gâtine,                                                        1572-1581

Jacques le Riche, avocat fiscal,                          1580

Jean Meschinet, écuyer, seigneur de Raf-
fou, licencié ès droits, bailli de Gâtine,          1584-1605

François Sabauvin, lieutenant particulier
au bailliage de Gâtine,                                        1602

Pierre Garnier, écuyer, sieur de Vieux-
Viré, bailli premier et principal juge du bail-
liage de Gâtine,                                                  1634

Jean Clabat, écuyer, bailli de Gâtine,                  1651

Pierre Taffoireau, bailli du duché de la
Meilleraye à Parthenay,                                      1682

Michel Picault, sieur de la Joussamière,
bailli du duché de la Meilleraye à Parthenay,      1685-1692

Antoine Leigné, lieutenant général au
bailliage de Parthenay,                                        1685-1698

Pierre Pinau, lieutenant particulier au
même bailliage,                                                  1685

Louis-François Jallay, avocat en parle-
ment, bailli du duché de la Meilleraye,              1712

Jacques Picault, sieur de la Joussamière,
bailli du duché de la Meilleraye,                          1720

Frogier, bailli du duché de la Meilleraye,            1722

Philippe Turquand, avocat ducal,                        1722

Jérôme-Aimery Ayrault, bailli du duché
de la Meilleraye à Parthenay,                            1747-1789

Armand-Charles Chaboceau, lieutenant gé-
néral du bailliage,                                              1767

Allonneau, lieutenant particulier du bail-
liage,                                                          1771.

Étienne Rivet, chanoine de Sainte-Croix,
lieutenant particulier du bailliage,                            1785

Allonneau, lieutenant général du bailliage,                     1785

De Germon, procureur ducal,                                     1785

Ayrault de la Touillère, avocat ducal,                          1785

---

# LISTE DES SYNDICS

ET DES MAIRES DE PARTHENAY DONT LES NOMS SONT CONNUS.

—

Jean Dupond, syndic des habitants de Par-
thenay,                                                         1561

André Nayrault, syndic,                                         1562

Jacques Sauzeau, syndic,                                        1595

François Pineau, syndic,                                         1631

Mathurin Leigné, syndic,                                        1632

Jacques Picault, syndic,                                        1633

Pierre Bon, syndic,                                  1685 et 1687

Nicolas Texier, syndic,                                         1692

Josias-Charles Olivier, sieur de la Chutelière,
maire perpétuel de Parthenay,                                   1695

Les officiers du bailliage exercent les fonctions
d'officiers municipaux depuis 1724 environ jusqu'en 1765.

Gentilz, maire de Parthenay,                                    1765

Jean-Baptiste Esquot, maire,                               1769

Pierre-Paul Allonneau, maire,                            1774

Michel-Ange Allard, maire,                    février 1790 —
                                                   novembre 1790.

Etienne Rivet, maire,      novembre 1790 — 14 juin 1791.

Bazile, nommé maire le 26 juin 1791,
refuse ces fonctions.

Giraudeau-Germond, maire,             10 juillet 1791 —
                                          6 décembre 1792.

Jean Ardouin, maire,              6 décembre 1792 —
                                        13 floréal an II.

Michel-Ange Allard, maire,        (13 floréal an II —
                                     21 prairial an III).

François Hervé-Boutet, nommé maire le 21
prairial an III, refuse ces fonctions. Il est remplacé par le citoyen Sionneau.

Failly, maire,                               an VIII

# ANCIENNE CIRCONSCRIPTION JUDICIAIRE

## DU BAILLIAGE DE PARTHENAY OU DE GATINE.

—

La juridiction du duché de la Meilleraye et baronie de Parthenay comprenait dans son ressort :

1° La ville et faubourgs de Parthenay, les paroisses de Châtillon-sur-Thouet, la Chapelle-Bertrand, le Tallud, Pompaire, Saint-Aubin-le-Cloud, Viennay, et Adilly en totalité ou en partie ;

2° Les cinq châtellenies de la Ferrière, Autin, Bailliage-Bâton, Béceleuf et Coudray-Salbart, réunies à la baronie de Parthenay depuis fort longtemps. Elles n'avaient plus d'officiers de justice depuis cette époque et venaient plaider à Parthenay en première instance (1). La châtellenie de la Ferrière comprenait dans son ressort judiciaire les paroisses de la Ferrière, Cramard, Vandelogne, Sauray, la Peyratte, Oroux, l'Houmois, Chalandray, Gourgé en totalité ou en partie. Celle d'Autin comprenait les paroisses de Thénezay, Lamairé, Aubigny, Cherves et Ayron. Celle de Bailliage-Bâton comprenait les paroisses de Saint-Pardoux, Soutiers, Vouhé, Saint-Lin, les Groseillers, Saint-Marc-la-Lande, Mazières, Vautebis, Verruyes, Saint-Martin-du-Fouilloux, et Vasles en totalité ou en partie. Celle de Béceleuf comprenait les parois-

---

(1) Ces châtellenies appartenaient, on le sait, aux sires de Parthenay depuis un temps immémorial. Leur réunion à la baronie était opérée au XVIIᵉ siècle, ainsi que le constate le capucin Joseph Aubert dans son mémoire manuscrit sur Parthenay. Il ajoute : « Le bailli (de Parthenay) était de robe courte, qui a droit de citer et mener l'arrière-ban ; la justice se rendait par ses lieutenants ; depuis cent ans ( c'est-à-dire depuis 1593 environ ), les baillis la rendent en robe de palais avec leurs lieutenants. »

ses de Béceleuf, Xaintray, Vernou, le Beugnon, Rouvres.
Cours, Germond, la Boissière-en-Gâtine, Pamplie, Feuioux.
Champdeniers ( hors les quatre croix ), la Chapelle-Séguin
où était située l'abbaye de l'Absie dont les religieux plaidaient
à Fontenay depuis 1364, Surin, Ardin, Saint-Ouenne,
Allonne en totalité ou en partie. Enfin, celle du Coudray-
Salbart comprenait les paroisses de Champeaux, Saint-Denis,
Echiré, Faye-sur-Ardin, et Saint-Gelais en totalité ou en
partie.

3° Les cinq châtellenies de Châteauneuf-en-Gâtine, Hérisson, Champdeniers, Azay-Poupelinière, et Villiers-en-
Gâtine qui venaient plaider en appel à Parthenay (1). La
châtellenie de Châteauneuf comprenait dans son ressort judiciaire les paroisses de Largeasse, Traye, Bouin, Saint-Aubin-le-Cloud, Fénéry, Saint-Denis, Germond, les Groseillers,
Oroux, et la Peyratte en totalité ou en partie, et enfin le fief de
Gastine-en-Boisragon dans la paroisse de Brelou, et la justice
du Petit-Châteauneuf dans la paroisse de l'Houmois. La châtellenie de Hérisson comprenait une petite partie du quartier
de la citadelle (la maison où est l'hôpital) et de la paroisse
du Sépulcre à Parthenay, et les paroisses de Hérisson,
Gourgé, Fénéry, Pougne, Saint-Aubin, Secondigny, Clessé,
le Beugnon, Neuvi, la Boissière-en-Gâtine, Saint-Pardoux,
Aubigny, la Chapelle-Bertrand, Cherves et Cramard en totalité ou en partie. La châtellenie de Champdeniers comprenait
le bourg de Champdeniers, le bourg de la Chapelle-Bâton et
une partie des paroisses de Germond et de Saint-Denis. Les officiers de justice de Parthenay contestaient cette étendue de la
juridiction de Champdeniers qu'ils prétendaient restreindre
dans le bourg seulement entre les quatre croix ou barrières.
La châtellenie d'Azay ne comprenait que la paroisse d'Azay,
et celle de Villiers-en-Gâtine ne comprenait également que la
paroisse de Villiers.

(1) Ces châtellenies appartenaient à des seigneurs qui étaient vassaux des barons de Parthenay, ainsi que nous l'avons expliqué au commencement de ce livre.

# ÉTAT DE LA GATINE VERS L'AN 1750

D'APRÈS UNE CARTE ALPHABÉTIQUE DU POITOU

QU'ON SUPPOSE AVOIR ÉTÉ DRESSÉE PAR LES ORDRES
DE L'INTENDANT DE LA PROVINCE (**1**).

| NOMS DES PAROISSES. | NOMS DES SEIGNEURS. | Feux. | Charrues. | Élections. |
|---|---|---|---|---|
| Ardin. | M. de la Roche-Allard. | 329 | 44 | Niort. |
| Adilly. | Le sieur de Tennesue. | 57 | 11 | Niort. |
| Aubigny. | Les héritiers de M. de Garnier. | 93 | | Poitiers. |
| Allonne. | M. Clauvrier d'Allonne. | 284 | 45 | Niort. |
| Azay-sur-Thouet | M. Duchilleau. | 219 | | Poitiers. |
| Beaulieu. | M. le duc de Mazarin. | 150 | 33 | Niort. |
| Béceleuf. | Idem. | 130 | 18 | Niort. |
| Chalandray. | Mme la duchesse de la Meilleraye. | 39 | | Poitiers. |
| Champdeniers. | M. du Luc (2). | 274 | 11 | Niort. |
| Châtillon-en-Par-thenay. | Mlle de Duras (3). | 81 | | Poitiers. |
| Clessé. | M. le comte du Vigeant. | 144 | | Poitiers. |
| Cramard. | M. Desfranc de la Bretonnière et M. de Rouilly. | 85 | | Poitiers. |
| Doux (hameau de la paroisse de Thénezay). | Mme la duchesse de la Meilleraye. | 141 | | Poitiers. |
| Echiré. | M. de la Taillée et M. le duc de Mazarin. | 252 | 80 | Niort. |
| Fénérix. | M. de la Tour-Girard. | 47 | 15 | Niort. |

(1) Ce manuscrit appartient à M. Bonsergent, conservateur de la Bibliothèque de Poitiers, qui me l'a communiqué.

(2) En 1716, c'était encore un membre de la famille de Luc-Béranger qui possédait Champdeniers. Il l'avait acquis du marquis de Vienne, qui le tenait lui-même du marquis de Broglio.

(3) Louise-Jeanne de Durfort de Duras, duchesse de Mazarin et de la Meilleraye, baronne de Parthenay, épouse de Guy d'Aumont.

| | | | | |
|---|---|---|---|---|
| Fenioux. | M. le duc de Mazarin. | 254 | 39 | Niort. |
| Fomperron | M. l'abbé des Châtelliers. | 170 | | Poitiers. |
| Germont. | M. de Cornioux. | 123 | 49 | Niort. |
| Gourgé. | M. d'Orfeuille (1). | 240 | | Poitiers. |
| Hérisson et Pougne. | M. de Clisson, grand sénéchal d'Aunis. | 90 | 11 | Niort. |
| La Boissière-en-Gâtine. | M. Vincent de Villegué. | 98 | | Poitiers. |
| La Chapelle-Bertrand. | M. le marquis de Sourdis. | 94 | | Idem. |
| La Chapelle-Seguin. | M. le Duc. | 96 | 12 | Niort. |
| La Chapelle-St-Etienne. | M. Deridan. | 135 | 16 | Thouars. |
| La Chapelle-St-Laurent. | Mme la comtesse de Clisson. | 280 | 54 | Idem. |
| La Chapelle-Thireuil. | M. de Vandié de Bois-Chapeleau. | 130 | 24 | Fontenay |
| La Ferrière-en-Parthenay. | Mme la duchesse de la Meilleraye. | 58 | | Poitiers. |
| Lamairé. | Idem. | 77 | | Idem. |
| La Pagerie (ham. de la paroisse de Vasles). | Mme l'abbesse de Sainte-Croix. | 114 | | Idem. |
| La Peyratte. | M. le prieur du lieu. | 170 | | Idem. |
| La Boissière-Thouarçaise. | M. de Tennesue (2). | 54 | 15 | Thouars. |
| Largeasse. | M. Darnacq. | 145 | 43 | Idem. |
| Le Breuil-Pugny ou Bernard. | M. de Montroy. | 180 | 14 | Idem. |
| Le Buceau. | M. le prieur du lieu. | 173 | 46 | Fontenay |
| Le Beugnon. | M. de Gallon. | 153 | 16 | Niort. |
| Le Chillou. | M. Clabat du Chillou (3). | 80 | | Poitiers. |
| Les Groseillers. | M. du Pont-Jarnaux (4). | 24 | 9 | Niort. |
| Les Moutiers. | M. de Bogueville. | 180 | 33 | Thouars. |
| Le Tallud. | M. de Viennay, conseiller au parlement (5). | 105 | 25 | Niort. |
| L'Houmois. | M. de Vassé de la Rochefaton. | 69 | | Poitiers. |

(1) La famille Guischard d'Orfeuille, dont deux membres, Charles-Henri Guischard d'Orfeuille et Jean-Baptiste-Gabriel-François-Henri Guischard d'Orfeuille, émigrèrent pendant la révolution et servirent dans l'armée des princes.

(2) La famille Chasteigner de Tennesue, dont plusieurs membres, Alexandre-Marie-Roch Chasteigner de Tennesue, maréchal des camps et armées du roi, René-Bonaventure-François Chasteigner de Tennesue, et Jean-Gabriel-Alexandre Chasteigner de Tennesue, major des canonniers gardes-côtes, émigrèrent pendant la révolution et servirent dans l'armée des princes.

(3) Jean Clabat, l'un de ses ancêtres, avait été bailli de Gâtine au XVIIe siècle.

(4) Ancienne famille de Gâtine, dont l'un des membres, Balthazar Jarno, avait été bailli de Parthenay au XVIe siècle. M. Marc Jarno du Pont émigra à la révolution et servit dans l'armée des princes.

(5) Il possédait le château de la Peschelerie, près du Tallud.

| | | | | |
|---|---|---|---|---|
| Maisontiers. | M. Tusseau de Maisontiers. | 34 | | Poitiers. |
| Mazières. | M. de Breuillac de Pressigny. | 106 | 20 | Niort. |
| Neuvi. | M. le comte du Vigeant. | 106 | | Poitiers. |
| Oroux. | M. Clabat de la Pommeraye. | 54 | | Idem. |
| Pamplie. | M. de Bois-Soudant. | 104 | 15 | Niort. |
| Parthenay. | Mlle de Duras (1). | 850 | | Poitiers. |
| Pompaire. | Idem. | 82 | | Idem. |
| Pressigny. | M. de Choupes. | 110 | | Idem. |
| Saint-Aubin-le-Cloud. | M. Dubois, président au parlement | 203 | 50 | Niort. |
| Saint-Germain. | M. de la Roche-Ayrault. | 60 | | Poitiers. |
| Saint-Lin. | M. de la Moussière. | 76 | 18 | Niort. |
| Saint-Laurs. | Le prieur du lieu. | 84 | 10 | Fontenay |
| Saint-Marc-la-Lande. | Les religieux du lieu. | 83 | 16 | Niort. |
| Saint-Martin-du-Fouilloux. | M. de Boisragon. | 108 | | Poitiers. |
| Saint-Pardoux. | M. de Brusson (2). | 298 | 47 | Niort. |
| Saint-Paul-en-Gâtine. | Le prieur du lieu et M. de la Roche du Maine. | 145 | 32 | Fontenay |
| Sauray (3). | M. le duc de Mazarin. | 43 | 9 | Niort. |
| Secondigny. | Le roi (4). | 280 | 52 | Idem. |
| Scillé. | Le prieur du lieu. | 116 | 20 | Fontenay |
| Soutiers. | M. le duc de Mazarin. | 49 | 7 | Niort. |
| Thénezay. | Mme la duchesse de la Meilleraye. | 321 | | Poitiers. |
| Vasles. | Mme l'abbesse de Sainte-Croix. | 480 | | Idem. |
| Vautebis. | M. de la Barre-Sauvagère. | 456 | | Idem. |
| Vernou. | Mlle de Charollais. | 325 | | Idem. |
| Verruyes. | Mme de Breuilhac du Petit-Chêne. | 331 | | Idem. |
| Viennay. | M. Pinault de Viennay. | 60 | | Idem. |
| Vouhé. | Mme de Breuilhac de Pressigny (5). | 100 | 20 | Niort. |
| Xaintray. | Mme l'abbesse de Sainte-Croix de Poitiers. | 78 | 7 | Idem. |

(1) Louise-Jeanne de Durfort de Duras, duchesse de Mazarin et de la Meilleraye.
(2) En 1716, c'était le sieur de la Barre.
(3) Les commissaires de la marine de Rochefort prenaient depuis longtemps des arbres à Sauray pour la construction des vaisseaux.
(4) En 1716, c'était le duc de Mazarin.
(5) En 1716, c'était le duc de Mazarin.

# GÉNÉALOGIE EXPLICATIVE

### DE L'ORIGINE

## DES PARTHENAY-LARCHEVÊQUE.

Emenon, comte de Poitou de 832 à 839,
mort en 866.

| Adhémar, comte de Poitou (892-902), mort en 926. | Adalelme s'illustre à la défense de Paris contre les Normands en 885 et vivait encore en 894. |
|---|---|
| Geoffroy Ier, comte de Charroux ou de la Marche, vivant en 870. | Maingot Ier, tige des vicomtes d'Aunay. |

| 1° Sulpice, comte de la Marche. | | | 2° N. | 3° N. |
|---|---|---|---|---|
| Boson le Vieux, mort en 959. Tige des comtes de Périgord. | Hugues le Veneur (936-954). Tige de la maison de Lusignan. | Aymar, seigneur de Pons en 989. Tige de la maison de Pons. | Seigneurs de Parthenay. Voir leur généalogie suivie à la page suiv. | Seigneurs de Talmont. |

JOSSELIN I<sup>er</sup>, seigneur de Parthenay,
mort vers l'an 1012.

GUILLAUME I<sup>er</sup>, seigneur de Parthenay, épouse Aremgarde.
Mort en 1058 environ.

| GUILLAUME. | JOSSELIN II, seigneur de Parthenay et archevêque de Bordeaux. Mort en 1086. | SIMON I<sup>er</sup>, vidame de Parthenay, épouse Milésende de Lusignan. Mort en 1075 environ. | GELDUIN, seigneur de Parthenay, épouse Pétronille (1086-1093). | EBBON, seigneur de Parthenay, épouse Phanie (1093-1110). | BÉATRIX, religieuse à Noire-Dame de Saintes. |
|---|---|---|---|---|---|

| HUGUES. | GUILLAUME II, trésorier de St-Hilaire de Poitiers, seigneur de Parthenay. Mort en 1120. | SIMON II, seigneur de Parthenay, épouse Emperia (1110-1121). | ODON. | GELDUIN. | SIMON. |
|---|---|---|---|---|---|

GUILLAUME III LARCHEVÊQUE, seigneur de Parthenay, épouse Théophanie (1121-1140).

GUILLAUME IV LARCHEVÊQUE, seigneur de Parthenay, épouse Rosane (1140-1182).

| GUILLAUME. | HUGUES I<sup>er</sup> LARCHEVÊQUE, seigneur de Parthenay, épouse Damète (1182-1218). | JOSSELIN. |
|---|---|---|

| GUILLAUME V LARCHEVÊQUE, seigneur de Parthenay, épouse Amable de Rancon (1218-1243). | LÉTICE épouse Aimery, seigneur de la Rochefoucault. |
|---|---|

| HUGUES II LARCHEVÊQUE, seigneur de Parthenay, épouse Valence de Lusignan (1243-1271). | JACQUETTE épouse Pérusse, seigneur de Saint-Bonnet. | ISABELLE épouse Maurice de Belleville, seigneur de Montaigu. | JEANNE épouse Pierre de Rostremen. |
|---|---|---|---|

| GUILLAUME VI LARCHEVÊQUE, seigneur de Parthenay, épouse en premières noces Jeanne de Montfort, et en secondes noces Marguerite de Thouars (1271-1308). | HUGUES prend part avec son frère à la campagne de Flandre en 1304; on croit qu'il y périt. | MARIE. | ALIX épouse Hugues Maingot, sire de Surgères. | JEANNE, fiancée avec Pierre de la Brosse en 1273. | MARGUERITE, abbesse de Fontevrault. |
|---|---|---|---|---|---|

| JEAN I<sup>er</sup> LARCHEVÊQUE, seigneur de Parthenay, épouse en premières noces Marie de Beaujeu, et en secondes noces Jeanne Maingot (1308-1358). | HUGUES. | LÉTICE épouse Maurice de Belleville, sire de Montaigu. | MARIE épouse Girard Chabot, seigneur de Retz et de Machecoul. | ISABEAU épouse Jean d'Harcourt, vicomte de Châtellerault. | GUY issu du second mariage de son père. Tige de la branche cadette des Parthenay-Soubise qui s'éteignit au XVI<sup>e</sup> siècle en la personne de Catherine de Parthenay. |
|---|---|---|---|---|---|

| GUILLAUME VII LARCHEVÊQUE, seigneur de Parthenay, épouse Jeanne de Mathefelon (1358-1401). | MARIE épouse Aymar de Maumont, seigneur de Tonnay-Boutonne. | ALIÉNOR, abbesse de Bonneval-les-Thouars et de Fontevrault. |
|---|---|---|

| JEAN II LARCHEVÊQUE, seigneur de Parthenay, épouse Brunissende de Périgord. Il meurt sans enfants en 1427. | MARIE épouse en 1376 Louis I<sup>er</sup> de Châlons, comte de Tonnerre et d'Auxerre. | JEANNE épouse en 1390 Guillaume de Harcourt, vicomte de Melun, comte de Tancarville. |
|---|---|---|

| MARGUERITE DE CHALONS épouse Olivier d'Husson. | MARGUERITE DE MELUN épouse Jacques d'Harcourt. |
|---|---|

| MARIE D'HARCOURT épouse Jean, bâtard d'Orléans, comte de Dunois, qui devient seigneur de Parthenay en 1448. | GUILLAUME D'HARCOURT. |
|---|---|

JEAN, BATARD D'ORLÉANS,
comte de Dunois et de Longueville, seigneur de Parthenay en 1458,
épouse Marie d'Harcourt. Il meurt en 1468.

FRANÇOIS Ier D'ORLÉANS,
comte de Dunois et de Longueville, seigneur de Parthenay,
épouse Agnès de Savoie (1468-1491).

FRANÇOIS II D'ORLÉANS,
duc de Longueville, seigneur de
Parthenay,
épouse Françoise d'Alençon
(1491-1513).

RENÉE D'ORLÉANS, morte en 1515.

LOUIS Ier D'ORLÉANS,
duc de Longueville,
seigneur de Parthenay,
épouse Jeanne de Bade-
Hochberg.
Il meurt en 1516.

JEAN,
cardinal et évêque
d'Orléans.

CLAUDE D'ORLÉANS,
duc de Longueville,
seigneur de Parthenay,
mort en 1524.

LOUIS II D'ORLÉANS,
duc de Longueville, seigneur de
Parthenay,
épouse Marie de Lorraine.
Il meurt en 1536.

FRANÇOIS,
marquis de Rothelin,
épouse Jacqueline
de Rohan-Gié.

FRANÇOIS III D'ORLÉANS,
duc de Longueville, seigneur de
Parthenay,
mort sans postérité en 1551.

LÉONOR D'ORLÉANS,
duc de Longueville,
seigneur de Parthenay,
épouse Marie de
Bourbon Saint-Paul
(1551-1573).

FRANÇOISE,
épouse
le premier
prince
de Condé.

FRANÇOIS,
tige
des
marquis
de
Rothelin.

HENRI Ier D'ORLÉANS,
duc de Longueville, seigneur de
Parthenay,
épouse Catherine de Gonzagues-
Nevers (1573-1595).

FRANÇOIS,
comte de Saint-Paul,
épouse
Anne de Caumont,
marquise de Fronsac.

HENRI II D'ORLÉANS,
duc de Longueville,
vend sa baronie de Parthenay
au maréchal de la Meilleraye
en 1641.

MARIE,
duchesse de Nemours,
morte en 1707.

L'abbé d'Orléans,
mort en 1694.

GUILLAUME DE LA PORTE,
fils puîné d'un seigneur de Vezin.

RAOUL DE LA PORTE,
seigneur de la Lunardière, intendant du duc de
Longueville à Parthenay en 1530,
épouse Madeleine Chapelain.

FRANÇOIS DE LA PORTE,
seigneur de la Lunardière et de la
Meilleraye, épouse en premières
noces Claude Bochart, et en secondes
noces Madeleine Charles.
Il meurt en 1585.

JEAN DE LA PORTE,
prieur de la Maison-Dieu
et de
Parthenay-le-Vieux.

Une fille,
qui épouse le seigneur
de la
Tour-Signy.

SUZANNE DE LA PORTE,
issue du premier mariage de son
père, épouse Françoise Duplessis
de Richelieu.

LE CARDINAL DE RICHELIEU.

CHARLES 1er DE LA PORTE,
issu du second mariage
de son père, seigneur
de la Lunardière et de la
Meilleraye,
épouse en 1596
Claude de Champlais.

FRANÇOIS
DE LA PORTE,
seigneur
de la
Jobelinière.

RAOUL
DE LA PORTE,
seigneur
de Boisliet.

AMADOR
DE LA PORTE,
chevalier
de Malte, mort
en 1644.

LÉONORE
DE LA PORTE,
épouse
François
de Chivré.

CHARLES II DE LA PORTE,
duc de la Meilleraye,
maréchal de France, épouse en premières noces Marie Ruzé d'Effiat;
et en secondes noces Marie de Cossé.
Il meurt en 1664.

MADELEINE DE LA PORTE,
abbesse de Chelles.

ARMAND-CHARLES DE LA PORTE,
duc de Mazarin et de la Meilleraye,
épouse Hortense Mancini.
Il meurt en 1713.

PAUL-JULES DE LA PORTE,
duc de Mazarin et de la Meilleraye
épouse en 1685 Charlotte-Armande
de Durfort.

MARIE-CHARLOTTE
épouse le marquis de
Richelieu.

MARIE-ANNE,
abbesse du Lys.

MARIE-OLYMPE
épouse Louis-Christophe
Gigault,
marquis de Bellefonds.

GUY-PAUL-JULES DE LA PORTE,
duc de Mazarin et de la Meilleraye,
épouse Louise-Françoise de Rohan.
Il meurt en 1738.

ARMANDE-FÉLICE DE LA PORTE
épouse, en 1709, Louis de Maillé.

CHARLOTTE-ANTOINETTE DE LA
PORTE
épouse, en 1733, le duc de Duras.

LOUISE-JEANNE DE DURFORT
DE DURAS, duchesse de Mazarin et
de la Meilleraye,
épouse Marie-Guy d'Aumont.
En 1776 elle vend le duché de la
Meilleraye au comte d'Artois.

Poitiers. — Imp de N. Bernard.

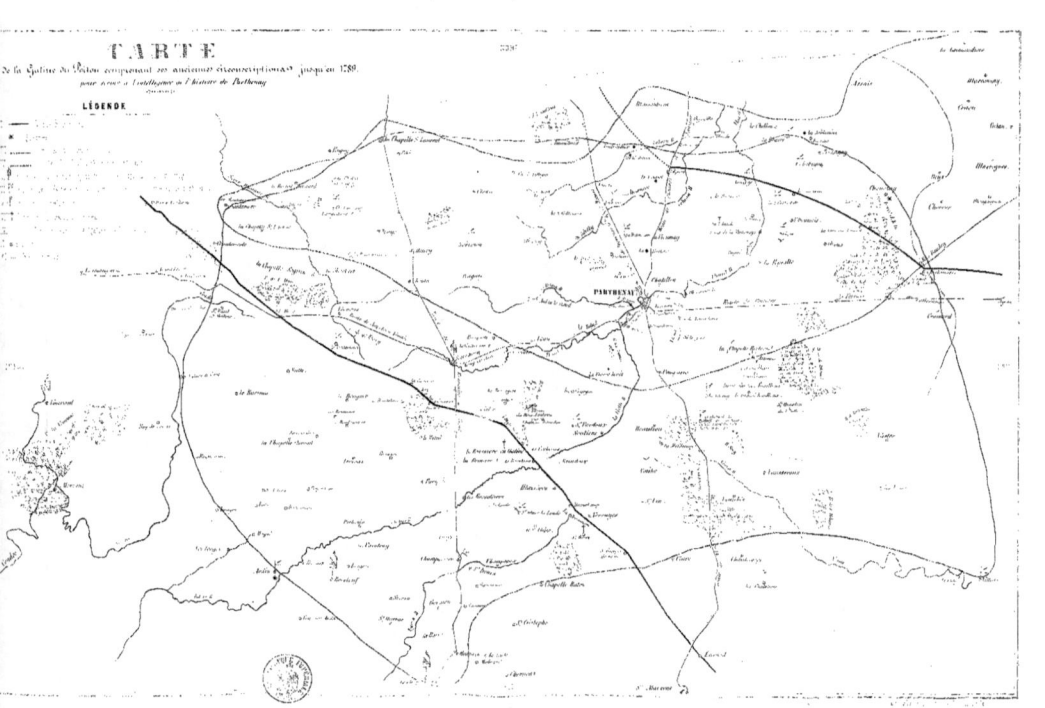

CARTE

de la Eglise de Poitou comprenant ses anciennes circonscriptions jusqu'en 1789.

pour servir à l'intelligence de l'histoire de Parthenay

LÉGENDE

# TABLE DES MATIÈRES.

—

FIN DE LA TABLE DES MATIÈRES.

Poitiers. — Imp. de N. Bernard.